# 코로나19 바이러스
## "친환경 99.9% 항균잉크 인쇄"
## 전격 도입

언제 끝날지 모를 코로나19 바이러스
99.9% 항균잉크(V-CLEAN99)를 도입하여 「안심도서」로
독자분들의 건강과 안전을 위해 노력하겠습니다.

본 도서는 항균잉크로 인쇄하였습니다.

항균 +
99.9%
안심도서

## 항균잉크(V-CLEAN99)의 특징

- ◉ 바이러스, 박테리아, 곰팡이 등에 항균효과가 있는 산화아연을 적용
- ◉ 산화아연은 한국의 식약처와 미국의 FDA에서 식품첨가물로 인증받아 **강력한 항균력**을 구현하는 소재
- ◉ 황색포도상구균과 대장균에 대한 테스트를 완료하여 **99.9%의 강력한 항균효과** 확인
- ◉ 잉크 내 중금속, 잔류성 오염물질 등 **유해 물질 저감**

## TEST REPORT

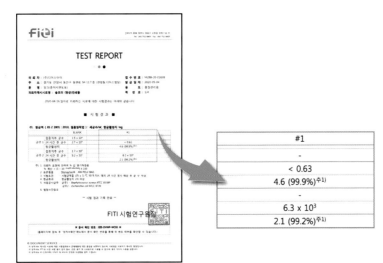

| #1 |
|---|
| - |
| < 0.63 |
| 4.6 (99.9%)[주1] |
| - |
| $6.3 \times 10^3$ |
| 2.1 (99.2%)[주1] |

Clean Zone

시대교육그룹

2021 공개채용

# 인천
# 광역시
# 교육청

한 권 으 로  끝 내 기

# 교무행정실무사 소양평가

직무능력검사+인성검사+면접+실전모의고사 6회

# Always **with you**

사람이 길에서 우연하게 만나거나 함께 살아가는 것만이 인연은 아니라고 생각합니다.
책을 펴내는 출판사와 그 책을 읽는 독자의 만남도 소중한 인연입니다.
**(주)시대고시기획**은 항상 독자의 마음을 헤아리기 위해 노력하고 있습니다.
늘 독자와 함께 하겠습니다.

# 머리말

인천광역시교육청은 2021년에 교무행정실무사를 채용할 예정이다. 채용절차는 「지원서 접수 → 소양평가 → 면접심사 → 합격자 결정」 순서로 진행한다. 소양평가는 인성검사와 직무능력검사의 2단계로 진행하며 인성검사 200문항, 직무능력검사 50문항으로 구성된다. 면접심사는 소양평가 합격자에 한하여 응시 가능하며, 개별면접으로 진행한다. 이때, 소양평가 합격자는 100점 만점 기준 총점 40점 이상 득점자 중 고득점자순으로 결정한다. 따라서 인천광역시교육청 교무행정실무사 합격을 위해서는 직무능력검사 고득점을 통해 타 수험생과의 차별성이 필요하며, 직무능력검사 유형에 대한 연습과 문제해결능력을 높이는 등 철저한 준비가 요구된다.

인천광역시교육청 교무행정실무사 소양평가 합격을 위해 (주)시대고시기획에서는 다음과 같은 특징을 가진 도서를 출간하였다.

## 도서의 특징

**첫  째** 기관 소개를 통한 인천광역시교육청 교육목표 및 업무 이해!
인천광역시교육청 기관 소개를 수록하여 교육목표 및 업무에 대한 전반적인 이해가 가능하도록 하였다.

**둘  째** 최신기출문제를 통한 출제 유형 파악!
주요 교육청 최신기출문제를 수록하여 직무능력검사의 유형과 출제경향을 파악할 수 있도록 하였다.

**셋  째** 인천광역시교육청 교무행정실무사 직무능력검사 이론 및 기출예상문제로 실력 상승!
직무능력검사 이론 및 기출예상문제를 수록하여 필기시험에 완벽히 대비할 수 있도록 하였다.

**넷  째** 인성검사 및 예상 면접질문으로 최종합격까지!
• 인성검사 소개 및 모의테스트를 통해 필기시험 전반을 준비할 수 있도록 하였다.
• 면접 소개 및 예상 면접질문을 통해 면접시험까지 한 권으로 대비할 수 있도록 하였다.

**다섯째** 실전모의고사로 완벽한 실전 대비!
직무능력검사 실전모의고사를 수록하여 최종 점검을 할 수 있도록 하였다.

끝으로 본서를 통해 인천광역시교육청 교무행정실무사 채용을 준비하는 모든 수험생에게 합격의 행운이 따르기를 진심으로 기원한다.

**SD적성검사연구소 씀**

2021 최신판
인천광역시교육청
교무행정실무사 소양평가

**인천광역시
교육청
이야기**

INTRODUCE

## 교육비전

삶의 힘이 자라는
우리인천교육

## 교육지표

꿈이 있는
교실

소통하는
학교

공정한
인천교육

## 주요정책

꿈을 실현하는
혁신미래교육

신뢰받는
안심교육

모두를 책임지는
교육복지

자치와 협력의
소통교육

현장중심의
교육행정

## 교육청 CI

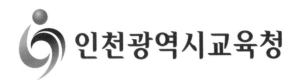

 ➡ 떠오르는 태양과 사람의 머리를 형상화하여 교육에의 열정으로 가득찬 참인간상을 표현

 ➡ 인천광역시교육청의 영문 이니셜 철자인 i를 상징함과 동시에 정보화시대의 대표 아이콘인 'i'를 상징토록 하여 전자정보시대에 걸맞는 한 단계 진보한 교육정책을 이끌어 내고자하는 교육청의 의지를 표현

 ➡ 타시도 교육청과 차별화할 수 있는 상징체계로 인천을 상징하는 바다와 파도를 단순화하여 표현

 ➡ 중심방향은 화합, 융화를 바깥방향은 역동성과 진취성, 미래지향적 교육의지를 표현

 ➡ 전체적으로는 4획의 '仁'자와 상단 원을 제외한 3획의 '川'를 단순화했고, 사람이 희망과 환희를 가지고 미래를 향해 뛰어오르는 모습을 역동적으로 표현함으로써 무한한 가능성으로 미래지향적 교육환경을 이루어 나가는 진취적 의지와 교육현장과 유기적으로 화합하고 융화하는 올바른 교육청의 자세를 상징적으로 표현

 **정열** – 열정적인 교육에의 의지를 상징

 **희망** – 풍요와 희망으로 가득찬 미래지향의 교육환경과 끝없는 창의력이 뒷받침되는 청출어람의 교육정신 상징

 **생명** – 성장을 통한 무한한 가능성, 이치에 따르는 순수한 교육정신, 인간중심의 교육이념 등을 상징

2021 최신판
인천광역시교육청
교무행정실무사 소양평가

교무행정
실무사
업무 소개

INTRODUCE

## 교무행정실무사의 8가지 의무

**01** 교무행정실무사는 맡은 바 직무를 성실히 수행하여야 하며, 직무를 수행함에 있어 사용부서의 장의 직무상의 명령을 이행하여야 된다.

**02** 교무행정실무사가 근무지를 이탈할 경우에는 사용부서의 장에게 허가를 받아야 한다. 다만, 불가피한 사유로 사전허가를 받을 수 없는 경우에는 구두 또는 유선으로 허가를 받아야 한다.

**03** 교무행정실무사는 근무기간 중은 물론, 근로관계가 종료된 후에도 직무상 알게 된 사항을 타인에게 누설하거나 부당한 목적을 위하여 사용하여서는 아니 된다. 다만, 공공기관의 정보공개에 관한 법률 및 그 밖의 법령에 따라 공개하는 경우는 그러하지 아니하다.

**04** 교무행정실무사는 직무의 내·외를 불문하고 그 품위를 손상하는 행위를 하여서는 아니 된다.

**05** 교무행정실무사는 공과 사를 명백히 분별하고 국민의 권리를 존중하며, 친절·공정하고 신속·정확하게 모든 업무를 처리하여야 한다.

**06** 교무행정실무사는 직무와 관련하여 직접 또는 간접을 불문하고 사례를 주거나 받을 수 없다.

**07** 교무행정실무사는 다른 직무를 겸직할 수 없다. 다만, 부득이한 경우에는 사용부서의 장에게 신청하고 사전 허가를 받아야 한다.

**08** 사용부서의 장은 업무에 지장을 주거나 교육기관 특성상 부적절한 영향을 초래할 우려가 있는 경우 겸직을 허가하지 아니하거나 겸직 허가를 취소할 수 있다.

# 교무행정실무사의 업무

 **교무실무원**

- 공문 접수 및 처리
- 학교일지 관리
- 주간 및 월중 행사
- 계약직 교(직)원 관련 업무 지원
- 교직원 연수 안내 및 보고
- 안전공제회 업무
- 교과서 관련 업무 지원
- 학교 행사 및 각종 회의 지원
- 방송실 운영지원
- 학교소식지 등 편집 업무
- 각종 표창 관련 업무 지원
- 각종 재정지원사업 운영 지원
- 각종 간행물 관리
- 수학여행 및 체험학습 업무관련 지원

 **영양사**

- 물품구매
- 물품검수
- 식단작성
- 식생활 지도
- 영양 관리 및 상담
- 조리원 관리
- 위생관리
- 조리원 및 학생들 안전관리

 **행정실무원**

- 세입 세출 외 업무
- 급여업무
- 각종대장관리
- 민원처리
- 증명서발급
- 학교시설대여
- 발전기금관리
- 물품관리
- 공문서 접수
- 지출업무
- 맞춤형복지
- 학교회계직 계약 및 급여업무 등
- 기자재 유지 보수 지원
- 학생 장학금 행정 업무 지원
- 학적, 전출입, 정원 외 관리 행정처리

 **조리사**

- 조리 관리
- 배식 관리
- 청소 확인
- 질서 지도
- 위생관리
- 학생들 안전관리
- 잔반 지도

 **수업지원사**

- 수업계 지원(본 수업포함)
- NEIS처리 등
- DCMS 관리
- 과학실험 수업 지원
- 방과 후 학교 업무 지원
- 에듀파인 업무 지원
- 학생 상 · 벌점제 관리

### 행정서비스헌장제란?

1991년 영국의 시민헌장을 시초로 90년대 초부터 선진국에서 서비스의 질적 향상 및 정부개혁 정책수단으로 시행한 제도

 ### 우리나라 행정서비스헌장

우리나라에서는 국민의 정부 출범 이후 정부개혁의 일환으로 행정서비스헌장 제정 지침을 대통령 훈령으로 발령

| 1단계(1998) | 철도 · 우정 · 소방 · 경찰 등 10개 현업기관 우선 실시 |
| --- | --- |
| 2단계(1999) | 중앙 및 지방자치단체별로 1개 이상 헌장 시범 제정 운영 |
| 3단계(2000) | 모든 서비스 분야로 확대 시행 |

 ### 인천광역시교육청 행정서비스헌장

우리 인천광역시교육청 공무원은 시민들과 자라나는 2세들을 위한 최상의 교육 환경을 만들도록 최선을 다할 것을 약속하고, 교육행정 업무를 수행함에 있어 시민, 학생, 학부모 등 모두가 친절한 행정서비스를 받을 권리가 있는 우리들의 고객이라는 인식을 가지고 최상의 행정서비스를 제공하여, 신뢰받는 공직자가 될 수 있도록 노력할 것을 다짐하면서 다음과 같이 실천하겠습니다.

> **우리는**
> 모든 민원업무를 국가가 정한 법령에 의하여 고객의 입장에서 신속 · 정확 · 공정하게 처리하겠습니다.
>
> **우리는**
> 항상 밝은 표정과 상냥한 말씨 그리고 명쾌한 답변으로 고객을 대하겠습니다.
>
> **우리는**
> 민원처리 과정에서 불편을 초래하였거나 처리 결과에 대하여 고객께서 만족하지 못하신 경우 즉시 시정토록 하고 그에 알맞은 보상을 하겠습니다.
>
> **우리는**
> 실천 노력에 대하여 고객으로부터 매년 평가를 받고 그 결과를 공개하겠습니다.

2021 최신판
인천광역시교육청
교무행정실무사 소양평가

## 학습 플랜

### 1주 완성 학습플랜

본서에 수록된 전 영역을 단기간에 끝낼 수 있도록 구성한 학습 플랜이다. 한 번에 전 영역을 공부하지 않고, 한 영역을 집중적으로 공부할 수 있도록 하였다. 인성검사 및 필기시험에 대한 기초 학습은 되어 있으나, 학습 계획 세우기에 자신이 없는 분들이나 미리 시험에 대비하지 못해 단시간에 많은 분량을 봐야 하는 수험생에게 추천한다.

## ONE WEEK STUDY PLAN

| 1일 차 ☐ | 2일 차 ☐ | 3일 차 ☐ |
|---|---|---|
| ____월____일 | ____월____일 | ____월____일 |
| | | |

**Start!**

| 4일 차 ☐ | 5일 차 ☐ | 6일 차 ☐ | 7일 차 ☐ |
|---|---|---|---|
| ____월____일 | ____월____일 | ____월____일 | ____월____일 |
| | | | |

STUDY PLAN

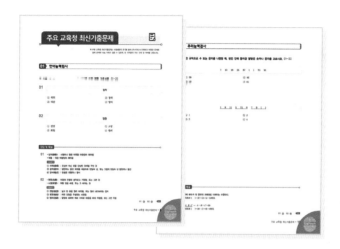

## ◀ 최신기출문제

주요 교육청 최신기출문제를 수록
하여 출제 경향을 파악할 수 있도
록 하였다.

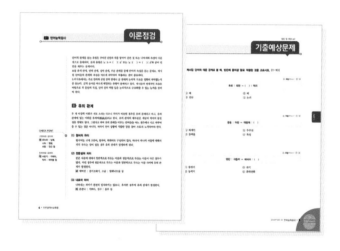

## ◀ 직무능력검사

직무능력검사 4개 영역에 대한
이론 및 기출예상문제를 수록하여
유형을 익힐 수 있도록 하였다.

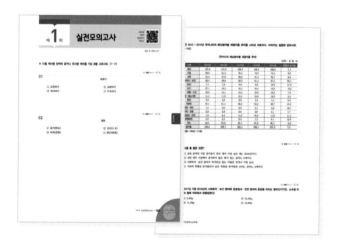

## ◀ 실전모의고사

직무능력검사 4개 영역에 대한 실전
모의고사를 수록하여 실제 시험에
대비할 수 있도록 하였다.

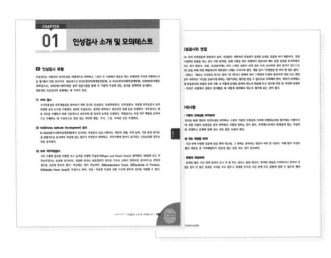

## ◀ 인성검사

인성검사 소개 및 모의테스트를 수록하여 인천광역시교육청에서 추구하는 인재에 부합하는지 확인할 수 있도록 하였다.

## ◀ 면접

예상 면접질문을 통해 실제 면접에서 나올 수 있는 질문에 미리 대비할 수 있도록 하였다.

2021 최신판
인천광역시교육청
교무행정실무사 소양평가

## 이 책의
## 차례

# 주요 교육청
# 최신기출문제

## 01 ▶ 언어능력검사

※ 다음 제시된 단어와 같거나 유사한 의미를 가진 것을 고르시오. [1~3]

**01**

| 짐작 |
|---|

① 허위　　　　　　　　　　② 창작
③ 대중　　　　　　　　　　④ 양식

**02**

| 염원 |
|---|

① 전망　　　　　　　　　　② 소망
③ 회원　　　　　　　　　　④ 염려

---

### 정답 및 해설

**01** • 짐작(斟酌) : 사정이나 형편 따위를 어림잡아 헤아림
　　• 대중 : 대강 어림잡아 헤아림

　　**오답분석**
　　① 허위(虛僞) : 진실이 아닌 것을 진실인 것처럼 꾸민 것
　　② 창작(創作) : 방안이나 물건 따위를 처음으로 만들어 냄. 또는 그렇게 만들어 낸 방안이나 물건
　　④ 양식(樣式) : 일정한 모양이나 형식

**02** • 염원(念願) : 마음에 간절히 생각하고 기원함. 또는 그런 것
　　• 소망(所望) : 어떤 일을 바람. 또는 그 바라는 것

　　**오답분석**
　　① 전망(展望) : 넓고 먼 곳을 멀리 바라봄. 또는 멀리 내다보이는 경치
　　③ 회원(會員) : 어떤 모임을 구성하는 사람들
　　④ 염려(念慮) : 앞일에 대하여 여러 가지로 마음을 써서 걱정함. 또는 그런 걱정

**01** ③　**02** ② ◀ **정답**

**03**

| 도야 |
|---|

① 수련　　　　　　　　　　② 봉착

③ 호도　　　　　　　　　　④ 섭렵

---

※ 다음 제시된 단어와 반대되는 의미를 가진 것을 고르시오. **[4~6]**

**04**

| 공유 |
|---|

① 공존　　　　　　　　　　② 공생

③ 모방　　　　　　　　　　④ 독점

---

**정답 및 해설**

**03** • 도야(陶冶) : 훌륭한 사람이 되도록 몸과 마음을 닦아 기름을 비유적으로 이르는 말
　　 • 수련(修鍊) : 인격, 기술, 학문 따위를 닦아서 단련함

　　 **오답분석**
　　 ② 봉착(逢着) : 어떤 처지나 상태에 부닥침
　　 ③ 호도(糊塗) : 명확하게 결말을 내지 않고 일시적으로 감추거나 흐지부지 덮어 버림을 비유적으로 이르는 말
　　 ④ 섭렵(涉獵) : 많은 책을 널리 읽거나 여기저기 찾아다니며 경험함을 비유적으로 이르는 말

**04** • 공유(共有) : 두 사람 이상이 한 물건을 공동으로 소유함
　　 • 독점(獨占) : 독차지(혼자서 모두 차지함)

　　 **오답분석**
　　 ① 공존(共存) : 두 가지 이상의 사물이나 현상이 함께 존재함
　　 ② 공생(共生) : 서로 도우며 함께 삶
　　 ③ 모방(模倣) : 다른 것을 본뜨거나 본받음

03 ① 　 04 ④ 　 정답

**05**

| 우연 |
|---|

① 필연          ② 인연

③ 출연          ④ 거연

**06**

| 비번 |
|---|

① 당번          ② 비근

③ 비견          ④ 번망

---

**정답 및 해설**

**05** • 우연(偶然) : 아무런 인과 관계가 없이 뜻하지 아니하게 일어난 일
• 필연(必然) : 사물의 관련이나 일의 결과가 반드시 그렇게 될 수밖에 없음

**오답분석**
② 인연(因緣) : 사람들 사이에 맺어지는 관계
③ 출연(出演) : 연기, 공연, 연설 따위를 하기 위하여 무대나 연단에 나감
④ 거연(居然) : 평안하고 조용한 상태

**06** • 비번(非番) : 당번을 설 차례가 아님
• 당번(當番) : 어떤 일을 책임지고 돌보는 차례가 됨. 또는 그 차례가 된 사람

**오답분석**
② 비근(卑近) : 흔히 주위에서 보고 들을 수 있을 만큼 알기 쉽고 실생활에 가까움
③ 비견(比肩) : 앞서거나 뒤서지 않고 어깨를 나란히 한다는 뜻으로, 낫고 못할 것이 없이 정도가 서로 비슷하게 함
④ 번망(煩忙) : 번거롭고 어수선하여 매우 바쁨

05 ①    06 ①   ❮ 정답

안심Touch

**07** 다음 글의 내용과 일치하지 않는 것은?

> VOD(Video On Demand)서비스는 기존의 공중파 방송과 무엇이 다른가? 그것은 바로 방송국이 아닌 시청자 본인의 시간을 중심으로 방송매체를 볼 수 있다는 점이다. 기존 공중파 방송의 정규 편성 프로그램을 시청하기 위해서 시청자는 특정한 시간에 텔레비전 앞에서 기다려야만 했다. 하지만 VOD서비스의 등장으로 시청자는 아침 일찍, 혹은 야근이 끝난 늦은 오후에도 방송매체를 스트리밍 혹은 다운로드 방식으로 전송하여 시청할 수 있게 되었다. VOD서비스의 등장은 기존에 방송국이 편성권을 지니던 시대와는 다른 양상을 초래하고 있다. 과거에는 시청률이 가장 높은 오후 7시에서 9시까지의 황금시간대에 편성된 프로그램이 큰 인기를 차지했으며 광고비 또한 가장 높았던 반면, VOD서비스는 순수하게 방송매체의 인기가 높을수록 시청률이 늘어나기 때문에 방송국에서 프로그램의 순수한 재미와 완성도에 보다 집중하게 되는 것이다.

① VOD서비스는 방송매체의 편성권을 시청자에게 쥐어주었다.
② VOD서비스 때문에 시청자는 방송 편성 시간의 제약에서 자유로워졌다.
③ VOD서비스의 등장으로 방송국은 과도한 광고 유치 경쟁에 뛰어들게 되었다.
④ VOD서비스는 방송매체의 수준 향상에 기여하게 될 것이다.

**07** 제시문은 VOD서비스의 등장으로 방송국이 프로그램의 순수한 재미와 완성도에 집중하게 될 것이라고 추측했을 뿐, 이러한 양상이 방송국 간의 과도한 광고 유치 경쟁을 불러일으킬 것이라고는 언급하지 않았다.

07 ③  정답

**08** 다음 문장을 논리적인 순서대로 올바르게 배열한 것은?

> (가) 기본적으로 기존의 이론과 법칙을 비판적으로 살펴보고 자신만의 독창적 아이디어를 만들어 내는 일이 중요하다.
>
> (나) 창의적 사고는 기존의 사고방식을 돌파하는 데서 출발한다.
>
> (다) 더욱 중요한 것은 창의적 사고가 사회적·문화적 환경과 적절한 교육을 통해 길러진다는 것이다.
>
> (라) 그러나 이러한 창의적 사고가 단순히 개인의 독특함에서만 비롯되는 것은 아니다.
>
> (마) 따라서 자신의 창의성을 계발하기 위해서는 주변의 사물을 비판적이고 새로운 시각으로 보는 노력뿐만 아니라 주변 환경과 교육도 창의성 계발에 맞추어 변화되어야 한다.

① (가) – (나) – (라) – (다) – (마)

② (나) – (가) – (라) – (다) – (마)

③ (다) – (나) – (가) – (마) – (라)

④ (라) – (나) – (다) – (마) – (가)

---

**정답 및 해설**

**08**  제시문은 창의적 사고를 하기 위해 해야 하는 것에 대해서 이야기하고 있는 글이다. 따라서 (나) 창의적 사고의 출발 → (가) 기존의 이론과 법칙보다는 자신만의 아이디어를 만드는 것이 중요함 → (라) 단순히 개인의 독특함에서만 비롯되는 것은 아님 → (다) 사회적·문화적 환경과 적절한 교육이 중요함 → (마) 창의성을 계발하기 위해 해야 하는 일의 순서로 배열하는 것이 적절하다.

08 ② 〈정답〉

안심Touch

※ 다음 식의 값을 구하시오. **[1~3]**

**01**

| $36 \times 145 + 6,104$ |
|---|

① 11,245             ② 11,324

③ 11,464             ④ 11,584

**02**

| $89.1 \div 33 + 5.112$ |
|---|

① 7.612             ② 7.712

③ 7.812             ④ 7.912

**정답 및 해설**

**01**   $36 \times 145 + 6,104 = 5,220 + 6,104 = 11,324$

**02**   $89.1 \div 33 + 5.112 = 2.7 + 5.112 = 7.812$

**01** ②   **02** ③   정답

**03**

$$491 \times 64 - (2^6 \times 5^3)$$

① 23,914                    ② 24,013
③ 23,424                    ④ 25,919

**04** 218의 6할 2리는 얼마인가?

① 131.236                   ② 177.231
③ 183.144                   ④ 185.542

**03** $491 \times 64 - (2^6 \times 5^3) = 31,424 - (2^6 \times 5^3) = 31,424 - 8,000 = 23,424$

**04** $218 \times 0.602 = 131.236$

안심Touch

## 05

다음 빈칸에 들어갈 수 있는 것을 고르면?

$$\frac{7}{9} < (\quad) < \frac{7}{6}$$

① $\frac{64}{54}$

② $\frac{13}{18}$

③ $\frac{39}{54}$

④ $\frac{41}{36}$

## 06

두 지점 A, B 사이를 자동차로 왕복하는데 갈 때는 시속 80km, 올 때는 시속 60km로 달렸더니 올 때는 갈 때보다 시간이 30분 더 걸렸다. 이때, 두 지점 A, B 사이의 거리는?

① 100km

② 110km

③ 120km

④ 130km

---

**정답 및 해설**

05 $\frac{7}{9} < (\quad) < \frac{7}{6} \rightarrow \frac{7}{9} \fallingdotseq 0.78 < (\quad) < \frac{7}{6} \fallingdotseq 1.17$

따라서 $0.78 < \frac{41}{36}(\fallingdotseq 1.14) < 1.17$이 적절하다.

**오답분석**

① $\frac{64}{54}(\fallingdotseq 1.19)$, ② $\frac{13}{18}(\fallingdotseq 0.72)$, ③ $\frac{39}{54}(\fallingdotseq 0.72)$

06 두 지점 A, B 사이의 거리를 $x$km라 하면, $\frac{x}{60} - \frac{x}{80} = \frac{1}{2}$

∴ $x = 120$

05 ④   06 ③   〈정답

※ 일정한 규칙으로 수 또는 문자를 나열할 때, 빈칸 안에 들어갈 알맞은 숫자나 문자를 고르시오. **[1~3]**

**01**

$$7 \quad 10 \quad 16 \quad 25 \quad 37 \quad ( \quad ) \quad 70 \quad 91$$

① 39    ② 46

③ 52    ④ 61

**02**

$$1 \quad 8 \quad 11 \quad 5 \quad 15 \quad 0 \quad 7 \quad 9 \quad ( \quad )$$

① 1    ② 2

③ 3    ④ 4

---

**정답 및 해설**

**01** 3의 배수가 첫 항부터 차례대로 더해지는 수열이다.
따라서 (   )=37+(3×5)=52이다.

**02** $\underline{A \ B \ C} \rightarrow A+B+C=20$
따라서 (   )=20-(7+9)=4이다.

01 ③  02 ④  ◀ **정답**

안심Touch

**03**

| ㄴ | A | 8 | ㄹ | ( ) | 16 | ㅂ | ㄴ |

① M

② N

③ O

④ P

**04** 다음 제시문이 모두 참일 때 다음 중 옳은 것은?

- 어린이 도서 코너는 가장 오른쪽에 있다.
- 잡지 코너는 외국 서적 코너보다 왼쪽에 있다.
- 소설 코너는 잡지 코너보다 왼쪽에 있다.

A : 소설 코너는 외국 서적 코너보다 왼쪽에 있다.
B : 어린이 도서 코너는 잡지 코너보다 오른쪽에 있다.

① A만 옳다.

② B만 옳다.

③ A, B 모두 옳다.

④ A, B 모두 틀리다.

---

### 정답 및 해설

**03** 홀수항은 +6이고, 짝수항은 ×4인 수열이다.

| ㄴ | A | 8 | ㄹ | (N) | 16 | ㅂ | ㄴ |
|---|---|---|---|---|---|---|---|
| 2 | 1 | 8 | 4 | 14 | 16 | 20(6) | 64(12) |

**04** 왼쪽부터 순서대로 나열하면 '소설 – 잡지 – 외국 서적 – 어린이 도서' 순서이므로 A, B 모두 옳다.

03 ② 04 ③ 〈정답

**05** 3학년 1반에서는 학생들의 투표를 통해 득표수에 따라 학급 대표를 선출하기로 하였고, 학급 대표 후보로 A, B, C, D, E가 나왔다. 투표 결과 A ~ E의 득표수가 다음과 같을 때, 올바르게 추론한 것은?(단, 1반 학생들은 총 30명이며, 다섯 후보의 득표수는 서로 다르다)

- A는 15표를 얻었다.
- B는 C보다 2표를 더 얻었지만, A보다는 낮은 표를 얻었다.
- D는 A보다 낮은 표를 얻었지만, C보다는 높은 표를 얻었다.
- E는 1표를 얻어 가장 낮은 득표수를 기록했다.

① A가 학급 대표로 선출된다.
② B보다 D의 득표수가 높다.
③ D보다 B의 득표수가 높다.
④ C와 E의 득표수를 합치면 A의 득표수보다 높다.

---

**05** B와 D는 동일하게 A보다 낮은 표를 얻고 C보다는 높은 표를 얻었으나, B와 D를 서로 비교할 수 없으므로 득표수가 높은 순서대로 나열하면 'A – B – D – C – E' 또는 'A – D – B – C – E'가 된다. 따라서 어느 경우라도 A의 득표수가 가장 높으므로 A가 학급 대표로 선출된다.

05 ① **정답**

안심Touch

**06** 제시문 A를 읽고, 제시문 B가 참인지 거짓인지 혹은 알 수 없는지 고르면?

[제시문 A]
- 단거리 경주에 출전한 사람은 장거리 경주에 출전한다.
- 장거리 경주에 출전한 사람은 농구 경기에 출전하지 않는다.
- 농구 경기에 출전한 사람은 배구 경기에 출전한다.

[제시문 B]
농구 경기에 출전한 사람은 단거리 경주에 출전하지 않는다.

① 참                 ② 거짓                 ③ 알 수 없음

---

**정답 및 해설**

**06** 주어진 명제를 정리하면 다음과 같다.
- a : 단거리 경주에 출전한다.
- b : 장거리 경주에 출전한다.
- c : 농구 경기에 출전한다.
- d : 배구 경기에 출전한다.

$a \rightarrow b$, $b \rightarrow \sim c$, $c \rightarrow d$로 대우는 각각 $\sim b \rightarrow \sim a$, $c \rightarrow \sim b$, $\sim d \rightarrow \sim c$이다. $c \rightarrow \sim b \rightarrow \sim a$에 따라 $c \rightarrow \sim a$가 성립한다.
따라서 '농구 경기에 출전한 사람은 단거리 경주에 출전하지 않는다.'는 참이 된다.

06 ① 정답

※ 다음 제시된 문자 또는 숫자를 비교하여 같으면 ①, 다르면 ②를 표시하시오. [7~8]

**07**

| risingrhythm - risingrhythm |

① 같음                              ② 다름


**08**

| 9888463434 - 9888463424 |

① 같음                              ② 다름

안심Touch

※ 다음 제시된 문자와 다른 것을 고르시오. [9~10]

**09**

| 특허허가과허가과장 |
| --- |

① 특허허가과허가과장  　　　　　② 특허허가과허가과장
③ 특허아가파어키과강  　　　　　④ 특허허가과허가과장

**10**

| octonarian |
| --- |

① octonarion  　　　　　② octonarian
③ octonarian  　　　　　④ octonarian

---

**09**　특허하가과허가과장

**10**　octonarion

**01** 다음 중 제시된 도형과 같은 것은?

①

②

③

④

---

정답 및 해설

**01** 오답분석

②

③

④

**01** ① 정답

**02** 다음 중 나머지 도형과 다른 것은?

①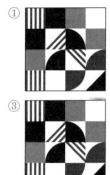

②

③

④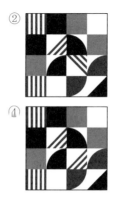

**03** 다음 블록의 개수로 옳은 것은?

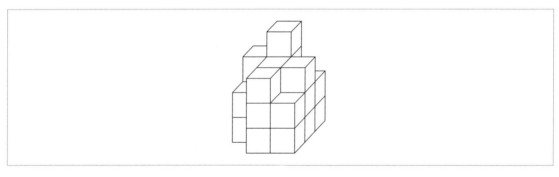

① 19개

② 20개

③ 21개

④ 22개

**02**

**03** 1층 : 8개, 2층 : 8개, 3층 : 5개, 4층 : 1개
∴ 22개

02 ④  03 ④  〈정답

**04** 다음 그림을 순서대로 바르게 배열한 것은?

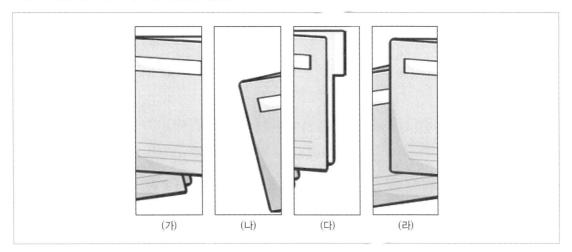

(가)　(나)　(다)　(라)

① (다) – (나) – (라) – (가)
② (가) – (라) – (다) – (나)
③ (라) – (가) – (다) – (나)
④ (나) – (라) – (가) – (다)

**04**

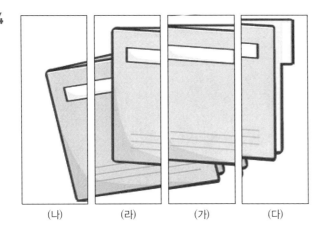

(나)　(라)　(가)　(다)

04 ④ 《정답

안심Touch

시대에듀 win 시대로 www.sdedu.co.kr/winsidaero

# PART

# 1

# 직무능력검사

# 언어능력검사

## 출제유형

### 1. 어휘력

어휘의 의미를 정확히 이해하고, 문장 내에서의 쓰임을 바탕으로 단어의 의미를 추론하여 의사소통 시 정확한 표현을 구사할 수 있는 능력을 측정하는 것으로, 동의어·반의어 찾기, 어휘의 의미 찾기, 한자성어와 관련된 문제가 출제된다.

### 2. 독해

글의 흐름 또는 중심내용 등을 논리적으로 파악할 수 있는 능력을 측정하는 것으로, 논리적 순서에 맞게 문장 배열하기, 글에 대한 설명 중 옳은 것 또는 옳지 않은 것 찾기 등의 독해 문제가 출제된다.

## 학습전략

### 1. 어휘력

어휘력은 단기간에 실력을 향상시키기 어렵다. 따라서 평소에 책이나 신문 또는 문제의 지문을 읽을 때, 모르는 어휘가 생길 경우 그때그때 정리하여 반복적으로 학습하는 것이 좋다.

### 2. 독해

문장 배열하기 유형은 접속어나 대명사에 주목하면 문제가 쉽게 풀리기도 한다. 그러나 접속어나 대명사가 없다면 글의 전체적인 흐름을 파악하여 문제를 해결해야 한다. 따라서 평소에 글의 전체적인 흐름을 바탕으로 문단이나 부분의 역할, 특징 등 글의 짜임을 논리적으로 분석하는 연습이 필요하다. 독해 유형은 지문을 다 읽어야만 풀 수 있는 문제들이 출제되는 것은 아니므로, 시간을 절약하기 위해서는 문제를 먼저 읽고 그에 맞는 독해 방법을 택해야 한다.

단어의 관계를 묻는 유형은 주어진 낱말과 대응 방식이 같은 것 또는 나머지와 속성이 다른 것으로 출제되며, 문제 유형은 'a : b = ( ) : d' 또는 'a : ( ) = ( ) : d'와 같이 빈칸을 채우는 문제이다.

보통 유의 관계, 반의 관계, 상하 관계, 부분 관계를 통해 단어의 속성을 묻는 문제로, 제시된 단어들의 관계와 속성을 바르게 파악하여 적용하는 것이 중요하다.

논리구조에서는 주로 단락과 문장 간의 관계나 글 전체의 논리적 구조를 정확히 파악했는지를 묻는다. 글의 순서를 바르게 배열하는 유형이 출제되고 있다. 제시문의 전체적인 흐름을 바탕으로 각 문단의 특징, 단락 간의 역할 등을 논리적으로 구조화할 수 있는 능력을 길러야 한다.

## **1** 유의 관계

두 개 이상의 어휘가 서로 소리는 다르나 의미가 비슷한 경우를 유의 관계라고 하고, 유의 관계에 있는 어휘를 유의어(類義語)라고 한다. 유의 관계의 대부분은 개념적 의미의 동일성을 전제로 한다. 그렇다고 하여 유의 관계를 이루는 단어들을 어느 경우에나 서로 바꾸어 쓸 수 있는 것은 아니다. 따라서 언어 상황에 적합한 말을 찾아 쓰도록 노력하여야 한다.

**CHECK POINT**

고유어와 한자어
예 오누이 : 남매,
나이 : 연령,
사람 : 인간 등

한자어와 외래어
예 사진기 : 카메라,
탁자 : 테이블 등

### (1) 원어의 차이

한국어는 크게 고유어, 한자어, 외래어로 구성되어 있다. 따라서 하나의 사물에 대해서 각각 부르는 일이 있을 경우 유의 관계가 발생하게 된다.

### (2) 전문성의 차이

같은 사물에 대해서 일반적으로 부르는 이름과 전문적으로 부르는 이름이 다른 경우가 많다. 이런 경우에 전문적으로 부르는 이름과 일반적으로 부르는 이름 사이에 유의 관계가 발생한다.

예 에어컨 : 공기조화기, 소금 : 염화나트륨 등

### (3) 내포의 차이

나타내는 의미가 완전히 일치하지는 않으나, 유사한 경우에 유의 관계가 발생한다.

예 즐겁다 : 기쁘다, 친구 : 동무 등

### (4) 완곡어법

문화적으로 금기시하는 표현을 둘러서 말하는 것을 완곡어법이라고 하며, 이러한 완곡어법 사용에 따라 유의 관계가 발생한다.

예 변소 : 화장실, 죽다 : 돌아가다 등

## 2 반의 관계

### (1) 개요

반의어(反意語)는 둘 이상의 단어에서 의미가 서로 짝을 이루어 대립하는 경우를 말한다. 즉, 반의어는 어휘의 의미가 서로 대립하는 단어를 말하며, 이러한 어휘들의 관계를 반의 관계라고 한다. 한 쌍의 단어가 반의어가 되려면, 두 어휘 사이에 공통적인 의미 요소가 있으면서도 동시에 서로 다른 하나의 의미 요소가 있어야 한다.

반의어는 반드시 한 쌍으로만 존재하는 것이 아니라, 다의어(多義語)이면 그에 따라 반의어가 여러 개로 달라질 수 있다. 즉, 하나의 단어에 대하여 여러 개의 반의어가 있을 수 있다.

### (2) 반의어의 종류

반의어에는 상보 반의어와 정도 반의어, 관계 반의어, 방향 반의어가 있다.

① 상보 반의어 : 한쪽 말을 부정하면 다른 쪽 말이 되는 반의어이며, 중간항은 존재하지 않는다. '있다'와 '없다'가 상보적 반의어이며, '있다'와 '없다' 사이의 중간 상태는 존재할 수 없다.

② 정도 반의어 : 한쪽 말을 부정하면 반드시 다른 쪽 말이 되는 것이 아니며, 중간항을 갖는 반의어이다. '크다'와 '작다'가 정도 반의어이며, 크지도 작지도 않은 중간이라는 중간항을 갖는다.

③ 관계 반의어 : 관계 반의어는 상대가 존재해야만 자신이 존재할 수 있는 반의어이다. '부모'와 '자식'이 관계 반의어의 예이다.

④ 방향 반의어 : 맞선 방향을 전제로 하여 관계나 이동의 측면에서 대립을 이루는 단어 쌍이다. 방향 반의어는 공간적 대립, 인간관계 대립, 이동적 대립 등으로 나누어 볼 수 있다.

  ㉠ 공간적 대립

   예 위 : 아래, 처음 : 끝 등

  ㉡ 인간관계 대립

   예 스승 : 제자, 남편 : 아내 등

  ㉢ 이동적 대립

   예 사다 : 팔다, 열다 : 닫다 등

상보 반의어
예 참 : 거짓,
  합격 : 불합격 등

정도 반의어
예 길다 : 짧다,
  많다 : 적다 등

관계 반의어
예 형 : 동생,
  상사 : 부하 등

## 3 상하 관계

상하 관계는 단어의 의미적 계층 구조에서 한쪽이 의미상 다른 쪽을 포함하거나 다른 쪽에 포섭되는 관계를 말한다. 상하 관계를 형성하는 단어들은 상위어(上位語)일수록 일반적이고 포괄적인 의미를 지니며, 하위어(下位語)일수록 개별적이고 한정적인 의미를 지닌다. 따라서 상위어는 하위어를 함의하게 된다. 즉, 하위어가 가지고 있는 의미 특성을 상위어가 자동적으로 가지게 된다.

## 4 부분 관계

부분 관계는 한 단어가 다른 단어의 부분이 되는 관계를 말하며, 전체 – 부분 관계라고도 한다. 부분 관계에서 부분을 가리키는 단어를 부분어(部分語), 전체를 가리키는 단어를 전체어(全體語)라고 한다. 예를 들면, '머리, 팔, 몸통, 다리'는 '몸'의 부분어이며, 이러한 부분어들에 의해 이루어진 '몸'은 전체어이다.

## 5 논리구조

논리구조에서는 주로 단락과 문장 간의 관계나 글 전체의 논리적 구조를 정확히 파악했는지를 묻는다. 글의 순서를 바르게 배열하는 유형이 출제되고 있다. 제시문의 전체적인 흐름을 바탕으로 각 문단의 특징, 단락 간의 역할 등을 논리적으로 구조화할 수 있는 능력을 길러야 한다.

CHECK POINT

문장배열 Tip
접속어 및 지시대명사 → 핵심어 찾기 → 문단별 중심문장 찾기 → 전체 주제 찾기

문장삽입 Tip
주어진 보기를 분석 → 각 문단의 요지 파악 후 들어갈 자리 파악

빈칸추론 Tip
빈칸이 있는 앞뒤 문단 내용 파악 → 선택지 중 확실한 오답 제거 → 남은 선택지 중 자연스러운 내용 선택

(1) 문장의 관계와 원리
  ① 문장과 문장 간의 관계
   ㉠ 상세화 관계 : 주지 → 구체적 설명(비교, 대조, 유추, 분류, 분석, 인용, 예시, 비유, 부연, 상술 등)
   ㉡ 문제(제기)와 해결 관계 : 한 문장이 문제를 세기하고, 다른 문장이 그 해결책을 제시하는 관계(과제 제시 → 해결 방안, 문제 제기 → 해답 제시)
   ㉢ 선후 관계 : 한 문장이 먼저 발생한 내용을 담고, 다음 문장이 나중에 발생한 내용을 담고 있는 관계
   ㉣ 원인과 결과 관계 : 한 문장이 원인이 되고, 다른 문장이 그 결과가 되는 관계(원인 제시 → 결과 제시, 결과 제시 → 원인 제시)
   ㉤ 주장과 근거 관계 : 한 문장이 필자가 말하고자 하는 바(주지)가 되고, 다른 문장이 그 문장의 증거(근거)가 되는 관계(주장 제시 → 근거 제시, 의견 제안 → 의견 설명)

ⓗ 전제와 결론 관계 : 앞 문장에서 조건이나 가정을 제시하고, 뒤 문장에서 이에 따른 결론을 제시하는 관계

② 문장의 연결 방식

　　㉠ 순접 : 원인과 결과, 부연 설명 등의 문장 연결에 쓰임
　　　예 그래서, 그리고, 그러므로 등

　　㉡ 역접 : 앞글의 내용을 전면적 또는 부분적으로 부정
　　　예 그러나, 그렇지만, 그래도, 하지만 등

　　㉢ 대등·병렬 : 앞뒤 문장의 대비와 반복에 의한 접속
　　　예 및, 혹은, 또는, 이에 반하여 등

　　㉣ 보충·첨가 : 앞글의 내용을 보다 강조하거나 부족한 부분을 보충하기 위해 다른 말을 덧붙이는 문맥
　　　예 단, 곧, 즉, 더욱이, 게다가, 왜냐하면 등

　　㉤ 화제 전환 : 앞글과는 다른 새로운 내용을 이야기하기 위한 문맥
　　　예 그런데, 그러면, 다음에는, 이제, 각설하고 등

　　㉥ 비유·예시 : 앞글에 대해 비유적으로 다시 말하거나 구체적인 예를 보임
　　　예 예를 들면, 예컨대, 마치 등

③ 원리 접근법

| 앞뒤 문장의 중심 의미 파악 | → | 앞뒤 문장의 중심 내용이 어떤 관계인지 파악 | → | 문장 간의 접속어, 지시어의 의미와 기능 | → | 문장의 의미와 관계성 파악 |
| --- | --- | --- | --- | --- | --- | --- |
| 각 문장의 의미를 어떤 관계로 연결해서 글을 전개하는지 파악해야 한다. | | 지문 안의 모든 문장은 서로 논리적 관계성이 있다. | | 접속어와 지시어를 음미하는 것은 독해의 길잡이 역할을 한다. | | 문단의 중심 내용을 알기 위한 기본 분석 과정이다. |

CHECK POINT

문단의 종류
(1) 주지 문단 : 필자가 말하고자 하는 중심 내용이 담긴 문단
(2) 보조 문단(뒷받침 문단) : 중심 문단의 내용을 뒷받침해 주는 문단
　① 도입 단락
　② 전제 문단
　③ 예증·예시 문단
　④ 부연·상술 문단
　⑤ 첨가·보충 문단
　⑥ 강조 문단
　⑦ 연결 문단

PART 1

## 6 논리적 이해

### (1) 전제의 추론

전제의 추론은 규칙적으로 주어진 내용의 이면에 내포되어 있는 이미 옳다고 인정된 사실을 유추하는 유형이다.

① 먼저 주장이 무엇인지 명확하게 파악해야 한다.
② 주장이 성립하기 위해서 논리적으로 필요한 요건이 무엇인지 생각해 본다.
③ 선택지 중 주장과 논리적으로 인과 관계를 형성할 수 있는 조건을 찾아낸다.

## (2) 결론의 추론

주어진 내용을 명확히 이해한 다음, 이를 근거로 이끌어 낼 수 있는 올바른 결론이나 관련 사항을 논리적인 관점에서 찾는 문제 유형이다. 이와 같은 문제는 평상시 비판적이고 논리적인 관점으로 글을 읽는 연습을 충분히 해 두어야 유리하다고 볼 수 있다.

---

※ 자주 출제되는 유형
- 정의가 바르게 된 것
- 문맥상 삭제해도 되는 부분
- 빈칸에 들어갈 적절한 것
- 다음 글에 이어 나올 수 있는 것
- 글의 내용을 통해 알 수 없는 것
- 가장 타당한 논증
- 다음 내용이 들어가기에 가장 적절한 위치

---

이와 같은 유형의 문제를 풀 때는 먼저 제시문을 읽고, 그 글을 통해 타당성 여부를 검증해 가는 방법을 취하는 것이 좋다. 물론 통독(通讀)을 통해 각 문단에서 다루고 있는 내용이 무엇인지 미리 확인해 두어야만 선택지와 관련된 내용을 이끌어 낼 근거가 언급된 부분을 쉽게 찾을 수 있다.

**CHECK POINT**

독해
글을 구성하는 각 단위의 내용 관계를 파악 → 글의 중심 내용 파악 → 글의 전개 방식과 구조적 특징 파악

## (3) 주제의 추론

주제와 관련된 추론 문제는 적성검사에서 자주 출제되는 유형으로서, 글의 표제, 부제, 주제, 주장, 의도를 파악하는 형태의 문제와 같은 유형이다. 이러한 유형의 문제는 주제를 글의 첫 문단이나 마지막 문단을 통해서 찾을 수 있으며, 그렇지 않으면 문단의 병렬·대등 관계를 파악하면 쉽게 찾을 수 있다.

여러 문단에서 공통된 주제를 추론할 때는, 각각의 제시문을 먼저 요약한 뒤, 핵심 키워드를 찾은 다음, 이를 토대로 주제문을 가려내어 하나의 주제를 유추하면 된다. 평소에 제시문을 읽고, 핵심 키워드를 찾아 문장을 구성하는 연습을 많이 해두어야 한다. 또한 겉으로 드러난 주제나 정보를 찾는 데 그치지 않고 글 속에 숨겨진 의도나 정보를 찾기 위해 꼼꼼히 관찰하는 태도가 필요하다.

# 기출예상문제

※ 다음 제시된 단어의 대응 관계로 볼 때, 빈칸에 들어갈 말로 적절한 것을 고르시오. [1~10]

**01**

후회 : 회한 = (　　) : 억지

① 패                        ② 떼
③ 집단                   ④ 논리

**02**

중동 : 이란 = 태양계 : (　　)

① 외계인                  ② 우주선
③ 블랙홀                  ④ 목성

**03**

엔진 : 자동차 = 배터리 : (　　)

① 충전기                  ② 전기
③ 동력기                  ④ 휴대전화

**04**

거드름 : 거만 = 삭임 : ( )

① 신체　　　　　　　　② 등산
③ 소화　　　　　　　　④ 소통

**05**

요리사 : 주방 = 학생 : ( )

① 교복　　　　　　　　② 책
③ 공부　　　　　　　　④ 학교

**06**

발산 : 수렴 = ( ) : 기립

① 경례　　　　　　　　② 박수
③ 기상　　　　　　　　④ 착석

**07**

사실 : 허구 = 유명 : ( )

① 인기　　　　　　　　② 가수
③ 진실　　　　　　　　④ 무명

**08**

| |
|---|
| 포유류 : 고래 = (   ) : 기타 |

① 음악                    ② 연주
③ 악기                    ④ 첼로

**09**

| |
|---|
| 책 : 독후감 = 일상 : (   ) |

① 대본                    ② 일기
③ 시                      ④ 편지

**10**

| |
|---|
| 능동 : 수동 = (   ) : 자유 |

① 자진                    ② 범죄
③ 속박                    ④ 권리

※ 다음 제시된 단어와 같거나 유사한 의미를 가진 것을 고르시오. [11~20]

**11**

> 희망

① 특별 　　　　　　　　② 효과
③ 효능 　　　　　　　　④ 염원

**12**

> 이바지

① 공헌 　　　　　　　　② 경계
③ 구획 　　　　　　　　④ 귀감

**13**

> 납득

① 사려 　　　　　　　　② 수긍
③ 모반 　　　　　　　　④ 반역

**14**

> 발췌

① 요약 　　　　　　　　② 삭제
③ 원조 　　　　　　　　④ 기초

**15**

| 개선 |
|---|

① 개량          ② 부족
③ 허용          ④ 승낙

**16**

| 수양 |
|---|

① 구별          ② 수련
③ 간단          ④ 단순

**17**

| 동조 |
|---|

① 찬동          ② 절용
③ 향상          ④ 진보

**18**

| 쾌활 |
|---|

① 설립          ② 명랑
③ 손해          ④ 육성

**19**

| 독려 |
| --- |

① 달성          ② 구획

③ 낙담          ④ 고취

**20**

| 수선 |
| --- |

① 처지          ② 형편

③ 수리          ④ 사려

※ 다음 제시된 단어와 반대되는 의미를 가진 것을 고르시오. [21~30]

**21**

| 정밀 |
| --- |

① 조잡          ② 해산

③ 억제          ④ 촉진

**22**

| 흥분 |
| --- |

① 안정          ② 획득

③ 상실          ④ 참신

**23**

|  |
|---|
| 희박 |

① 모방　　　　　　　　　　② 농후
③ 표류　　　　　　　　　　④ 인위

**24**

|  |
|---|
| 집중 |

① 우랑　　　　　　　　　　② 정착
③ 전체　　　　　　　　　　④ 분산

**25**

|  |
|---|
| 매몰 |

① 막연　　　　　　　　　　② 발굴
③ 복잡　　　　　　　　　　④ 급격

**26**

|  |
|---|
| 반항 |

① 거절　　　　　　　　　　② 치욕
③ 복종　　　　　　　　　　④ 심야

**27**

| 암시 |
| --- |

① 산문　　　　　　　　② 명시
③ 성숙　　　　　　　　④ 결합

**28**

| 망각 |
| --- |

① 밀집　　　　　　　　② 정신
③ 내포　　　　　　　　④ 기억

**29**

| 완비 |
| --- |

① 불비　　　　　　　　② 우연
③ 필연　　　　　　　　④ 습득

**30**

| 의존 |
| --- |

① 이례　　　　　　　　② 통례
③ 자립　　　　　　　　④ 결과

**31** '등불을 가까이 할만하다.'의 뜻을 가진 한자성어로 가을밤에 등불을 가까이 하여 글 읽기에 좋다는 의미를 가진 것은 무엇인가?

① 天高馬肥　　　　　　　　② 螢雪之功
③ 燈火可親　　　　　　　　④ 韋編三絶

**32** 다음 뜻을 지닌 한자성어로 옳은 것은?

> 고생 끝에 낙이 온다.

① 脣亡齒寒　　　　　　　　② 堂狗風月
③ 苦盡甘來　　　　　　　　④ 朝三暮四

※ 다음 중 밑줄 친 부분과 같은 의미로 쓰인 것을 고르시오. **[33~37]**

**33**

> 첨단 산업에 승부를 <u>걸었다</u>.

① 자신의 일에 나를 <u>걸고</u> 넘어지는 그가 미웠다.
② 그가 아들에게 <u>거는</u> 기대가 크다는 것은 모두가 아는 사실이다.
③ 차는 발동을 <u>걸고</u> 있었으며, 그들이 올라타자 차는 무섭게 쿨렁이기 시작했다.
④ 문단에 이름을 <u>걸어</u> 놓은 작가는 많지만 작품 활동을 하는 작가는 그렇게 많지 않다.

**34**

> 어제 산 김에 기름이 잘 <u>먹지</u> 않는다.

① 나는 마음을 독하게 <u>먹고</u> 그녀를 외면하였다.
② 그 친구가 계속 큰 판을 <u>먹는다</u>.
③ 곳세 좀이 <u>먹어</u> 무 입게 되었다.
④ 얼굴에 화장이 잘 <u>먹지</u> 않고 들뜬다.

**35**

> 오랜만에 그도 숙면을 <u>취했다</u>.

① 아버지는 나의 직업 선택에 대하여 관망하는 듯한 태도를 <u>취하고</u> 계셨다.
② 수술 후 어머니는 조금씩 음식을 <u>취하기</u> 시작하셨다.
③ 그는 엉덩이를 의자에 반만 붙인 채 당장에라도 일어설 자세를 <u>취하고</u> 있었다.
④ 동생에게 몇 가지 필요한 물건들을 <u>취한</u> 대가로 여자 친구를 소개시켜 주기로 했다.

**36**

> 건망증이 있는 그는 아예 일정표를 출입문에 <u>박았다</u>.

① 동생은 누운 채 천장에다 눈을 <u>박고</u> 있었다.
② 그가 나를 밀쳐 내는 바람에 벽에 머리를 쿵 <u>박았다</u>.
③ 썩은 이를 뽑고 그 자리에 금니를 해 <u>박았다</u>.
④ 형은 신문에 코를 <u>박고</u> 내 말은 들은 척도 안 했다.

**37**

> 그는 자기를 보면 반가워할 아내와 아이들을 <u>그리며</u> 선물을 준비했다.

① 친구는 나에게 약도를 자세히 <u>그려</u> 주었다.
② 그는 갑자기 무슨 용기라도 얻은 듯 표정을 환하게 <u>그리며</u> 말문을 열었다.
③ 그는 오래전에 상처했으나 아직도 옛날 부인을 <u>그리고</u> 있다.
④ 그녀는 이미 머릿속에 아버지를 만나는 장면들을 무수히 <u>그려</u> 넣고 있었다.

※ 다음 문장을 논리적 순서에 맞게 나열한 것을 고르시오. [38~39]

**38**

> (A) 하지만 얼룩말은 큰 고양이와 전시장 옆에 살고 있는 사자의 냄새를 매일 맡으면서도 도망갈 수 없기 때문에 항상 두려움 속에 산다.
> (B) 이러한 문제 때문에 동물원 생활은 동물들의 가장 깊이 뿌리박혀 있는 생존 본능과 완전히 맞지 않는다.
> (C) 1980년대 이래로 동물원들은 콘크리트 바닥과 쇠창살을 풀, 나무, 물웅덩이로 대체하면서 동물들의 자연 서식지를 재현해 주려고 노력해 왔다.
> (D) 이런 환경들은 야생을 흉내 낸 것일 수 있지만, 동물들은 먹이와 잠자리, 포식 동물로부터의 안전에 대해 걱정할 필요가 없게 되었다.

① (B) − (D) − (C) − (A)
② (C) − (D) − (A) − (B)
③ (D) − (C) − (B) − (A)
④ (C) − (A) − (D) − (B)

**39**

(A) 환경 영향 평가 제도는 각종 개발 사업이 환경에 끼치는 영향을 예측하고 분석하여 부정적인 환경 영향을 줄이는 방안을 마련하는 수단이다.

(B) 그리하여 각종 개발 계획의 추진 단계에서부터 환경을 고려하는 환경 영향 평가 제도가 도입되었다.

(C) 개발로 인해 환경오염이 심각해지고 자연 생태계가 파괴됨에 따라 오염 물질의 처리 시설 설치와 같은 사후 대책만으로는 환경 문제에 대한 해결이 어려워졌다.

(D) 그 결과 환경 영향 평가 제도는 환경 훼손을 최소화하고 환경 보전에 대한 사회적 인식을 제고하는 등 개발과 보전 사이의 균형추 역할을 수행해 왔다.

① (A) − (C) − (B) − (D)　　　　② (A) − (C) − (D) − (B)
③ (D) − (C) − (B) − (A)　　　　④ (B) − (D) − (C) − (A)

**40** 다음 글과 관련 있는 한자성어는?

지하철 선로에 떨어진 아이를 구한 고등학생에게 서울시에서 표창장을 주었다.

① 신언서판　　　　② 신상필벌
③ 순망치한　　　　④ 각주구검

**41** 다음 글과 가장 관련 있는 한자성어는?

> 서로 다른 산업 분야의 기업 간 협업이 그 어느 때보다 절실해진 상황에서 기업은 '협업'과 '소통'을 고민하지 않을 수 없다. 협업과 소통의 중요성은 기업의 경쟁력 강화를 위해 항상 강조되어 왔지만, 한 기업 내에서조차 성공적으로 운영하기가 쉽지 않았다. 그런데 이제는 서로 다른 산업 분야에서 기업 간의 원활한 협업과 소통까지 이뤄내야 하니, 기업의 고민은 깊어질 수밖에 없다.
> 협업과 소통의 문화·환경을 성공적으로 정착시키는 길은 결코 쉽게 갈 수 없다. 하지만 그 길을 가기 위해 첫걸음을 내디딜 수만 있다면 절반의 성공은 담보할 수 있다. 우선 직원 개인에게 '혼자서 큰일을 할 수 있는 시대는 끝이 났음'을 명확하게 인지시키고, 협업과 소통을 통한 실질적 성공 사례들을 탐구하여 그 가치를 직접 깨닫게 해야 한다. 그런 다음에는 협업과 소통을 위한 시스템을 갖추는 데 힘을 쏟아야 한다. 당장 협업 시스템을 전사 차원에서 적용하라는 것은 결코 아니다. 작은 변화를 통해 직원들 간 또는 협력업체 간, 고객들 간의 협업과 소통을 조금이나마 도울 수 있는 노력을 시작하라는 것이다. 동시에 시스템을 십분 활용할 수 있도록 독려하는 노력도 간과하지 말아야 한다.

① 장삼이사          ② 하석상대
③ 등고자비          ④ 주야장천

**42** 다음 글의 내용과 일치하는 것은?

> 우리 속담에 '울다가도 웃을 일이다.'라는 말이 있듯이 슬픔의 아름다움과 해학의 아름다움이 함께 존재한다면 이것은 우리네의 곡절 많은 역사 속에서 밴 미덕의 하나라고 할 만하다. 울다가도 웃을 일이라는 말은 물론 어처구니가 없을 때 하는 말이기도 하지만 애수가 아름다울 수 있고 또 익살이 세련되어 아름다울 수 있다면 그 사회의 서정과 조형미에 나타나는 표현에도 의당 이러한 것이 반영되어 있어야 한다.
> 이러한 고요의 아름다움과 슬픔의 아름다움이 조형 작품 위에 옮겨질 수 있다면 이것은 바로 예술에서 말하는 적조미의 세계이며 익살의 아름다움이 조형 위에 구현된다면 물론 이것은 해학미의 세계일 것이다.

① 익살은 우리 민족만이 지닌 특성이다.
② 익살은 풍속화에서 가장 잘 표현된다.
③ 익살이 조형 위에 구현된다면 적조미다.
④ 익살은 우리 민족의 삶의 정서를 반영한다.

**43** 다음 글의 내용과 일치하지 않는 것은?

> 고야의 마녀도 리얼하다. 이는 고야가 인간과 마녀를 분명하게 구별하지 않고, 마녀가 실존하는 것처럼 그렸기 때문이다. 따라서 우리는 고야가 마녀의 존재를 믿었는지 의심할 수 있다. 그러나 그것은 중요한 문제가 아니다. 고야는 마녀를 비이성의 상징으로 그려서 세상이 완전하게 이성에 의해서만 지배되지 않음을 표현하고 있을 뿐이다. 또한, 악마는 사실 인간 자신의 정신 내면에 존재하는 것임을 시사한다. 그것이 바로 가장 유명한 작품인 제43번 「이성이 잠들면 괴물이 나타난다」에서 그려진 것이다.

① 고야가 마녀의 존재를 믿었는가의 여부는 알 수 없다.
② 고야는 이성의 존재를 부정하였다.
③ 고야는 비이성이 인간 내면에 존재한다고 판단했다.
④ 고야는 세상을 이성과 비이성이 뒤섞인 상태로 이해했다.

**44** 다음 제시문을 읽고 바로 뒤에 이어질 내용으로 적절한 것은?

> 언론 보도에 노출된 범죄 피의자는 경제적·직업적·가정적 불이익을 당할 뿐만 아니라, 인격이 심하게 훼손되거나 심지어는 생명을 버리기까지도 한다. 따라서 사회적 공기(公器)인 언론은 개인의 초상권을 존중하고 언론 윤리에 부합하는 범죄 보도가 될 수 있도록 신중을 기해야 한다. 범죄 보도가 초래하는 법적·윤리적 논란은 언론계 전체의 신뢰도에 치명적인 손상을 가져올 수도 있다.

① 이는 범죄가 언론에는 매혹적인 보도 소재이지만, 자칫 부메랑이 되어 언론에 큰 문제를 일으킬 수 있다는 말이다.
② 다시 말해, 기자 정신을 갖지 않는 기자가 많아졌다는 말이다.
③ 범죄 보도를 통하여 국민들에게 범죄에 대한 경각심을 키워줄 수 있다.
④ 언론에 의한 초상권 침해의 유형으로는 본인의 동의를 구하지 않은 무단 촬영·보도, 승낙의 범위를 벗어난 촬영·보도, 몰래 카메라를 동원한 촬영·보도 등을 들 수 있다.

※ 다음 글을 읽고 이어지는 질문에 답하시오. [45~46]

고려와 조선은 국가적으로 금속화폐의 통용을 추진한 적이 있다. 화폐 주조권을 장악하여 세금을 효과적으로 징수하고 효율적으로 저장하려는 것이 그 목적이었다. 그러나 물품화폐에 익숙한 농민들은 금속화폐를 불편하게 여겼으므로 금속화폐의 유통 범위는 한정되고 끝내는 삼베를 비롯한 물품화폐에 압도당하고 말았다. ㉠ 조선 태종 때와 세종 때에도 동전의 유통을 시도하였지만 실패하였다.

조선 전기 은화(銀貨)는 서울을 중심으로 유통되었는데, 주로 왕실과 관청, 지배층과 상인, 역관(譯官) 등이 이용한 '돈'이었다. 그러나 은화(銀貨)는 고액 화폐였다. 그 때문에 서민의 경제생활에서는 여전히 무명 옷감이 화폐의 기능을 담당하였다. 그러한 가운데서도 농업생산력의 발전과 인구의 증가, 17세기 이후 지방시장의 성장은 금속화폐 통용을 위한 여건이 마련되었음을 뜻하였다. 17세기 전반 이미 개성에서는 모든 거래가 동전으로 이루어지고 있었다. 이러한 여건 아래에서 1678년(숙종 4년)부터 강력한 통용책이 추진되면서 금속화폐가 널리 보급될 수 있었다.

동전인 상평통보 1개는 1푼[分]이었다. 10푼이 1전(錢), 10전이 1냥(兩), 10냥이 1관(貫)이다. 대원군이 집권할 때 주조된 당백전(當百錢)과 1883년 주조된 당오전(當五錢)은 1개가 각각 100푼과 5푼의 가치를 가지는 동전이었다. 동전 주조가 늘면서 그 유통 범위가 경기, 충청지방으로부터 점차 확산되어 18세기 초에는 전국에 미칠 정도였다. 동전을 시전(市廛)에 무이자로 대출하고, 관리의 녹봉을 동전으로 지급하고, 일부 세금을 동전으로 거두어들이는 등의 국가 정책도 동전의 통용을 촉진하였다.

화폐경제의 성장은 상업적 동기를 촉진시키고 경제생활, 나아가 사회생활에 변화를 주었다. 이러한 가운데 일부 위정자들은 화폐경제로 인한 부작용을 우려했는데 특히 농촌 고리대금업(高利貸金業)의 성행을 가장 심각한 문제로 생각했다. 그래서 동전의 폐지를 주장하는 이도 있었다. 1724년 등극한 영조는 이 주장을 받아들여 동전 주조를 정지하였다. 그런데 당시에 동전은 이미 일상생활로 퍼졌기 때문에 동전의 수요에 비해 공급이 부족한 현상이 일어나 동전 주조의 정지는 화폐 유통질서와 상품경제에 타격을 가하였다. 돈이 매우 귀하여 농민과 상인의 교역에 불편을 가져다준 것이다.

또한, 소수의 부유한 상인이 동전을 집중적으로 소유하여 고리대금업(高利貸金業) 활동을 강화함에 따라서 오히려 농민 몰락이 조장되었다. 결국 영조 7년 이후 동전은 다시 주조되기 시작했다.

☑ 오답 Check! ○ ✕

**45** 윗글을 통해 해결할 수 없는 질문은?

① 조선 시대 화폐가 통용되기 위한 여건은 무엇인가?
② 조선 후기 국가는 화폐를 어떤 과정으로 주조하였는가?
③ 조선 시대 화폐 사용에 대한 국가정책은 무엇인가?
④ 조선 후기 화폐가 통용되면서 나타난 현상은 무엇인가?

☑ 오답 Check! ○ ✕

**46** 윗글을 바탕으로 ㉠과 같은 현상이 나타나게 된 이유를 추론해 볼 때 거리가 먼 것은?

① 화폐가 통용될 시장이 발달하지 않았군.
② 화폐가 주로 일부 계층 위주로 통용되었군.
③ 백성들이 화폐보다 물품화폐를 선호하였군.
④ 국가가 화폐 수요량을 원활하게 공급하지 못했군.

※ 다음 글을 읽고 이어지는 질문에 답하시오. [47~48]

(가) 문화란 말은 그 의미가 매우 다양해서 정확하게 개념을 규정한다는 것이 거의 불가능하다. 즉, 우리가 이 개념을 정확하게 규정하려는 노력을 하면 할수록 우리는 더 큰 어려움에 봉착한다. 무엇보다도 한편에서는 인간의 정신적 활동에 의해 창조된 최고의 가치를 ⊙ 문화라고 정의하고 있는 데 반하여, 다른 한편에서는 자연에 대한 인간의 기술적·물질적 적응까지를 ⓒ 문화라는 개념에 포함시키고 있다. 즉, 후자는 문명이라는 개념으로 이해하는 부분까지도 문화라는 개념 속에 수용함으로써 문화와 문명을 구분하지 않고 있다. 전자는 독일적인 문화 개념의 전통에 따른 것이고, 후자는 영미 계통의 문화 개념에 따른 문화에 대한 이해이나. 여기에서 우리는 문화라는 개념이 주관적으로 채색되기가 쉽다는 것을 인식하게 된다. 19세기 중엽까지만 해도 우리 조상들은 서양인들을 양이(洋夷)라고 해서 야만시했다. 마찬가지로, 우리는 한 민족이 다른 민족의 문화적 업적을 열등시하며, 이것을 야만인의 우스꽝스러운 관습으로 무시해버리는 것을 역사를 통해 잘 알고 있다.

(나) 문화란 말은 일반적으로 두 가지로 사용된다. 한편으로 우리는 '교양 있는' 사람을 문화인이라고 한다. 즉, 창조적 정신의 소산인 문학 작품, 예술 작품, 철학과 종교를 이해하고 사회의 관습을 품위 있게 지켜 나가는 사람을 교양인 또는 문화인이라고 한다. 그런가하면 다른 한편으로 '문화'라는 말은 한 국민의 '보다 훌륭한' 업적과 그 유산을 지칭한다. 특히 철학, 과학, 예술에 있어서의 업적이 높이 평가된다. 그러나 우리는 여기에서 이미 문화에 대한 우리의 관점이 달라질 수 있는 소지를 발견한다. 즉, 어떤 민족이 이룩한 업적을 '훌륭한 것'으로서 또는 '창조적인 것'으로서 평가할 때, 그 시점은 어느 때이며, 기준은 무엇인가? 왜냐하면, 우리는 오늘날 선진국들에 의해 문화적으로 열등하다고 평가받는 많은 나라가 한때는 이들 선진국보다 월등한 문화 수준을 향유했다는 것을 역사적 사실을 통해 잘 알고 있기 때문이다.

또한 비록 창조적인 업적이라고 할지라도, 만약 그것이 부정적인 내용을 가졌다면, 그래도 우리는 그것을 '창조적'인 의미에서의 문화라고 할 수 있을까? 조직적 재능은 문화적 재능보다 덜 창조적인가? 기지가 풍부한 정치가는 독창력이 없는 과학자보다 덜 창조적이란 말인가? 볼테르 같은 사람의 문화적 업적을 그의 저서가 끼친 실천적 영향으로부터 분리할 수 있단 말인가? 인간이 이룩한 상이한 업적영역, 즉 철학, 음악, 시, 과학, 정치 이론, 조형미술 등에 대해서 문화적 서열이 적용된다는 것인가?

**47** 문맥상 (가)의 밑줄 친 ㉠ : ㉡의 관계를 바르게 지적한 것은?

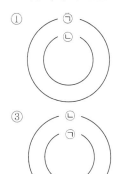

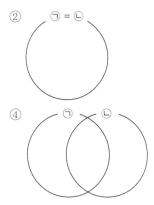

**48** 다음 글의 내용과 일치하지 않는 것은?

① 문화라는 말은 다양한 의미로 사용된다.

② 문화는 교양 있는 사람이 이해하고 지켜나가는 것이다.

③ 문화에 대한 관점은 시대에 따라 다를 수 있다.

④ 문화는 일반적으로 창조적 정신의 소산으로 여겨진다.

우리가 누리고 있는 문화는 거의 모두가 서양적인 것이다. 우리가 연구하는 학문 또한 예외가 아니다. 피와 뼈와 살을 조상에게서 물려받았을 뿐, 문화라고 일컬을 수 있는 거의 모든 것이 서양에서 받아들인 것인 듯싶다. 이러한 현실을 앞에 놓고서 민족 문화의 전통을 찾고 이를 계승하자고 한다면, 이것은 편협한 ㉠ 배타주의(排他主義)나 국수주의(國粹主義)로 오인하기 좋은 이야기가 될 것 같다.

(가) 전통은 과거로부터 이어 온 것을 말한다. 이 전통은 대체로 그 사회 및 그 사회의 구성원인 개인의 몸에 배어 있는 것이다. 그러므로 스스로 깨닫지 못하는 사이에 전통은 우리의 현실에 작용하는 경우가 있다.

(나) 이처럼 우리가 계승해야 할 민족 문화의 전통으로 여겨지는 것이, 과거의 인습(因襲)을 타파(打破)하고 새로운 것을 창조하려는 노력의 결정(結晶)이라는 것은 지극히 중대한 사실이다.

(다) 세종대왕의 훈민정음 창제 과정에서 이 점은 뚜렷이 나타나고 있다. 만일, 세종대왕이 고루(固陋)한 보수주의적 유학자들에게 한글 창제의 뜻을 굽혔다면 우리 민족문화의 최대 걸작(傑作)이 햇빛을 못 보고 말았을 것이 아니겠는가?

(라) 우리가 계승해야 할 민족 문화의 전통은 형상화된 물건에서 받는 것도 있지만, 한편 창조적 정신 그 자체에도 있는 것이다. 이러한 의미에서 민족 문화의 전통을 무시한다는 것은 지나친 자기 학대(自己虐待)에서 나오는 편견(偏見)에 지나지 않을 것이다.

(마) 민족 문화의 전통을 창조적으로 계승하자는 정신은 선진 문화 섭취에 인색하지 않을 것이다. 외래문화도 새로운 문화의 창조에 이바지함으로써 뜻이 있는 것이고, 그러함으로써 비로소 민족 문화의 전통을 더욱 빛낼 수 있기 때문이다.

☑ 오답Check! ○ ✕

**49** (나) ~ (마) 중, ㉠을 극복하려는 태도가 가장 두드러지게 나타난 것은?

① (나)
② (다)
③ (라)
④ (마)

☑ 오답Check! ○ ✕

**50** (가)와 (나) 사이에 들어갈 수 있는 문장으로 적절한 것은?

① 그렇다면 전통을 계승하고 창조하는 주체는 우리 자신이다.
② 그러므로 전통이란 조상으로부터 물려받은 고유한 유산만을 의미하지는 않는다.
③ 그러나 계승해야 할 전통은 문화 창조에 이바지하는 것으로 한정되어야 한다.
④ 그리고 자국의 전통과 외래적인 문화는 상보적일 수도 있다.

# CHAPTER 02 수리능력검사

## 출제유형

### 1. 기본계산

정수·소수·분수의 사칙연산과 할·푼·리와 같은 간단한 계산 문제, 약속된 연산기호에 따라 주어진 식의 값을 계산하는 문제, 수의 대소비교 문제가 출제된다.

### 2. 응용계산

거리·속도·시간, 금액, 농도, 일 등의 방정식·부등식 문제, 경우의 수·확률과 같은 중학교 수준의 대수 영역 문제가 출제된다.

### 3. 자료해석

표 또는 그래프가 주어지고, 이를 해석 또는 계산하는 문제가 출제된다. 주로 1개의 자료에 2 ~ 4개의 문제가 있으며, 계산이 복잡하거나 어려운 수학 공식을 이용하는 문제는 출제되지 않는다.

## 학습전략

### 1. 기본계산

난도가 높은 유형은 아니나 짧은 시간 안에 많은 문제를 해결해야 하므로, 속도와 정확성이 중요하다. 따라서 평소에 연산 순서와 계산을 빠르고 정확하게 하는 연습이 필요하다.

### 2. 응용계산

관련 공식은 반드시 암기해두어야 한다. 문제가 복잡해 보인다면, 다른 문제를 먼저 푼 후 시간이 남을 경우 다시 풀어보는 것이 좋고, 간혹 보기를 직접 대입하면 풀리는 경우도 있으므로, 시간이 없을 때는 이 방법을 선택하는 것도 좋은 방법이다.

### 3. 자료해석

주어진 자료를 처음부터 자세히 보기보다는 전체 구조를 파악하고, 문제에서 필요한 정보들만 그때그때 빠르게 찾아서 풀어야 시간을 단축할 수 있다. 계산 문제는 끝자리까지 정확히 계산하기보다는 보기 간의 차이점을 파악하여, 필요한 부분까지만 계산하는 요령이 필요하다.

## 이론점검

## 1 기초연산능력

### (1) 사칙연산

① 사칙연산

ㄱ 수에 관한 덧셈(+), 뺄셈(−), 곱셈(×), 나눗셈(÷) 네 종류의 계산법

ㄴ 보통 사칙연산은 정수나 분수 등에서 계산할 때 활용되며, 기본적으로 연산은 왼쪽에서 오른쪽으로 수행한다. 여러 개의 연산이 섞여 있는 경우에는 곱셈과 나눗셈을 먼저 계산한다. 단, 식에 괄호가 있을 경우에는 괄호 안을 가장 먼저 계산한다.

② 검산방법

ㄱ 역연산 방법 : 덧셈은 뺄셈으로, 뺄셈은 덧셈으로, 곱셈은 나눗셈으로, 나눗셈은 곱셈으로 확인하는 방법이다.

ㄴ 구거법 : 어떤 수를 9로 나눈 나머지는 각 자릿수의 합을 9로 나눈 나머지와 같다는 원리. 즉 피연산자를 9로 나눈 나머지 또는 피연산자의 각 자릿수의 합을 9로 나눈 나머지를 좌변과 우변 사이에 비교하여 서로 같은지 판단하면 된다.

### (2) 수의 계산

| 교환법칙 | $a+b=b+a,\ a\times b=b\times a$ |
|---|---|
| 결합법칙 | $a+(b+c)=(a+b)+c,\ a\times(b\times c)=(a\times b)\times c$ |
| 분배법칙 | $(a+b)\times c=a\times c+b\times c$ |

### (3) 단위환산표

| 단위 | 환산 |
|---|---|
| 길이 | $1\text{cm}=10\text{mm},\ 1\text{m}=100\text{cm},\ 1\text{km}=1{,}000\text{m}$ |
| 넓이 | $1\text{cm}^2=100\text{mm}^2,\ 1\text{m}^2=10{,}000\text{cm}^2,\ 1\text{km}^2=1{,}000{,}000\text{m}^2$ |
| 부피 | $1\text{cm}^3=1{,}000\text{mm}^3,\ 1\text{m}^3=1{,}000{,}000\text{cm}^3,\ 1\text{km}^3=1{,}000{,}000{,}000\text{m}^3$ |
| 들이 | $1\text{mL}=1\text{cm}^3,\ 1\text{dL}=100\text{cm}^3=100\text{mL},\ 1\text{L}=1{,}000\text{cm}^3=10\text{dL}$ |
| 무게 | $1\text{kg}=1{,}000\text{g},\ 1\text{t}=1{,}000\text{kg}=1{,}000{,}000\text{g}$ |
| 시간 | 1분=60초, 1시간=60분=3,600초 |
| 할푼리 | 소수점 첫째 자리 '할', 소수점 둘째 자리 '푼', 소수점 셋째 자리 '리' |

① 길이

　물체의 한 끝에서 다른 한 끝까지의 거리 예 mm, cm, m, km 등

② 넓이

　평면의 크기를 나타내는 것으로 면적이라고도 함 예 $mm^2$, $cm^2$, $m^2$, $km^2$ 등

③ 부피

　입체가 점유하는 공간 부분의 크기 예 $mm^3$, $cm^3$, $m^3$, $km^3$ 등

④ 들이

　통이나 그릇 따위의 안에 넣을 수 있는 물건 부피의 최댓값 예 mL, dL, L, kL 등

⑤ 무게

　물체의 무거운 정도 예 g, kg, t 등

⑥ 시간

　시각과 시각 사이의 간격 또는 그 단위 예 초, 분, 시 등

⑦ 할푼리

　비율을 소수로 나타내었을 때, 소수점 첫째 자리, 소수점 둘째 자리, 소수점 셋째
　자리 등을 이르는 말 예 0.375＝3할7푼5리

문제풀이 과정에서 단위 변환이 필요하므로 암기해야 한다.

## (4) 수와 식

① 약수와 배수

　$a$가 $b$로 나누어 떨어질 때 $a$는 $b$의 배수, $b$는 $a$의 약수

② 소수

　1과 자기 자신만을 약수로 갖는 수, 즉 약수의 개수가 2개인 수

　예 10 이하의 소수 : 2, 3, 5, 7

③ 합성수

　1과 자기 자신 이외의 수를 약수로 갖는 수, 즉 소수가 아닌 수 또는 약수의 개수가
　3개 이상인 수

　※ 1은 소수도 합성수도 아님

④ 최대공약수

　2개 이상의 자연수의 공통된 약수 중에서 가장 큰 수

⑤ 최소공배수

　2개 이상의 자연수의 공통된 배수 중에서 가장 작은 수

⑥ 서로소

　1 이외에 공약수를 가지지 않는 두 자연수, 즉 최대공약수가 1인 두 자연수

⑦ 소인수분해

주어진 합성수를 소수의 거듭제곱의 형태로 나타내는 것

※ 거듭제곱이란 같은 수나 문자를 여러 번 곱한 것

예 2의 세제곱은 2를 3번 곱한 것으로

$$2^3 = 2 \times 2 \times 2$$
$$\llcorner \quad 3개 \quad \lrcorner$$

⑧ 지수법칙

---

$m$, $n$이 자연수일 때,

- $a^m \times a^n = a^{m+n}$

- $(a^m)^n = a^{m \times n}$

- $m > n \rightarrow a^m \div a^n = a^{m-n}$

  $m = n \rightarrow a^m \div a^n = 1$

  $m < n \rightarrow a^m \div a^n = \dfrac{1}{a^{n-m}}$ (단, $a \neq 0$)

※ $a^0 = 1$

$n$이 자연수일 때,

- $(ab)^n = a^n b^n$

- $\left(\dfrac{a}{b}\right)^n = \dfrac{a^n}{b^n}$ (단, $b \neq 0$)

---

⑨ 곱셈공식과 인수분해

| 곱셈공식 | 인수분해 |
|---|---|
| ㉠ $(a+b)^2 = a^2 + 2ab + b^2$ | ㉠ $a^2 + 2ab + b^2 = (a+b)^2$ |
| ㉡ $(a-b)^2 = a^2 - 2ab + b^2$ | ㉡ $a^2 - 2ab + b^2 = (a-b)^2$ |
| ㉢ $(a+b)(a-b) = a^2 - b^2$ | ㉢ $a^2 - b^2 = (a+b)(a-b)$ |
| ㉣ $(x+a)(x+b) = x^2 + (a+b)x + ab$ | ㉣ $x^2 + (a+b)x + ab = (x+a)(x+b)$ |
| ㉤ $(ax+b)(cx+d) = acx^2 + (ad+bc)x + bd$ | ㉤ $acx^2 + (ad+bc)x + bd = (ax+b)(cx+d)$ |

⑩ 제곱근

$x^2 = a$일 때, $x$를 $a$의 제곱근 또는 $a$의 제곱근을 $x$라 함

㉠ 제곱근의 성질

---

$a > 0$일 때,

$\sqrt{a^2} = \sqrt{(-a)^2} = a$, $(\sqrt{a})^2 = (-\sqrt{a})^2 = a$

$\sqrt{a^2} = |a| = \begin{cases} a & (a \geq 0) \\ -a & (a < 0) \end{cases}$

---

ⓛ 제곱근의 연산

$a > 0$, $b > 0$일 때,

- $\sqrt{a} \times \sqrt{b} = \sqrt{ab}$
- $\sqrt{a} \div \sqrt{b} = \dfrac{\sqrt{a}}{\sqrt{b}} = \sqrt{\dfrac{a}{b}}$
- $\sqrt{a^2 b} = a\sqrt{b}$
- $\sqrt{\dfrac{a}{b^2}} = \dfrac{\sqrt{a}}{b}$

$a > 0$일 때,

- $m\sqrt{a} + n\sqrt{a} = (m+n)\sqrt{a}$
- $m\sqrt{a} - n\sqrt{a} = (m-n)\sqrt{a}$

ⓒ 분모의 유리화

$$\frac{a}{\sqrt{b}} = \frac{a \times \sqrt{b}}{\sqrt{b} \times \sqrt{b}} = \frac{a\sqrt{b}}{b} \ (단, \ b > 0)$$

## 2 응용수리능력

### (1) 방정식 · 부등식의 활용

① 거리 · 속력 · 시간

$(거리) = (속력) \times (시간)$, $(속력) = \dfrac{(거리)}{(시간)}$, $(시간) = \dfrac{(거리)}{(속력)}$

② 일

전체 작업량을 1로 놓고, 단위 시간 동안 한 일의 양을 기준으로 식을 세움

③ 농도

- $[소금물의 \ 농도(\%)] = \dfrac{(소금의 \ 양)}{(소금물의 \ 양)} \times 100$

- $(소금의 \ 양) = \dfrac{[소금물의 \ 농도(\%)]}{100} \times (소금물의 \ 양)$

④ 나이

문제에서 제시된 조건의 나이가 현재인지 과거인지를 확인한 후 구해야 하는 한 명의 나이를 변수로 잡고 식을 세움

안심Touch

⑤ 비율

$$x \text{가 } a\% \text{ 증가} : x \times \left(1 + \frac{a}{100}\right), \ x \text{가 } a\% \text{ 감소} : x \times \left(1 - \frac{a}{100}\right)$$

⑥ 금액

㉠ (정가)＝(원가)＋(이익)

※ (이익)＝(원가)×(이율)

㉡ $a$원에서 $b\%$ 할인한 가격＝$a \times \left(1 - \dfrac{b}{100}\right)$

㉢ 단리법・복리법(원금 : $a$, 이율 : $r$, 기간 : $n$, 원리합계 : $S$)

| 단리법 | 복리법 |
|---|---|
| • 정의 : 원금에 대해서만 약정된 이자율과 기간을 곱해 이자를 계산<br>• $S = a \times (1 + r \times n)$ | • 정의 : 원금에 대한 이자를 가산한 후 이 합계액을 새로운 원금으로 계산<br>• $S = a \times (1 + r)^n$ |

⑦ 날짜・요일

㉠ 1일＝24시간＝$1,440(= 24 \times 60)$분＝$86,400(= 1,440 \times 60)$초

㉡ 월별 일수 : 1, 3, 5, 7, 8, 10, 12월은 31일, 4, 6, 9, 11월은 30일, 2월은 28일 또는 29일

㉢ 윤년(2월 29일)은 4년에 1회

⑧ 시계

㉠ 시침이 1시간 동안 이동하는 각도 : $\dfrac{360°}{12} = 30°$

㉡ 시침이 1분 동안 이동하는 각도 : $\dfrac{30°}{60} = 0.5°$

㉢ 분침이 1분 동안 이동하는 각도 : $\dfrac{360°}{60} = 6°$

⑨ 수

㉠ 연속한 두 자연수 : $x$, $x+1$

㉡ 연속한 세 자연수 : $x-1$, $x$, $x+1$

㉢ 연속한 두 짝수(홀수) : $x$, $x+2$

㉣ 연속한 세 짝수(홀수) : $x-2$, $x$, $x+2$

㉤ 십의 자릿수가 $x$, 일의 자릿수가 $y$인 두 자리 자연수 : $10x + y$

㉥ 백의 자릿수가 $x$, 십의 자릿수가 $y$, 일의 자릿수가 $z$인 세 자리 자연수 : $100x + 10y + z$

## (2) 경우의 수와 확률

① 경우의 수
  ㉠ 어떤 사건이 일어날 수 있는 모든 가짓수
  ㉡ 합의 법칙 : 두 사건 A와 B가 동시에 일어나지 않을 때, 사건 A가 일어나는 경우의 수를 $m$, 사건 B가 일어나는 경우의 수를 $n$이라 하면, 사건 A 또는 B가 일어나는 경우의 수는 $(m+n)$이다.
  ㉢ 곱의 법칙 : 사건 A가 일어나는 경우의 수를 $m$, 사건 B가 일어나는 경우의 수를 $n$이라 하면, 사건 A와 B가 동시에 일어나는 경우의 수는 $(m \times n)$이다.

② 순열 · 조합

| 순열 | 조합 |
|---|---|
| ㉠ 서로 다른 $n$개에서 $r$개를 순서대로 나열하는 경우의 수 | ㉠ 서로 다른 $n$개에서 $r$개를 순서에 상관없이 나열하는 경우의 수 |
| ㉡ $_nP_r = \dfrac{n!}{(n-r)!}$ | ㉡ $_nC_r = \dfrac{n!}{(n-r)! \times r!}$ |
| ㉢ $_nP_n = n!$, $0! = 1$, $_nP_0 = 1$ | ㉢ $_nC_r = {}_nC_{n-r}$, $_nC_0 = {}_nC_n = 1$ |

③ 확률
  ㉠ (사건 A가 일어날 확률)$= \dfrac{(\text{사건 A가 일어나는 경우의 수})}{(\text{모든 경우의 수})}$
  ㉡ 여사건의 확률 : 사건 A가 일어날 확률이 $p$일 때, 사건 A가 일어나지 않을 확률은 $(1-p)$이다.
  ㉢ 확률의 덧셈정리 : 두 사건 A, B가 동시에 일어나지 않을 때 A가 일어날 확률을 $p$, B가 일어날 확률을 $q$라고 하면, 사건 A 또는 B가 일어날 확률은 $(p+q)$이다.
  ㉣ 확률의 곱셈정리 : A가 일어날 확률을 $p$, B가 일어날 확률을 $q$라고 하면, 사건 A와 B가 동시에 일어날 확률은 $(p \times q)$이다.

# 3 수추리능력

## (1) 수추리
① **등차수열** : 앞의 항에 일정한 수를 더해 이루어지는 수열
② **등비수열** : 앞의 항에 일정한 수를 곱해 이루어지는 수열
③ **계차수열** : 이웃한 두 항의 차이가 일정한 규칙을 갖는 수열
④ **건너뛰기 수열** : 두 개 이상의 수열이 일정한 간격을 두고 번갈아가며 나타나는 수열
⑤ **피보나치 수열** : 앞의 두 항의 합이 그 다음 항의 수가 되는 수열
⑥ **군수열** : 일정한 규칙성으로 몇 항씩 묶어 나눈 수열
⑦ **표수열** : 다양한 규칙으로 이루어진 표 형태의 수열

(2) 문자추리

① 한글자음

| 1 | 2 | 3 | 4 | 5 | 6 | 7 | 8 | 9 | 10 | 11 | 12 | 13 | 14 |
|---|---|---|---|---|---|---|---|---|----|----|----|----|----|
| ㄱ | ㄴ | ㄷ | ㄹ | ㅁ | ㅂ | ㅅ | ㅇ | ㅈ | ㅊ | ㅋ | ㅌ | ㅍ | ㅎ |

② 한글모음

| 1 | 2 | 3 | 4 | 5 | 6 | 7 | 8 | 9 | 10 |
|---|---|---|---|---|---|---|---|---|----|
| ㅏ | ㅑ | ㅓ | ㅕ | ㅗ | ㅛ | ㅜ | ㅠ | ㅡ | ㅣ |

③ 알파벳

| 1 | 2 | 3 | 4 | 5 | 6 | 7 | 8 | 9 | 10 | 11 | 12 | 13 |
|---|---|---|---|---|---|---|---|---|----|----|----|----|
| A | B | C | D | E | F | G | H | I | J | K | L | M |
| 14 | 15 | 16 | 17 | 18 | 19 | 20 | 21 | 22 | 23 | 24 | 25 | 26 |
| N | O | P | Q | R | S | T | U | V | W | X | Y | Z |

# 4 기초통계능력

## (1) 통계

집단현상에 대한 구체적인 양적 기술을 반영하는 숫자로 특히, 사회집단 또는 자연집단의 상황을 숫자로 나타낸 것이다.

예 서울 인구의 생계비, 한국 쌀 생산량의 추이, 추출 검사한 제품 중 불량품의 개수 등

## (2) 통계치

① 빈도 : 어떤 사건이 일어나거나 증상이 나타나는 정도
② 빈도분포 : 빈도를 표나 그래프로 종합적이면서도 일목요연하게 표시하는 것
③ 평균 : 모든 자료 값의 합을 자료의 개수로 나눈 값
④ 백분율 : 전체의 수량을 100으로 볼 때의 비율

## (3) 통계의 계산

① 범위 : (최댓값) − (최솟값)

② 평균 : $\dfrac{(자료\ 값의\ 총합)}{(자료의\ 개수)}$

③ 분산 : $\dfrac{[\{(관찰값) - (평균)\}^2의\ 총합]}{(자료의\ 개수)}$

   ※ (편차) = (관찰값) − (평균)

④ 표준편차 : $\sqrt{분산}$ (평균으로부터 얼마나 떨어져 있는가를 나타냄)

## 5 도표분석능력

### (1) 선(절선)그래프
① 시간적 추이(시계열 변화)를 표시하는 데 적합하다.
　예 연도별 매출액 추이 변화 등
② 경과·비교·분포를 비롯하여 상관관계 등을 나타낼 때 사용한다.

〈중학교 장학금, 학비감면 수혜현황〉

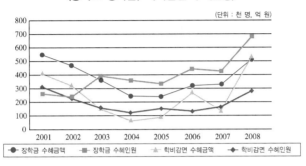

### (2) 막대그래프
① 비교하고자 하는 수량을 막대 길이로 표시하고, 그 길이를 비교하여 각 수량 간의 대소 관계를 나타내는 데 적합하다.
　예 영업소별 매출액, 성적별 인원분포 등
② 가장 간단한 형태로 내역·비교·경과·도수 등을 표시하는 용도로 사용한다.

〈연도별 암 발생 추이〉

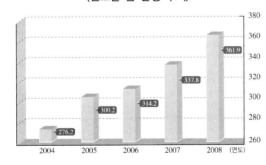

## (3) 원그래프

① 내역이나 내용의 구성비를 분할하여 나타내는 데 적합하다.

  예 제품별 매출액 구성비 등

② 원그래프를 정교하게 작성할 때는 수치를 각도로 환산해야 한다.

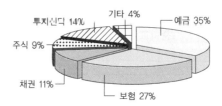

〈C국의 가계 금융자산 구성비〉

## (4) 점그래프

① 지역분포를 비롯하여 도시, 지방, 기업, 상품 등의 평가나 위치, 성격을 표시하는 데 적합하다.

  예 광고비율과 이익률의 관계 등

② 종축과 횡축에 두 요소를 두고, 보고자 하는 것이 어떤 위치에 있는가를 알고자 할 때 사용한다.

〈OECD 국가의 대학졸업자 취업률 및 경제활동인구 비중〉

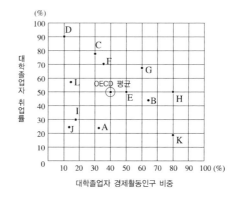

## (5) 층별그래프

① 합계와 각 부분의 크기를 백분율로 나타내고 시간적 변화를 보는 데 적합하다.

② 합계와 각 부분의 크기를 실수로 나타내고 시간적 변화를 보는 데 적합하다.

  예 상품별 매출액 추이 등

③ 선의 움직임보다는 선과 선 사이의 크기로써 데이터 변화를 나타내는 그래프이다.

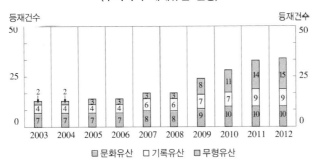

〈우리나라 세계유산 현황〉

## (6) 레이더 차트(거미줄 그래프)

① 다양한 요소를 비교할 때, 경과를 나타내는 데 적합하다. 예 매출액의 계절변동 등
② 비교하는 수량을 직경, 또는 반경으로 나누어 원의 중심에서의 거리에 따라 각 수량
의 관계를 나타내는 그래프이다.

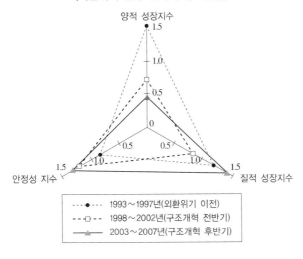

〈외환위기 전후 한국의 경제상황〉

# 기출예상문제

※ 다음 식을 계산한 값으로 옳은 것을 고르시오. [1~10]

**01**

$$40.5 \times 0.23 + 1.185$$

① 10.45           ② 10.5
③ 9.5             ④ 9.45

**02**

$$2,620 + 1,600 \div 80$$

① 28.20         ② 2,820
③ 26.40         ④ 2,640

**03**

$$\frac{4,324}{6} \times \frac{66}{2,162} - \frac{15}{6}$$

① 17.79         ② −1.779
③ 19.5          ④ −1,950

**04**

$$79,999+7,999+799+79$$

① 88,866　　　　　② 88,876

③ 88,886　　　　　④ 88,896

**05**

$$14,465-3,354+1,989-878+1$$

① 11,123　　　　　② 12,233

③ 11,223　　　　　④ 12,223

**06**

$$(48^2+16^2)\div16+88$$

① 232　　　　　② 233

③ 247　　　　　④ 248

**07**

$$(48+48+48+48)\times\frac{11}{6}\div\frac{16}{13}$$

① 286　　　　　② 289

③ 314　　　　　④ 332

**08**

$$4 \times 9 \times 16 \times 25 \times 36 \div 100$$

① 5,972　　　　　　② 5,184
③ 5,299　　　　　　④ 5,165

**09**

$$3,684 - 62.48 \div 0.55$$

① 6,584.6　　　　　② 6,574.4
③ 3,560.6　　　　　④ 3,570.4

**10**

$$32 \times \frac{4,096}{256} - 26 \times \frac{361}{19}$$

① 18　　　　　　　② 22
③ 18.4　　　　　　④ 22.4

**11**　38의 4할 1푼 3리는 얼마인가?

① 15.694　　　　　② 156.94
③ 16.384　　　　　④ 163.84

**12** 467의 6푼 5리는 얼마인가?

① 30.35 　　　　　　　　　　　② 30.355

③ 27.25 　　　　　　　　　　　④ 27.255

**13** 1,500의 2할 2푼은 얼마인가?

① 3.3 　　　　　　　　　　　② 33

③ 330 　　　　　　　　　　　④ 3,300

**14** A는 농구공을 40번 던져서 7번을 바스켓에 넣었다. A의 성공률은 얼마인가?

① 1푼 5리 　　　　　　　　　② 1할 5리

③ 1할 1푼 　　　　　　　　　④ 1할 7푼 5리

**15** L은 16개의 회사에 지원하여 총 2곳에 합격했다. L의 합격률은 얼마인가?

① 1할 2푼 　　　　　　　　　② 1할 2푼 5리

③ 1할 5리 　　　　　　　　　④ 2할 5리

※ 다음 빈칸에 들어갈 수 있는 수를 고르시오. [16~17]

**16**

$$\frac{11}{17} < (\quad) < 0.72$$

① $\frac{7}{9}$

② $\frac{8}{15}$

③ $\frac{9}{13}$

④ $\frac{12}{19}$

**17**

$$\frac{3}{8} < (\quad) < \frac{7}{12}$$

① $\frac{1}{3}$

② $\frac{3}{5}$

③ $\frac{2}{9}$

④ $\frac{7}{18}$

※ 다음 〈조건〉을 보고 이어지는 질문에 답하시오. [18~20]

조건

$$a◎b = a^2 - b + a$$
$$a◆b = 3a - 2b$$

**18**

$$15◎20$$

① 210

② 215

③ 220

④ 225

**19**

47◆61

① 16

② 19

③ 21

④ 24

**20**

(7◎23)◆39

① −14

② −21

③ 14

④ 21

**21** 6%의 소금물과 11%의 소금물을 섞어서 9%의 소금물 500g을 만들려고 한다. 이때 6%의 소금물은 몇 g을 섞어야 하는가?

① 200g

② 300g

③ 400g

④ 500g

**22** A회사는 10분에 5개의 인형을 만들고, B회사는 1시간에 1대의 인형 뽑는 기계를 만든다. 이 두 회사가 40시간 동안 일을 하면 최대 몇 대의 인형이 들어 있는 인형 뽑는 기계를 완성할 수 있는가?(단, 인형 뽑는 기계 하나에는 적어도 40개의 인형이 들어가야 한다)

① 30대

② 35대

③ 40대

④ 45대

**23** 어떤 물건의 정가에 30%를 할인한 가격에 1,000원을 더 할인하였다. 이 물건을 2개 사면 그 가격이 처음 정가와 같다고 할 때, 처음 정가는 얼마인가?

① 4,000원　　　　　　　　　　② 5,000원
③ 6,000원　　　　　　　　　　④ 7,000원

**24** 어머니의 나이는 10대인 아들 나이의 3배이다. 이때 아들과 어머니의 나이의 합이 62보다 작다면 아들은 최대 몇 세인가?

① 14세　　　　　　　　　　② 15세
③ 16세　　　　　　　　　　④ 17세

**25** 흰 공 3개, 검은 공 2개가 들어 있는 상자에서 1개의 공을 꺼냈을 때, 흰 공이면 동전 3번, 검은 공이면 동전 4번을 던진다고 한다. 이때, 앞면이 3번 나올 확률은?

① $\dfrac{6}{40}$　　　　　　　　　　② $\dfrac{7}{40}$
③ $\dfrac{8}{40}$　　　　　　　　　　④ $\dfrac{9}{40}$

**26** 서로 다른 8개의 컵 중에서 4개만 식탁 위에 원형으로 놓는 방법의 수는?

① 400가지　　　　　　　　　　② 410가지
③ 420가지　　　　　　　　　　④ 430가지

☑ 오답 Check! ○ ✕

**27** S기업은 한 달에 한 번씩 부서별로 영화표를 지원해주는데 가족단위로 참가하도록 장려하고 있다. 이번 달 영업부에서 신청한 인원은 9명이고, 영화표의 가격은 성인이 12,000원, 청소년은 성인의 0.7배일 때, 총무부에서 90,000원을 지불하였다면 영화를 관람한 영업부 가족 중 청소년은 몇 명인가?

① 3명                  ② 4명
③ 5명                  ④ 6명

☑ 오답 Check! ○ ✕

**28** 토취장에서 공사장으로 흙을 운반하고 있다. 한 번에 8t을 운반할 수 있는 트럭과 한 번에 12t을 운반할 수 있는 트럭이 있는데 8t 트럭은 왕복 2시간이 걸리고 12t 트럭은 왕복 3시간이 걸린다. 이때, 두 트럭으로 총 1,000t의 흙을 운반할 때 걸리는 시간은?

① 75시간              ② 100시간
③ 125시간             ④ 150시간

☑ 오답 Check! ○ ✕

**29** H매장에서는 신제품 출시로 인한 이벤트를 다음과 같이 진행한다. 이때 이월상품은 원래 가격에서 얼마나 할인된 가격으로 판매되는가?

| 〈이벤트〉 |
| --- |
| • 전 품목 20% 할인<br>• 이월상품 추가 10% 할인 |

① 27%                  ② 28%
③ 29%                  ④ 30%

☑ 오답 Check! ○ ✕

**30** 거래처까지 갈 때는 국도를 이용하여 속력 80km/h로, 회사로 돌아갈 때는 고속도로를 이용하여 속력 120km/h로 왔다. 1시간 이하로 왕복하려면 거래처는 회사에서 최대 몇 km 떨어진 곳에 있는가?

① 44km                ② 46km
③ 48km                ④ 50km

**31** 다음 자료를 보고 판단한 것 중 옳지 않은 것은?(단, 증감률은 전년을 기준으로 나타낸 것이다)

<자동차 생산 · 내수 · 수출 현황>

(단위 : 대, %)

| 구분 | | 2015년 | 2016년 | 2017년 | 2018년 | 2019년 |
|---|---|---|---|---|---|---|
| 생산 | 차량 대수 | 4,000,000 | 3,826,682 | 3,512,926 | 4,271,741 | 4,657,094 |
| | 증감률 | (6.4) | (▽6.4) | (▽8.2) | (21.6) | (9.0) |
| 내수 | 차량 대수 | 1,219,335 | 1,154,483 | 1,394,000 | 1,465,426 | 1,474,637 |
| | 증감률 | (4.7) | (▽5.3) | (20.7) | (5.1) | (0.6) |
| 수출 | 차량 대수 | 2,847,138 | 2,683,965 | 2,148,862 | 2,772,107 | 3,151,708 |
| | 증감률 | (7.5) | (▽5.7) | (▽19.9) | (29.0) | (13.7) |

① 2015년에는 전년 대비 생산, 내수, 수출이 모두 증가했다.
② 내수가 가장 큰 폭으로 증가한 해에는 생산과 수출이 모두 감소했다.
③ 수출이 증가했던 해는 생산과 내수도 증가했다.
④ 생산이 증가한 해에도 내수나 수출이 감소한 해가 있다.

**32** I회사에서는 직원들의 통근시간을 조사하여 집에서 회사까지 1시간 이내로 통근하는 20명을 다음과 같이 정리해 보았다. 20명의 통근시간 표를 보고 중위값을 구하면?

<통근시간 현황>

(단위 : 분)

| 이름 | A | B | C | D | E | F | G | H | I | J |
|---|---|---|---|---|---|---|---|---|---|---|
| 시간 | 45 | 41 | 44 | 30 | 21 | 25 | 33 | 55 | 19 | 14 |
| 이름 | K | L | M | N | O | P | Q | R | S | T |
| 시간 | 50 | 48 | 39 | 36 | 28 | 25 | 52 | 37 | 33 | 30 |

① 33.5분        ② 34.0분
③ 34.5분        ④ 35.0분

**33** 다섯 가지 커피에 대한 소비자 선호도 조사를 정리한 자료이다. 조사는 541명의 농일한 소비자를 대상으로 1차와 2차 구매를 통해 이루어졌다. 자료에 대한 설명으로 옳은 것을 모두 고른 것은?

〈커피에 대한 소비자 선호도 조사〉

(단위 : 명)

| 1차 구매 | 2차 구매 | | | | | 총계 |
|---|---|---|---|---|---|---|
| | A | B | C | D | E | |
| A | 93 | 17 | 44 | 7 | 10 | 171 |
| B | 9 | 46 | 11 | 0 | 9 | 75 |
| C | 17 | 11 | 155 | 9 | 12 | 204 |
| D | 6 | 4 | 9 | 15 | 2 | 36 |
| E | 10 | 4 | 12 | 2 | 27 | 55 |
| 총계 | 135 | 82 | 231 | 33 | 60 | 541 |

㉠ 대부분의 소비자들이 취향에 맞는 커피를 꾸준히 선택하고 있다.
㉡ 1차에서 A를 구매한 소비자가 2차 구매에서 C를 구입하는 경우가 그 반대의 경우보다 더 적다.
㉢ 전체적으로 C를 구입하는 소비자가 제일 많다.

① ㉠

② ㉡, ㉢

③ ㉢

④ ㉠, ㉢

**34** 다음은 동근이가 사무용품을 구매했던 영수증을 정리한 내용의 일부이다. A4용지 1박스에 500매 6묶음이 들어있다고 할 때, 볼펜 1타(12개)와 A4용지 500매의 가격으로 올바른 것은?

| 일자 | 구매 내역 | | 금액 |
|---|---|---|---|
| 8월 13일 | 볼펜 3타 | A4용지 5박스 | 90,300원 |
| 9월 11일 | 볼펜 5타 | A4용지 7박스 | 133,700원 |

① 11,200원

② 11,700원

③ 12,100원

④ 12,300원

(단위 : 천 명, %)

| 구분 | 인구 수 | 경제활동인구 | 취업자 | 실업자 | 비경제활동인구 | 실업률 |
|---|---|---|---|---|---|---|
| 15 ~ 19세 | 3,070 | 279 | 231 | 47 | 2,791 | 16.8 |
| 20 ~ 29세 | 7,078 | 4,700 | 4,361 | 340 | 2,378 | 7.2 |
| 30 ~ 39세 | 8,519 | 6,415 | 6,246 | 169 | 2,104 | 2.6 |
| 40 ~ 49세 | 8,027 | 6,366 | 6,249 | 116 | 1,662 | 1.8 |
| 50 ~ 59세 | 4,903 | 3,441 | 3,373 | 68 | 1,462 | 2.0 |
| 60세 이상 | 6,110 | 2,383 | 2,361 | 22 | 3,727 | 0.9 |
| 합계 | 37,707 | 23,585 | 22,822 | 763 | 14,123 | 3.2 |

※ [경제활동참가율(%)] $= \dfrac{(경제활동인구)}{(인구 수)} \times 100$

※ [실업률(%)] $= \dfrac{(실업자 수)}{(경제활동인구)} \times 100$

☑ 오답 Check! ○ ✕

**35** 다음 자료를 보고 판단한 것 중 옳은 것은?

① 연령이 높아질수록 실업률은 감소한다.

② 30대 경제활동인구는 50대 경제활동인구보다 2배 이상 많다.

③ 연령이 높아질수록 취업자 수와 실업자 수의 증감 경향은 같다.

④ 20대가 30대보다 실업자 수가 약 2배 많지만, 실업률이 2배 이상을 상회하는 것은 경제활동인구에서 차이가 나기 때문이다.

☑ 오답 Check! ○ ✕

**36** 50대 실업자 수는?

① 6,882명

② 68,820명

③ 9,806명

④ 98,060명

☑ 오답 Check! ○ ✕

**37** 경제활동참가율이 가장 높은 연령대는?

① 30 ~ 39세

② 40 ~ 49세

③ 50 ~ 59세

④ 60세 이상

※ 다음은 A ~ D시의 인구, 도로연장 및 인구 1,000명당 자동차 대수를 나타낸 것이다. 이어지는 질문에 답하시오.
**[38~40]**

| 도시 | 인구(만 명) | 도로연장(km) | 1,000명당 자동차 대수(대) |
|---|---|---|---|
| A | 108 | 198 | 204 |
| B | 75 | 148 | 130 |
| C | 53 | 318 | 408 |
| D | 40 | 103 | 350 |

**38** 자동차 대수가 많은 순서대로 나열한 것은?

① A – C – D – B                    ② A – C – B – D
③ C – D – B – A                    ④ C – D – A – B

**39** 한 가구당 구성원 수를 평균 3명이라고 하면, 가구당 평균 한 대 이상의 자동차를 보유하는 시는?

① A도시, B도시                    ② A도시, C도시
③ B도시, C도시                    ④ C도시, D도시

**40** C시의 도로 1km당 자동차 대수로 올바른 것은?

① 560대                    ② 620대
③ 680대                    ④ 740대

※ 다음은 한 사람이 하루에 받는 스팸 수신량을 그래프로 나타낸 것이다. 이어지는 질문에 답하시오. [41~43]

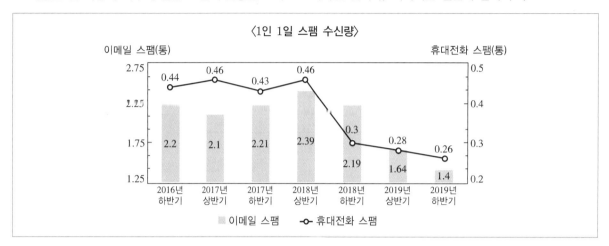

☑ 오답 Check! ○ ✕

**41** 총 스팸이 가장 많을 때와 가장 적을 때의 차이는 얼마인가?

① 1.18                    ② 1.28

③ 1.29                    ④ 1.19

☑ 오답 Check! ○ ✕

**42** 2019년 하반기에는 2019년 상반기에 비해 이메일 스팸이 몇 % 감소하였는가?(단, 소수점 이하 둘째 자리에서 반올림한다)

① 12.6%                  ② 13.6%

③ 14.6%                  ④ 15.6%

☑ 오답 Check! ○ ✕

**43** 다음 중 옳지 않은 것은?

① 2017년 하반기 한 사람이 하루에 받은 이메일 스팸은 2.21통을 기록했다.

② 2019년 하반기에 이메일 스팸은 2016년 하반기보다 0.8통 감소했다.

③ 2017년 하반기부터 1인 1일 스팸 수신량은 계속해서 감소하고 있다.

④ 2016년 하반기 휴대전화를 통한 1인 1일 스팸 수신량은 2019년 하반기보다 약 1.69배 높았다.

※ 다음은 해외파병 현황에 관한 통계자료이다. 이어지는 질문에 답하시오. **[44~46]**

**〈해외파병 현황〉**

(단위 : 명)

| 구분 | 2015년 | 2016년 | 2017년 | 2018년 | 2019년 |
|---|---|---|---|---|---|
| 항구적 자유 작전 | 13 | 17 | 246 | (가) | 731 |
| UN PKO | 733 | 741 | 1,218 | 1,526 | 1,200 |
| 해양안보 작전 | 2 | 909 | 623 | 617 | 937 |
| 군사협력단 | – | – | – | 259 | 289 |

☑ 오답 Check! ○ ✕

**44** 2015 ~ 2019년 항구적 자유 작전 인원이 1,350명일 때, (가)에 들어갈 수로 옳은 것은?

① 343          ② 323

③ 313          ④ 353

☑ 오답 Check! ○ ✕

**45** 2019년 해외파병 인원 중에서 UN PKO가 차지하는 비율은 얼마인가?(단, 소수점 이하 첫째 자리에서 반올림한다)

① 36%          ② 38%

③ 39%          ④ 37%

☑ 오답 Check! ○ ✕

**46** 다음 중 옳지 않은 것은?

① 2018년 해양안보 작전으로 617명을 파병하였다.
② 2015 ~ 2019년 UN PKO 파병 인원은 5,438명이다.
③ 항구적 자유 작전의 파병 인원은 매년 계속 증가하고 있다.
④ 2018년과 2019년 군사협력단으로 평균 274명을 파병하였다.

※ 다음은 현 직장 만족도에 대한 조사이다. 이어지는 질문에 답하시오. [47~48]

### 〈현 직장 만족도〉

| 만족분야별 | 직장유형별 | 2018년 | 2019년 |
|---|---|---|---|
| 전반적 만족도 | 기업 | 6.9 | 6.3 |
| | 공공연구기관 | 6.7 | 6.5 |
| | 대학 | 7.6 | 7.2 |
| 임금과 수입 | 기업 | 4.9 | 5.1 |
| | 공공연구기관 | 4.5 | 4.8 |
| | 대학 | 4.9 | 4.8 |
| 근무시간 | 기업 | 6.5 | 6.1 |
| | 공공연구기관 | 7.1 | 6.2 |
| | 대학 | 7.3 | 6.2 |
| 사내분위기 | 기업 | 6.3 | 6.0 |
| | 공공연구기관 | 5.8 | 5.8 |
| | 대학 | 6.7 | 6.2 |

☑ 오답 Check! ○ ✕

**47** 2018년 3개 기관의 전반적 만족도의 합은 2019년 3개 기관의 임금과 수입 만족도의 합의 몇 배인가?(단, 소수점 이하 둘째 자리에서 반올림한다)

① 1.4배
② 1.6배
③ 1.8배
④ 1.2배

☑ 오답 Check! ○ ✕

**48** 다음 중 옳지 않은 것은?

① 현 직장에 대한 전반적 만족도는 대학 유형에서 가장 높다.
② 2019년 근무시간 측면에서는 공공연구기관과 대학의 만족도가 동일하다.
③ 임금과 수입 측면에서는 모든 유형의 직장에서 만족도가 증가했다.
④ 사내분위기 측면에서 2018년과 2019년 공공연구기관의 만족도는 동일하다.

※ 다음은 연도별 기온추이를 표로 나타낸 것이다. 이어지는 질문에 답하시오. **[49~50]**

〈연도별 기온추이〉

(단위 : ℃)

| 구분 | 2015년 | 2016년 | 2017년 | 2018년 | 2019년 |
|---|---|---|---|---|---|
| 연평균 | 13.3 | 12.9 | 12.7 | 12.4 | 12.3 |
| 봄 | 12.5 | 12.6 | 10.8 | (가) | 12.2 |
| 여름 | 23.7 | 23.3 | 24.9 | 24.0 | 24.7 |
| 가을 | 15.2 | 14.8 | 14.5 | 15.3 | 13.7 |
| 겨울 | 1.9 | 0.7 | −0.4 | −0.4 | −1.0 |

☑ 오답Check! ○ ✕

**49** (가)에 들어갈 숫자로 옳은 것은?

① 8.5  ② 9.7

③ 10.7  ④ 12

☑ 오답Check! ○ ✕

**50** 다음 중 옳지 않은 것은?

① 2019년 봄 평균 기온은 2017년보다 1.4℃ 상승했다.
② 2019년 가을 평균 기온이 전년 대비 하강한 정도는 여름 평균 기온이 상승한 정도를 초과한다.
③ 연평균 기온은 계속해서 하강하고 있다.
④ 가을 평균 기온은 계속해서 하강하고 있다.

# CHAPTER 03

# 추리능력검사

## 1. 수 · 문자추리

등차 · 등비 · 계차수열 등의 기본적인 수열과 건너뛰기 수열 · 피보나치 수열 · 군수열과 같은 응용 형태의 문제가 출제된다. 정수뿐만 아니라 소수와 분수도 문제에서 나타나기도 한다.

## 2. 언어추리

명제의 역 · 이 · 대우와 삼단논법을 이용하여 푸는 문제와 주어진 조건을 이용하여 추론하는 문제가 출제된다.

## 3. 과학추리

힘과 운동, 일과 에너지 등 물리 · 화학 · 생활과학 문제가 출제된다. 내용을 깊이 학습해야 풀 수 있는 문제는 출제되지 않지만, 범위가 넓은 편이다.

**학습전략**

## 1. 수 · 문자추리

수 또는 문자가 어떤 규칙에 따라 변하는지를 빠르게 파악하는 것이 관건이다. 따라서 많은 문제를 풀어보며 유형을 익히는 것이 중요하다. 또한 알파벳이나 한글의 자음 · 모음에 대응되는 숫자는 암기해두는 것이 좋다.

## 2. 언어추리

명제의 역 · 이 · 대우의 상관관계를 반드시 알아두고, 많은 문제를 풀면서 적용해보는 연습이 필요하다. 또한 주어진 조건들의 관계를 도식화하거나 표를 그려 접근하면 시간을 절약할 수 있다.

## 3. 과학추리

범위가 넓은 편이므로 책에 정리된 내용은 확실하게 익히고, 문제를 풀면서 모르는 부분은 추가로 정리를 하는 것이 좋다. 시험 직전까지 이 부분만 완벽하게 학습해도 충분히 대비할 수 있다.

# 1 수열

## (1) 수추리

① 등차수열 : 앞의 항에 일정한 수를 더해 이루어지는 수열

예 $\underset{+2}{1} \ \underset{+2}{3} \ \underset{+2}{5} \ \underset{+2}{7} \ \underset{+2}{9} \ \underset{+2}{11} \ \underset{+2}{13} \ 15$

② 등비수열 : 앞의 항에 일정한 수를 곱해 이루어지는 수열

예 $\underset{\times 2}{1} \ \underset{\times 2}{2} \ \underset{\times 2}{4} \ \underset{\times 2}{8} \ \underset{\times 2}{16} \ \underset{\times 2}{32} \ \underset{\times 2}{64} \ 128$

② 계차수열 : 이웃한 두 항의 차이가 일정한 규칙을 갖는 수열

예 $1 \ \underset{+1}{2} \ \underset{+2}{4} \ \underset{+3}{7} \ \underset{+4}{11} \ \underset{+5}{16} \ \underset{+6}{22} \ \underset{+7}{29}$
$\phantom{예 1} {\scriptstyle +1 \ +1 \ +1 \ +1 \ +1 \ +1}$

④ 피보나치 수열 : 앞의 두 항의 합이 그 다음 항의 수가 되는 수열

$a_n = a_{n-1} + a_{n-2} \ (n \geq 3, \ a_n = 1, \ a_2 = 1)$

예 $1 \ \ 1 \ \ \underset{1+1}{2} \ \ \underset{1+2}{3} \ \ \underset{2+3}{5} \ \ \underset{3+5}{8} \ \ \underset{5+8}{13} \ \ \underset{8+13}{21}$

⑤ 건너뛰기 수열 : 두 개 이상의 수열이 일정한 간격을 두고 번갈아가며 나타나는 수열

예 $1 \ \ 1 \ \ 3 \ \ 7 \ \ 5 \ \ 13 \ \ 7 \ \ 19$

• 홀수항 : $\underset{+2}{1} \ \underset{+2}{3} \ \underset{+2}{5} \ 7$

• 짝수항 : $\underset{+6}{1} \ \underset{+6}{7} \ \underset{+6}{13} \ 19$

**CHECK POINT**

➕ 등차수열
첫째항이 $a$, 공차가 $d$인 등차수열의 일반항을 $a_n$이라고 하면
$a_n = a + (n-1)d$
$a_{n+1} - a_n = d$

등비수열
첫째항이 $a$, 공비가 $r$인 등비수열의 일반항을 $a_n$이라고 하면
$a_n = ar^{n+1}$
$a_{n+1} \div a_n = r$
$(a \neq 0, \ r \neq 0)$

계차수열
$b_n = a_{n+1} - a_n$
$(n = 1, \ 2, \ 3, \ \cdots)$

PART 1

⑥ 군수열 : 일정한 규칙성으로 몇 항씩 묶어 나눈 수열

예 • 1  3  4  6  5  11  2  6  8  9  3  12

⇒ <u>1  3  4</u>  <u>6  5  11</u>  <u>2  6  8</u>  <u>9  3  12</u>
   1+3=4      6+5=11      2+6=8      9+3=12

• 1  3  3  2  4  8  5  6  30  7  2  14

⇒ <u>1  3  3</u>  <u>2  4  8</u>  <u>5  6  30</u>  <u>7  2  14</u>
   1×3=3      2×4=8      5×6=30      7×2=14

### (2) 문자추리

① 한글자음

| 1 | 2 | 3 | 4 | 5 | 6 | 7 | 8 | 9 | 10 | 11 | 12 | 13 | 14 |
|---|---|---|---|---|---|---|---|---|----|----|----|----|----|
| ㄱ | ㄴ | ㄷ | ㄹ | ㅁ | ㅂ | ㅅ | ㅇ | ㅈ | ㅊ | ㅋ | ㅌ | ㅍ | ㅎ |

② 한글모음

| 1 | 2 | 3 | 4 | 5 | 6 | 7 | 8 | 9 | 10 |
|---|---|---|---|---|---|---|---|---|----|
| ㅏ | ㅑ | ㅓ | ㅕ | ㅗ | ㅛ | ㅜ | ㅠ | ㅡ | ㅣ |

③ 알파벳

| 1 | 2 | 3 | 4 | 5 | 6 | 7 | 8 | 9 | 10 | 11 | 12 | 13 |
|----|----|----|----|----|----|----|----|----|----|----|----|----|
| A | B | C | D | E | F | G | H | I | J | K | L | M |
| 14 | 15 | 16 | 17 | 18 | 19 | 20 | 21 | 22 | 23 | 24 | 25 | 26 |
| N | O | P | Q | R | S | T | U | V | W | X | Y | Z |

## 2 언어추리

### 1. 연역 추론

**CHECK POINT**

연역 추론
모든 사람은 죽는다.
→ 나는 죽는다.
→ 영희는 죽는다.
→ 철수는 죽는다.

이미 알고 있는 판단(전제)을 근거로 새로운 판단(결론)을 유도하는 추론이다. 연역 추론은 진리일 가능성을 따지는 귀납 추론과는 달리, 명제 간의 관계와 논리적 타당성을 따진다. 즉, 연역 추론은 전제들로부터 절대적인 필연성을 가진 결론을 이끌어내는 추론이다.

**(1) 직접 추론** : 한 개의 전제로부터 중간적 매개 없이 새로운 결론을 이끌어내는 추론이며, 대우 명제가 그 대표적인 예이다.

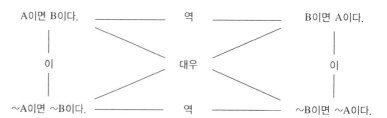

| | |
|---|---|
| • 한국인은 모두 황인종이다. | (전제) |
| • 그러므로 황인종이 아닌 사람은 모두 한국인이 아니다. | (결론 1) |
| • 그러므로 황인종 중에는 한국인이 아닌 사람도 있다. | (결론 2) |

(2) **간접 추론** : 둘 이상의 전제로부터 새로운 결론을 이끌어내는 추론이다. 삼단논법이 가장 대표적인 예이다.

① **정언 삼단논법** : 세 개의 정언명제로 구성된 간접추론 방식이다. 세 개의 명제 가운데 두 개의 명제는 전제이고, 나머지 한 개의 명제는 결론이다. 세 명제의 주어와 술어는 세 개의 서로 다른 개념을 표현한다. (P는 대개념, S는 소개념, M은 매개념이다)

| | |
|---|---|
| • 모든 곤충은 다리가 여섯이다. | M은 P이다.(대전제) |
| • 모든 개미는 곤충이다. | S는 M이다.(소전제) |
| • 그러므로 모든 개미는 다리가 여섯이다. | S는 P이다.(결론) |

② **가언 삼단논법** : 가언명제로 이루어진 삼단논법을 말한다. 가언명제란 두 개의 정언명제가 '만일 ~이라면'이라는 접속사에 의해 결합된 복합명제이다. 여기서 '만일'에 의해 이끌리는 명제를 전건이라고 하고, 그 뒤의 명제를 후건이라고 한다. 가언 삼단논법의 종류로는 혼합가언 삼단논법과 순수가언 삼단논법이 있다.

⊙ **혼합가언 삼단논법** : 대전제만 가언명제로 구성된 삼단논법이다. 긍정식과 부정식 두 가지가 있으며, 긍정식은 'A면 B다. A다. 그러므로 B다.'이고, 부정식은 'A면 B다. B가 아니다. 그러므로 A가 아니다.'이다.

| |
|---|
| • 만약 A라면 B다. |
| • B가 아니다. |
| • 그러므로 A가 아니다. |

ⓛ **순수가언 삼단논법** : 대전제와 소전제 및 결론까지 모두 가언명제들로 구성된 삼단논법이다.

| |
|---|
| • 만약 A라면 B다. |
| • 만약 B라면 C다. |
| • 그러므로 만약 A라면 C다. |

③ **선언 삼단논법** : '~이거나 ~이다.'의 형식으로 표현되며 전제 속에 선언 명제를 포함하고 있는 삼단논법이다.

| | |
|---|---|
| • 내일은 비가 오거나 눈이 온다. | A 또는 B이다. |
| • 내일은 비가 오지 않는다. | A가 아니다. |
| • 그러므로 내일은 눈이 온다. | 그러므로 B다. |

**CHECK POINT**

명제의 역, 이, 대우
• 채식주의자라면 고기를 먹지 않을 것이다.
 → (역) 고기를 먹지 않으면 채식주의자이다.
 → (이) 채식주의자가 아니라면 고기를 먹을 것이다.
 → (대우) 고기를 먹는다면 채식주의자가 아닐 것이다.

④ 딜레마 논법 : 대전제는 두 개의 가언명제로, 소전제는 하나의 선언명제로 이루어진 삼단논법으로, 양도추론이라고도 한다.

> • 만일 네가 거짓말을 하면, 신이 미워할 것이다.  (대전제)
> • 만일 네가 거짓말을 하지 않으면, 사람들이 미워할 것이다.  (대전제)
> • 너는 거짓말을 하거나, 거짓말을 하지 않을 것이다.  (소전제)
> • 그러므로 너는 미움을 받게 될 것이다.  (결론)

**CHECK POINT**

귀납 추론
소크라테스는 죽었다.
공자는 죽었다.
석가모니는 죽었다.
→ 모든 사람은 죽는다.

## 2. 귀납 추론

특수한 또는 개별적인 사실로부터 일반적인 결론을 이끌어 내는 추론을 말한다. 귀납 추론은 구체적 사실들을 기반으로 하여 결론을 이끌어 내기 때문에 필연성을 따지기보다는 개연성과 유관성, 표본성 등을 중시하게 된다. 여기서 개연성이란, 관찰된 어떤 사실이 같은 조건 하에서 앞으로도 관찰될 수 있는가 하는 가능성을 말하고, 유관성은 추론에 사용된 자료가 관찰하려는 사실과 관련되어야 하는 것을 일컬으며, 표본성은 추론을 위한 자료의 표본 추출이 공정하게 이루어져야 하는 것을 가리킨다. 이러한 귀납 추론은 일상생활 속에서 많이 사용하고, 우리가 알고 있는 과학적 사실도 이와 같은 방법으로 밝혀졌다.

> • 히틀러도 사람이고 죽었다.
> • 스탈린도 사람이고 죽었다.
> • 그러므로 모든 사람은 죽는다.

그러나 전제들이 참이어도 결론이 항상 참인 것은 아니다. 단 하나의 예외로 인하여 결론이 거짓이 될 수 있다.

> • 성냥불은 뜨겁다.
> • 연탄불도 뜨겁다.
> • 그러므로 모든 불은 뜨겁다.

위 예문에서 '성냥불이나 연탄불이 뜨거우므로 모든 불은 뜨겁다.'라는 결론이 나왔는데, 반딧불은 뜨겁지 않으므로 '모든 불이 뜨겁다.'라는 결론은 거짓이 된다.

(1) **완전 귀납 추론** : 관찰하고자 하는 집합의 전체를 다 검증함으로써 대상의 공통 특질을 밝혀내는 방법이다. 이는 예외 없는 진실을 발견할 수 있다는 장점은 있으나, 집합의 규모가 크고 속성의 변화가 다양할 경우에는 적용하기 어려운 단점이 있다.

예 1부터 10까지의 수를 다 더하여 그 합이 55임을 밝혀내는 방법

(2) **통계적 귀납 추론** : 통계적 귀납 추론은 관찰하고자 하는 집합의 일부에서 발견한 몇 가지 사실을 열거함으로써 그 공통점을 결론으로 이끌어 내려는 방식을 가리킨다. 관찰하려는 집합의 규모가 클 때 그 일부를 표본으로 추출하여 조사하는 방식이 이에 해당하며, 표본 추출의 기준이 얼마나 적합하고 공정한가에 따라 그 결과에 대한 신뢰도가 달라진다는 단점이 있다.

> 예 여론조사에서 일부의 국민에 대한 설문 내용을 바탕으로, 이를 전체 국민의 여론으로 제시하는 것

(3) **인과적 귀납 추론** : 관찰하고자 하는 집합의 일부 원소들이 지닌 인과 관계를 인식하여 그 원인이나 결과를 이끌어 내려는 방식을 말한다.

① **일치법** : 공통적인 현상을 지닌 몇 가지 사실 중에서 각기 지닌 요소 중 어느 한 가지만 일치한다면 이 요소가 공통 현상의 원인이라고 판단

> 예 마을 잔칫집에서 돼지고기를 먹은 사람들이 집단 식중독을 일으켰다.
> 따라서 식중독의 원인은 상한 돼지고기가 아닌가 생각한다.

② **차이법** : 어떤 현상이 나타나는 경우와 나타나지 않은 경우를 놓고 보았을 때, 각 경우의 여러 조건 중 단 하나만이 차이를 보인다면 그 차이를 보이는 조건이 원인이 된다고 판단

> 예 현수와 승재는 둘 다 지능이나 학습 시간, 학습 환경 등이 비슷한데 공부하는 태도에는 약간의 차이가 있다.
> 따라서 둘의 성적이 차이를 보이는 것은 학습 태도의 차이 때문으로 생각된다.

③ **일치·차이 병용법** : 몇 개의 공통 현상이 나타나는 경우와 몇 개의 그렇지 않은 경우를 놓고 일치법과 차이법을 병용하여 적용함으로써 그 원인을 판단

> 예 학업 능력 정도가 비슷한 두 아동 집단에 대해 처음에는 같은 분량의 과제를 부여하고 나중에는 각기 다른 분량의 과제를 부여한 결과, 많이 부여한 집단의 성적이 훨씬 높게 나타났다. 이로 보아, 과제를 많이 부여하는 것이 적게 부여하는 것보다 학생의 학업 성적 향상에 도움이 된다고 판단할 수 있다.

④ **공변법** : 관찰하는 어떤 사실의 변화에 따라 현상의 변화가 일어날 때 그 변화의 원인이 무엇인지 판단

> 예 담배를 피우는 양이 각기 다른 사람들의 집단을 조사한 결과, 담배를 많이 피울수록 폐암에 걸릴 확률이 높다는 사실이 발견되었다.

⑤ **잉여법** : 앞의 몇 가지 현상이 뒤의 몇 가지 현상의 원인이며, 선행 현상의 일부분이 후행 현상의 일부분이라면, 선행 현상의 나머지 부분이 후행 현상의 나머지 부분의 원인임을 판단

> 예 어젯밤 일어난 사건의 혐의자는 정은이와 규민이 두 사람인데, 정은이는 알리바이가 성립되어 혐의 사실이 없는 것으로 밝혀졌다.
> 따라서 그 사건의 범인은 규민이일 가능성이 높다.

**CHECK POINT**

**귀납과 연역**
한 가지의 구체적인 사실에서 일반적인 원리를 도출해 내는 것이 귀납이면, 반대로 일반적인 원리를 최초의 전제로 하고 거기에서 개별적인 경우를 추론하는 것이 연역이다. 즉, 귀납은 경험주의의 방법이며 연역은 합리주의의 방법이라 할 수 있다.

PART 1

## 3. 유비 추론

두 개의 대상 사이에 일련의 속성이 동일하다는 사실에 근거하여 그것들의 나머지 속성도 동일하리라는 결론을 이끌어내는 추론, 즉 이미 알고 있는 것에서 다른 유사한 점을 찾아내는 추론을 말한다. 그렇기 때문에 유비 추론은 잣대(기준)가 되는 사물이나 현상이 있어야 한다. 유비 추론은 가설을 세우는 데 유용하다. 이미 알고 있는 사례로부터 아직 알지 못하는 것을 생각해 봄으로써 쉽게 가설을 세울 수 있다. 이때 유의할 점은 이미 알고 있는 사례와 이제 알고자 하는 사례가 매우 유사하다는 확신과 증거가 있어야 한다. 그렇지 않은 상태에서 유비 추론에 의해 결론을 이끌어 내면, 그것은 개연성이 거의 없고 잘못된 결론이 될 수도 있다.

---

- 지구에는 공기, 물, 흙, 햇빛이 있다.
  A는 a, b, c, d의 속성을 가지고 있다.
- 화성에는 공기, 물, 흙, 햇빛이 있다.
  B는 a, b, c, d의 속성을 가지고 있다.
- 지구에 생물이 살고 있다.
  A는 e의 속성을 가지고 있다.
- 그러므로 화성에도 생물이 살고 있을 것이다.
  그러므로 B도 e의 속성을 가지고 있을 것이다.

---

**3 도형추리**

(1) 180° 회전한 도형은 좌우와 상하가 모두 대칭이 된 모양이 된다.

예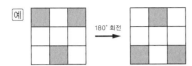

(2) 시계 방향으로 90° 회전한 도형은 시계 반대 방향 270° 회전한 도형과 같다.

예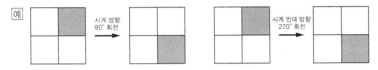

(3) 좌우 반전 → 좌우 반전, 상하 반전 → 상하 반전은 같은 도형이 된다.

예

(4) 도형을 거울에 비친 모습은 방향에 따라 좌우 또는 상하로 대칭된 모습이 나타난다.

예

# 기출예상문제

※ 일정한 규칙으로 수를 나열할 때, 빈칸에 들어갈 수로 옳은 것을 고르시오. [1~13]

**01**

| | |
|---|---|
| 3  6  10  15  21  28  ( ) | |

① 33          ② 34

③ 35          ④ 36

**02**

77  44  70  56  ( )  68  56

① 60          ② 62

③ 63          ④ 66

**03**

32 22 16 6   66 60 33 27   72 67 31 26   25 16 ( ) 9

① 12          ② 14

③ 16          ④ 18

**04**

160　40　80　20　60　15　( )

① 30　　　　　　　　　　　② 35
③ 50　　　　　　　　　　　④ 55

**05**

−15　−21　−26　−30　−33　−35　( )

① −36　　　　　　　　　　② −37
③ −38　　　　　　　　　　④ −39

**06**

−28　−21　( )　−14　0　−7　14

① −21　　　　　　　　　　② −14
③ −7　　　　　　　　　　　④ 0

**07**

3　5　9　17　33　65　( )

① 96　　　　　　　　　　　② 97
③ 128　　　　　　　　　　　④ 129

**08**

$$\frac{9}{4} \quad 8 \quad 18 \qquad \frac{1}{9} \quad \frac{15}{7} \quad \frac{5}{21} \qquad \frac{5}{14} \quad \frac{7}{3} \quad (\ \ )$$

① $\dfrac{5}{6}$　　　　　　　　② $\dfrac{2}{3}$

③ $\dfrac{1}{3}$　　　　　　　　④ $\dfrac{1}{6}$

**09**

$$\underline{10 \quad 4 \quad 12} \qquad \underline{42 \quad 14 \quad 56} \qquad \underline{13 \quad (\ \ ) \quad 0}$$

① 2　　　　　　　　② 6

③ 9　　　　　　　　④ 13

**10**

$$13 \quad 9 \quad 6 \quad 12 \quad (\ \ ) \quad 15 \quad -8$$

① 24　　　　　　　　② 9

③ $-1$　　　　　　　　④ 3

**11**

☑ 오답Check! ○ ✕

6 15 13 8 20 ( ) 27

① 0
② 1
③ 2
④ 3

**12**

☑ 오답Check! ○ ✕

2 7 17 37 77 157 ( )

① 307
② 314
③ 317
④ 304

**13**

☑ 오답Check! ○ ✕

44 34 36 26 28 18 ( )

① 20
② 22
③ 24
④ 26

※ 일정한 규칙으로 문자를 나열할 때, 빈칸에 들어갈 문자로 옳은 것을 고르시오. **[14~28]**

---

☑ 오답 Check! ○ ✕

**14**

> A  D  G  J  M  P  (  )  V

① ㄴ  ② S
③ P  ④ T

---

☑ 오답 Check! ○ ✕

**15**

> A  B  D  H  P  (  )

① G  ② E
③ F  ④ Z

---

☑ 오답 Check! ○ ✕

**16**

> ㄴ  D  (  )  K  ㄴ  V

① ㅇ  ② P
③ ㅅ  ④ B

---

☑ 오답 Check! ○ ✕

**17**

> ㄱ  ㄷ  ㄹ  ㅅ  (  )  ㄹ

① ㅋ  ② ㄱ
③ ㅅ  ④ ㅌ

**18**

$$ㄱ \quad ㄷ \quad ㄴ \quad ( \quad ) \quad ㄹ \quad ㅅ$$

① ㅈ      ② ㅅ
③ ㆁ      ④ ㅁ

**19**

$$Q \quad O \quad M \quad K \quad I \quad G \quad ( \quad ) \quad C$$

① A      ② D
③ B      ④ E

**20**

$$B \quad C \quad E \quad I \quad Q \quad ( \quad )$$

① K      ② B
③ G      ④ D

**21**

$$C \quad D \quad ( \quad ) \quad J \quad R \quad H$$

① D      ② I
③ F      ④ L

**22**

| N ㅅ R ㅈ T ㅊ ( ) |

① ㅁ      ② U
③ K      ④ ㅎ

**23**

| 휴 유 츄 츄 뷰 튜 뉴 ( ) |

① 큐      ② 슈
③ 듀      ④ 휴

**24**

| ㅁ ㅅ ㅅ ㅊ ㅈ ㅍ ㅋ ( ) |

① ㄴ      ② ㅂ
③ ㅈ      ④ ㅌ

**25**

| ㄴ ㅁ ㅈ ㅎ ㅂ ( ) |

① ㅍ      ② ㅂ
③ ㅈ      ④ ㄱ

**26**

| ( )  X  U  R  O  L |
|---|

① E                    ② D
③ C                    ④ A

**27**

| B  X  D  L  H  F  P  ( ) |
|---|

① W                   ② X
③ Z                    ④ C

**28**

| 캐  해  새  채  매  애  ( ) |
|---|

① 매                   ② 배
③ 래                    ④ 채

※ 다음 중 규칙이 다른 하나를 고르시오. [29~36]

**29** ① 야여요유  ② EJOT
③ DFLP  ④ 가나다라

**30** ① EOMZ  ② 러터처허
③ 뱌뵤벼뷰  ④ 1312

**31** ① 치비기디  ② 트으드르
③ OKFG  ④ PLGH

**32** ① DEBG  ② 노뇨너뉴
③ 오조보코  ④ NOMP

**33** ① BBEK  ② QQTZ
③ 자자져즈  ④ 루루수푸

**34** ① 차타차타  ② VXVX
③ LOLO  ④ 며묘며묘

**35**
① 디됴더됴
② 퀴싀뤼뷔
③ RNKV
④ QMJT

**36**
① KVRV
② 메체세페
③ CFCI
④ 햐혀하후

**37** 다음의 두 명제가 참일 때 성립하는 것은?

> • 강아지를 좋아하는 사람은 자연을 좋아한다.
> • 나무를 좋아하는 사람은 자연을 좋아한다.

① 나무를 좋아하지 않는 사람은 강아지를 좋아한다.
② 자연을 좋아하는 사람은 강아지도 나무도 좋아한다.
③ 강아지를 좋아하는 사람은 나무를 좋아하지 않는다.
④ 자연을 좋아하지 않는 사람은 강아지도 나무도 좋아하지 않는다.

**38** 다음은 자동차 외판원인 A, B, C, D, E, F 여섯 명의 판매실적 비교에 대한 설명이다. 다음 중 올바르게 추리한 것은?

> • A는 B보다 실적이 좋다.
> • C는 D보다 실적이 나쁘다.
> • E는 F보다 실적이 나쁘지만, A보다는 실적이 좋다.
> • B는 D보다 실적이 좋지만, E보다는 실적이 나쁘다.

① 실적이 가장 좋은 외판원은 F이다.
② 외판원 C의 실적은 꼴찌가 아니다.
③ B의 실적보다 안 좋은 외판원은 3명이다.
④ 외판원 E의 실적이 가장 좋다.

※ 다음 제시문을 읽고 항상 참이면 ①, 거짓이면 ②, 알 수 없으면 ③을 고르시오. [39~40]

- 6명의 친구가 달리기를 했다.
- A는 3등으로 들어왔다.
- B는 꼴찌로 들어왔다.
- C는 E 바로 앞에 들어왔다.
- D는 F 바로 앞에 들어왔다.

**39** D가 4등이라면 E는 2등일 것이다.

① 참               ② 거짓               ③ 알 수 없음

**40** C는 1등으로 들어왔다.

① 참               ② 거짓               ③ 알 수 없음

**41** 다음 그림과 같이 추를 실로 묶어 천장에 매달았을 때, 지구가 추를 당기는 힘에 대한 반작용은?

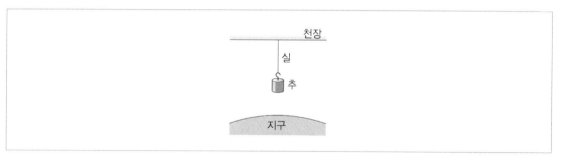

① 실이 추를 당기는 힘
② 실이 천장을 당기는 힘
③ 추가 실을 당기는 힘
④ 추가 지구를 당기는 힘

**42** 다음 설명에 해당하는 영양소는?

> • 기본 단위는 아미노산이다.
> • 1g당 4kcal의 열량을 낸다.
> • 닭가슴살과 달걀 흰자에 많이 포함되어 있다.

① 지방                                 ② 단백질
③ 무기 염류                      ④ 탄수화물

**43** 수평면 위에 놓인 물체에 수평 방향으로 8N의 힘을 가하였을 때, 가속도의 크기가 $2\text{m/s}^2$이었다. 이 물체의 질량은?(단, 마찰과 공기 저항은 무시한다)

① 1kg                                 ② 2kg
③ 4kg                                 ④ 8kg

**44** 화석 연료를 대체하기 위한 재생 에너지원이 아닌 것은?

① 바람                                ② 석탄
③ 지열                                ④ 파도

**45** 기초 대사량에 대한 설명으로 옳은 것만을 〈보기〉에서 모두 고르면?

> **보기**
> ㉠ 1일 대사량에 포함된다.
> ㉡ 성별과 나이에 상관없이 모두 동일하다.
> ㉢ 생명 유지에 필요한 최소한의 에너지이다.

① ㉠, ㉡      ② ㉠, ㉢
③ ㉡, ㉢      ④ ㉠, ㉡, ㉢

**46** 다음 그림과 같이 쇠구슬이 A에서 D로 레일을 따라 굴러갔다. A ~ D 중, 중력에 의한 쇠구슬의 위치 에너지가 가장 작은 지점은?(단, 지면을 기준으로 한다)

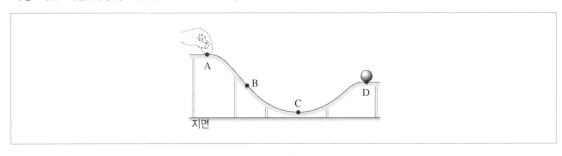

① A      ② B
③ C      ④ D

**47** 다음 설명에 해당하는 물질은?

---
- 끓으면 수증기로 변한다.
- 사람의 체중에서 가장 큰 비율을 차지한다.
- 산소 원자 1개와 수소 원자 2개로 구성된다.
---

① 물                          ② 염소
③ 헬륨                        ④ 메테인

**48** 사람의 염색체에 대한 설명으로 옳은 것은?(단, 돌연변이는 없다)

① Y염색체는 여자만 갖는다.
② 염색체에는 유전자가 존재한다.
③ 체세포 1개당 염색체 수는 12개이다.
④ 체세포 1개당 염색체 수는 남자가 여자보다 많다.

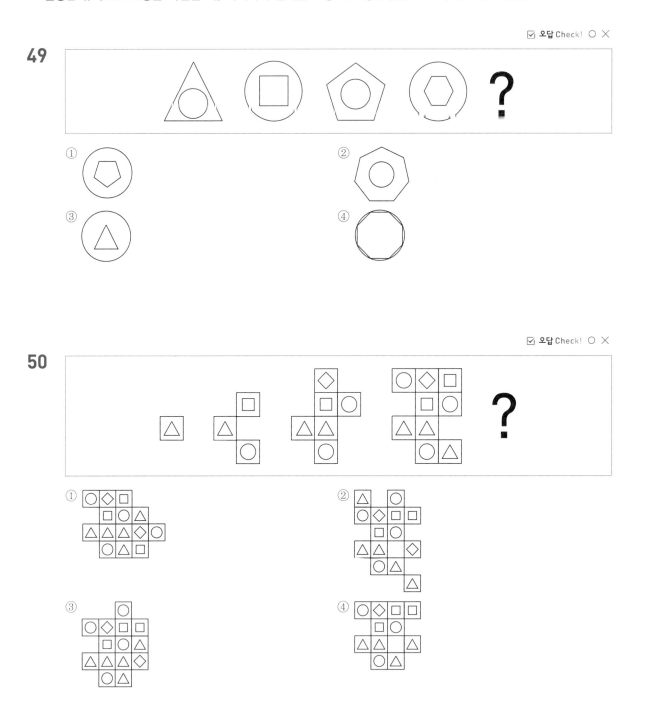

## 출제유형

### 1. 지각정확성

숫자·문자·기호 등을 불규칙하게 나열하여 비교·대조 등 시각적인 차이점을 찾아내는 문제가 출제된다.

### 2. 공간지각

그림의 순서를 맞추는 그림 배열, 서로 같은 그림 또는 다른 그림을 찾는 그림 비교, 쌓여 있는 전체 블록의 개수 등을 묻는 블록 문제가 출제된다.

## 학습전략

### 1. 지각정확성

비교적 간단한 문제들이 출제되지만, 신속성과 정확성을 요구한다. 반복적인 숫자열·문자열·기호열의 특징적인 부분을 파악하여 빠른 시간에 해결하는 연습을 중점적으로 하면 큰 어려움이 없다.

### 2. 공간지각

그림 배열 유형은 하나의 큰 그림을 조각으로 나눈 형태이기 때문에, 그림 간의 연결고리와 첫 조각을 신속하게 찾는 것이 중요하다. 그림 비교 유형은 주로 도형의 회전·반전을 이용하여 제시된다. 따라서 위치 변경이나 회전·반전 등 다양한 방법으로 도형을 움직여보는 연습이 필요하다. 블록 유형은 문제 형태가 다양하다. 본서에 정리된 내용을 기반으로 문제를 풀면서, 본인의 것으로 만드는 것이 중요하다.

안심Touch

## 1 공간지각

### 1. 전개도

제시된 전개도를 이용하여 만들 수 있는 입체도형을 찾는 문제와 제시된 입체도형의 전개도로 알맞은 것을 고르는 유형이 출제된다.

• 전개도 상에서는 떨어져 있지만 입체도형으로 만들었을 때 서로 연결되는 면을 주의 깊게 살핀다.
• 마주보는 면과 인접하는 면을 구분하여 학습한다.
• 평면이었던 전개도가 입체도형이 되면서 면의 그림이 회전되는 모양을 확인하다.
• 많이 출제되는 전개도는 미리 마주보는 면과 인접하는 면, 만나는 꼭짓점을 학습한다.
  – ①~⑥은 접었을 때 마주보는 면을 의미한다. 즉, 두 수의 합이 7이 되는 면끼리 마주보는 면이다. 또한 각 전개도에서 ①에 위치하는 면이 같다고 할 때, 전개도마다 면이 어떻게 배열되는지도 나타낸다.
  – 1~8은 접었을 때 만나는 점을 의미한다. 즉, 접었을 때 같은 숫자가 적힌 점끼리 만난다.

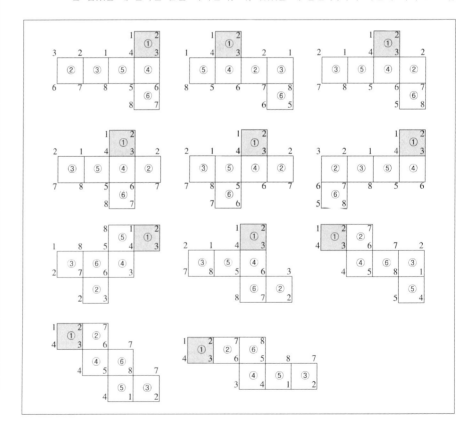

## 2. 블록의 개수

(1) 밑에서 위쪽으로 차근차근 세어산다.

(2) 층별로 나누어 세면 수월하다.

(3) 숨겨져 있는 부분을 정확히 찾아내는 연습이 필요하다.

(4) 빈 곳에 블록을 채워서 세면 쉽게 해결된다.

예

1층 : 9개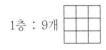

2층 : 8개

3층 : 5개

블록의 총 개수는 9+8+5=22개

예
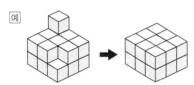

블록의 총 개수는 9×2=18개

## 3. 블록의 최대 · 최소 개수

(1) **최대 개수** : 앞면과 측면의 층별 블록 개수를 곱한 값의 합

예

(앞면 1층 블록의 수)×(측면 1층 블록의 수)+(앞면 2층 블록의 수)×(측면 2층 블록의 수)

→ 3×3+2×1=11개

예
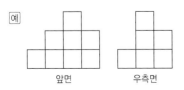

→ 4×3+3×2+1×1=19개

(2) **최소 개수** : (앞면 블록의 수)+(측면 블록의 수)-(중복되는 블록의 수)

※ 중복되는 블록의 수 : 앞면과 측면에 대해 행이 아닌(즉, 층별이 아닌) 열로 비교했을 때, 블록의 수가 같은 두 열에서 한 열의 블록의 수들의 합(즉, 열에 대하여 블록의 수를 각각 표기했을 때, 앞면과 측면에 공통으로 나온 숫자들의 합)을 구하면 된다.

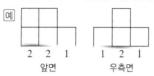

2   2   1       1   2   1<br>앞면          우측면

공통으로 나온 숫자는 다음과 같다. 앞면 : (②, 2, ①), 우측면 : (①, ②, 1)

→ 중복되는 블록의 수 : 1+2=3개

최소 개수 : 5+4-3=6개

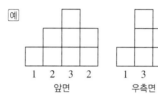

1   2   3   2      1   3   2<br>앞면          우측면

공통으로 나온 숫자는 다음과 같다. 앞면 : (①, ②, ③, 2), 우측면 : (①, ③, ②)

→ 중복되는 블록의 수 : 1+2+3=6개

최소 개수 : 8+6-6=8개

## 4. 블록의 면적

(1) 사각형 한 단면의 면적은 '(가로)×(세로)'의 값이다.

(2) 면적을 구할 때는 상하, 좌우, 앞뒤로 계산한다.

(3) 각각의 면의 면적을 합치면 전체 블록의 면적이 된다.

바닥면의 면적은 제외하고 블록 하나의 면적을 1이라 하면

윗면 : 9

옆면 : 6×4=24

쌓여 있는 블록의 면적은 24+9=33

# 기출예상문제

※ 다음 중 제시된 도형과 같은 것을 고르시오. [1~4]

**01**

①

②

③

④

**02**

①

②

③

④

**03**

①

②

③

④

**04**

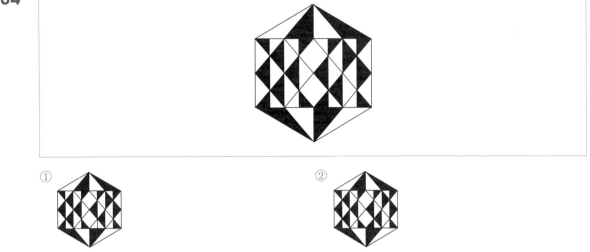

① ②

③ ④

※ 다음 중 나머지 도형과 다른 것을 고르시오. **[5~10]**

**05**

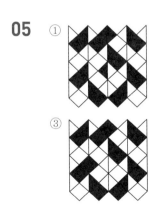

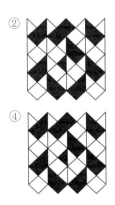

① ②

③ ④

**06**

①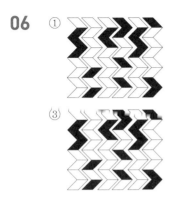

②

③

④

**07**

①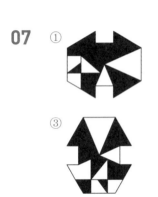

②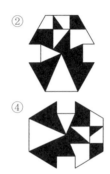

③

④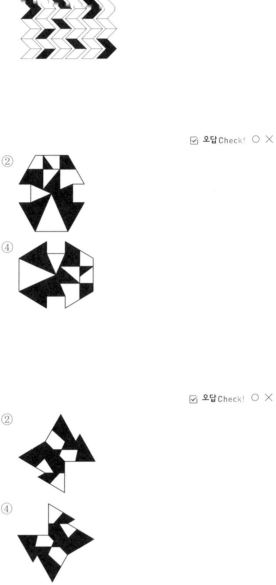

**08**

①

②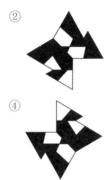

③

④

**09**  ① 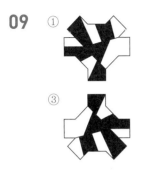  ②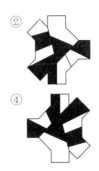

③  ④

**10**  ①   ②

③  ④

PART 1

**11**

☑ 오답 Check! ○ ✕

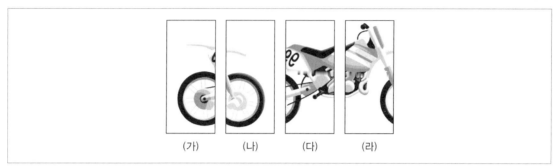

① (가) – (나) – (다) – (라)　　② (가) – (라) – (다) – (나)
③ (가) – (다) – (나) – (라)　　④ (가) – (다) – (라) – (나)

**12**

☑ 오답 Check! ○ ✕

① (나) – (가) – (라) – (다)　　② (나) – (라) – (가) – (다)
③ (다) – (나) – (가) – (라)　　④ (가) – (라) – (다) – (나)

**13**

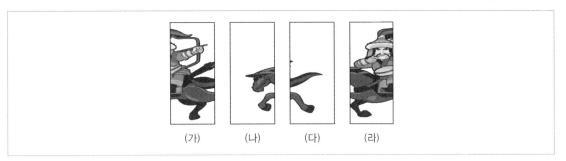

(가)　(나)　(다)　(라)

① (다) – (나) – (라) – (가)　　② (가) – (라) – (다) – (나)
③ (라) – (나) – (다) – (가)　　④ (다) – (나) – (가) – (라)

**14**

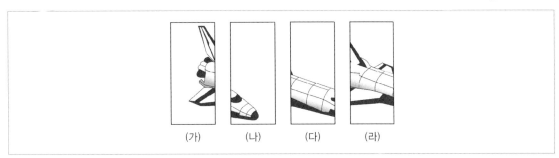

(가)　(나)　(다)　(라)

① (나) – (가) – (라) – (다)　　② (나) – (라) – (가) – (다)
③ (가) – (라) – (다) – (나)　　④ (나) – (라) – (다) – (가)

**15**

(가)　(나)　(다)　(라)

① (가) – (다) – (라) – (나)　　② (가) – (나) – (라) – (다)
③ (가) – (나) – (다) – (라)　　④ (가) – (라) – (다) – (나)

**16**

(가)     (나)     (다)     (라)

① (라) – (나) – (가) – (다)       ② (가) – (라) – (다) – (나)
③ (나) – (가) – (라) – (다)       ④ (나) – (다) – (가) – (라)

**17**

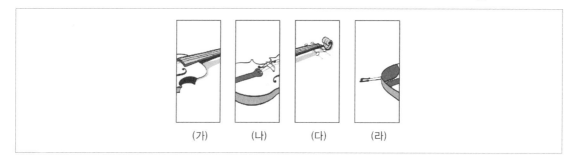

(가)     (나)     (다)     (라)

① (나) – (라) – (가) – (다)       ② (라) – (다) – (가) – (나)
③ (라) – (가) – (나) – (다)       ④ (라) – (나) – (가) – (다)

**18**

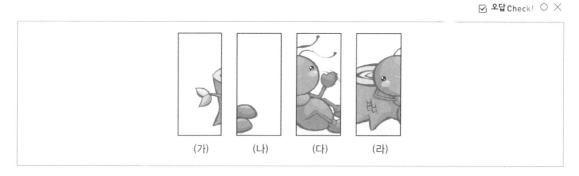

(가)     (나)     (다)     (라)

① (라) – (다) – (나) – (가)       ② (가) – (다) – (라) – (나)
③ (나) – (가) – (라) – (다)       ④ (가) – (라) – (다) – (나)

**19**

(가)  (나)  (다)  (라)  (마)

① (라) - (마) - (다) - (나) - (가)  ② (마) - (가) - (다) - (라) - (나)
③ (마) - (가) - (라) - (다) - (나)  ④ (마) - (다) - (가) - (라) - (나)

**20**

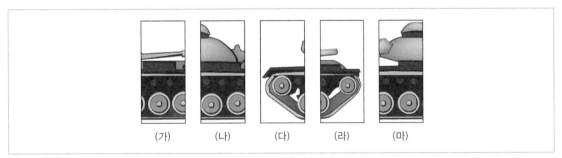

(가)  (나)  (다)  (라)  (마)

① (다) - (마) - (나) - (가) - (라)  ② (라) - (마) - (나) - (가) - (다)
③ (라) - (마) - (가) - (나) - (다)  ④ (다) - (나) - (마) - (가) - (라)

PART 1

※ 다음 제시된 좌우의 문자 또는 기호를 비교하여 같으면 ①을, 다르면 ②를 고르시오. [21~30]

**21**

☑ 오답 Check! ○ ✕

교환및환불시영수증지참 – 교환밑환불시영수증지참

① 같음                                        ② 다름

**22**

☑ 오답 Check! ○ ✕

김포공항행급행열차 – 김포공항행급행열차

① 같음                                        ② 다름

**23**

☑ 오답 Check! ○ ✕

daglkjeg[ldkg;nsdfe – daglkjeg[ldkg;nsdfe

① 같음                                        ② 다름

**24**

☑ 오답 Check! ○ ✕

GLIEABGHIQ369 – GLIEADGHIQ369

① 같음                                        ② 다름

**25**

☑ 오답 Check! ○ ✕

1141049657 – 1141048657

① 같음                                        ② 다름

**26**

856566868415 − 856566868415

① 같음　　　　　　　　　　② 다름

**27**

わろるぺぽぜすじごげぢぴ − わろるぺぽぜすじごげぢよ

① 같음　　　　　　　　　　② 다름

**28**

idbdueyhdqdiek − idbduewhdqdiek

① 같음　　　　　　　　　　② 다름

**29**

!*$^◇;&^−#$@! − !*$^◇;&^=#$@!

① 같음　　　　　　　　　　② 다름

**30**

促成廁上生物蕆謠詠六卿呈 − 促成廁上生物蕆謠詠六卿呈

① 같음　　　　　　　　　　② 다름

※ 다음 제시된 문자 또는 숫자와 같은 것을 고르시오. [31~33]

**31**

Violin Sonata BB.124-Ⅲ

① Violin Sonata BB.124-Ⅲ
② Violin Sonota BB.124-Ⅲ
③ Violin Sonata BB.124-Ⅱ
④ Violin Sonata BP.124-Ⅲ

**32**

⑤⓪⑨①③⑥⑤⑦④③3

① ⑤⓪⑨①③⑥⑤⑦④③3
② ⑤⓪⑨①③⑥⑤⑦④③3
③ ⑤⓪⑨①③⑥⑤⑦④⑤3
④ ⑤⓪⑨①③⑥⑤⑦④③8

**33**

01-920569-49828

① 01-920569-49828
② 01-920589-49828
③ 01-920569-59828
④ 01-920569-49823

※ 다음 제시된 문자 또는 숫자와 다른 것을 고르시오. [34~35]

**34**

DeCapua&Listz(1968)

① DeCapua&Listz(1968)　　　　② DeCapua&Listz(1968)
③ DeCapua&Listz(1968)　　　　④ DeCaqua&Listz(1968)

**35**

決定過程의 透明性과 公正性

① 決定過程의 透明性과 公正性　　　　② 決定過程의 透明性과 公正性
③ 決定過程의 透明姓과 公正性　　　　④ 決定過程의 透明性과 公正性

☑ 오답 Check! ○ ✕

**36**
① 〉〈@!%^$()＝＋
③ 〉〈@!%^$()＝＋
② 〉〈@!%^$()＝＋
④ 〉〈@1%^$()＝＋

☑ 오답 Check! ○ ✕

**37**
① さしどべぴゆよりれっちぐ
③ さしどべぴゆよりれうちぐ
② さしどべぴゆよりれっちぐ
④ さしどべぴゆよりれっちぐ

☑ 오답 Check! ○ ✕

**38**
① 346798956231
③ 346778956231
② 346798956231
④ 346798956231

☑ 오답 Check! ○ ✕

**39**
① bkqwqavyumnz
③ bkgwqavyumnz
② bkgwqavyumnz
④ bkgwqavyumnz

☑ 오답 Check! ○ ✕

**40**
① 金撤床社七史上士普及官役
③ 金撤床社七史上士普及官役
② 金撤床社七史上士普及官役
④ 金撤床社七史上上普及官役

※ 주어진 전개도로 정육면체를 만들 때, 만들어질 수 없는 것을 고르시오. [41~42]

**41**

①
②
③
④

**42**

①
②
③
④

**43** 다음 정육면체의 전개도를 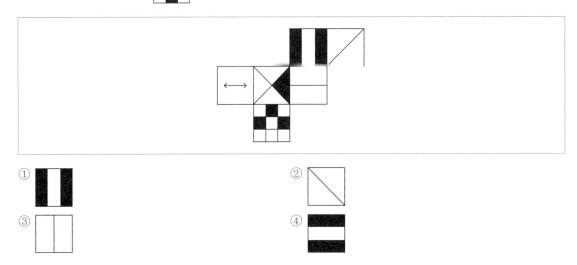 이 앞면에 오도록 접었을 때 뒷면의 모양으로 옳은 것은?

① ② ③ ④

**44** 다음 정육면체의 전개도를 ㄴㄴ 이 앞면에 오도록 접었을 때 뒷면의 모양으로 옳은 것은?

① ② ③ ④

**45** 다음 제시된 전개도를 접었을 때, 나타나는 입체도형으로 옳은 것은?

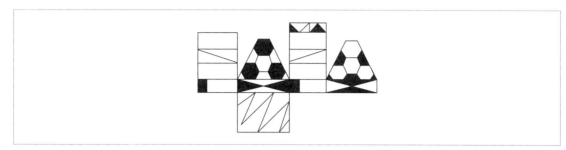

①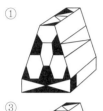

②

③

④

※ 다음 도형을 바탕으로 이어지는 질문에 답하시오. [46~50]

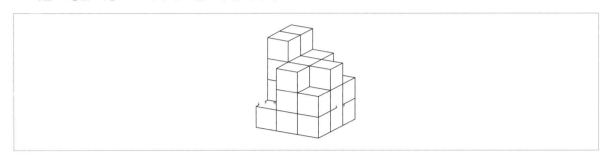

☑ 오답 Check! ○ ✕

**46** 블록의 개수는 모두 몇 개인가?

① 22개                    ② 23개
③ 24개                    ④ 25개

☑ 오답 Check! ○ ✕

**47** 그림 상에서 보이지 않는 블록의 개수는 몇 개인가?

① 7개                     ② 8개
③ 9개                     ④ 10개

☑ 오답 Check! ○ ✕

**48** 최소한 몇 개의 블록을 더 쌓아야 직육면체 모양의 블록이 되겠는가?

① 11개                    ② 12개
③ 13개                    ④ 14개

**49** 겉에 드러나 있는 모든 블록들을 뺐을 때, 남은 블록의 개수는 몇 개인가?

① 0개　　　　　　　　　　　　　② 1개

③ 2개　　　　　　　　　　　　　④ 3개

**50** 아랫면을 제외하고 페인트칠을 할 때, 2개의 면만 칠해지는 블록의 개수는 몇 개인가?

① 5개　　　　　　　　　　　　　② 6개

③ 7개　　　　　　　　　　　　　④ 8개

# PART

# 2

# 실전모의고사

정답 및 해설 p.37

※ 다음 제시된 단어와 같거나 유사한 의미를 가진 것을 고르시오. **[1~2]**

☑ 오답 Check! ○ ✕

**01**

| 비추다 |
| --- |

① 조명하다　　　　　　　　② 조회하다
③ 대조하다　　　　　　　　④ 투조하다

☑ 오답 Check! ○ ✕

**02**

| 빌미 |
| --- |

① 총기(聰氣)　　　　　　　② 걸식(乞食)
③ 축의(祝儀)　　　　　　　④ 화근(禍根)

PART 2

안심Touch

※ 다음 제시된 단어와 반대되는 의미를 가진 것을 고르시오. [3~4]

**03**

> 꿉꿉하다

① 강샘치다      ② 꽁꽁하다
③ 강마르다      ④ 눅눅하다

**04**

> 개방

① 공개      ② 석방
③ 개혁      ④ 폐쇄

※ 다음 중 밑줄 친 부분과 같은 의미로 쓰인 것을 고르시오. [5~8]

**05**

> 미래 환경을 <u>생각해서</u> 쓰레기를 줄여 나갑시다.

① 아무리 <u>생각해도</u> 뾰족한 수가 없다.
② 옛일을 <u>생각하니</u> 감개가 무량하였다.
③ 은영이는 그와 결혼하려고 <u>생각했다</u>.
④ 건강을 <u>생각하여</u> 아침 운동을 시작했다.

**06**

> 알람이 <u>우는</u> 소리에 잠이 깼다.

① 천둥이 <u>울고</u> 번개가 쳤다.
② 아기가 밤새 <u>울어</u> 잠을 설쳤다.
③ 문풍지가 바람에 <u>울고</u> 있다.
④ 귀뚜라미 <u>우는</u> 소리에 귀를 기울였다.

**07**

> 그 사람의 얼굴을 <u>마음</u>에 새겼다.

① 저 사람이 <u>마음</u>에 들었다.
② 집에서 나갈 <u>마음</u>이 없다.
③ <u>마음</u>을 비우니 병이 나았다.
④ <u>마음</u>만은 청춘이다.

**08**

> 형식이는 자신의 몸이 마른 나뭇가지처럼 딱딱하게 <u>굳어</u> 있다는 것을 알았다.

① 출퇴근 시 걸어다니니 차비도 <u>굳고</u> 건강도 좋아졌다.
② 혀가 <u>굳어</u> 말이 잘 나오지 않는다.
③ 한번 말버릇이 <u>굳어</u> 버리면 여간해서 고치기 어렵다.
④ 선생님은 일일이 애들의 포즈를 지시해 주었지만 애들의 포즈는 딱딱하고 <u>굳기만</u> 했다.

**09** 다음 문장을 논리적 순서에 맞게 나열한 것은?

> (가) 사전에 아무런 정보도 없이 판매자의 일방적인 설명만 듣고 물건을 구입하면 후회할 수도 있다.
> (나) 따라서 소비를 하기 전에 많은 정보를 수집하여 구입하려는 재화로부터 예상되는 편익을 정확하게 조사하여야 한다.
> (다) 그러나 일상적으로 사용하는 일부 재화를 제외하고는, 그 재화를 사용해 보기 전까지 효용을 제대로 알 수 없다.
> (라) 예를 들면, 처음 가는 음식점에서 주문한 음식을 실제로 먹어 보기 전까지는 음식 맛이 어떤지 알 수 없다.
> (마) 우리가 어떤 재화를 구입하는 이유는 그 재화를 사용함으로써 효용을 얻기 위함이다.

① (가) – (마) – (나) – (다) – (라)      ② (가) – (나) – (라) – (다) – (마)
③ (마) – (나) – (가) – (라) – (다)      ④ (마) – (다) – (라) – (나) – (가)

**10** 다음 글의 빈칸에 들어갈 한자성어로 가장 적절한 것은?

> 바람 잘 날 없는 K사가 이번에는 '내홍(內訌)'으로 큰 곤란을 겪고 있다. K사 P사장은 '수뢰설'로 일어난 내홍의 관련자 양쪽 모두를 해고하며 위기를 정면 돌파하려 하고 있다. P사장은 회사의 존망을 좌우하는 구조조정을 위해서는 회사 내부 단결이 가장 중요하다고 보고, _____의 결단을 내렸다. 뇌물을 주고받은 것으로 알려진 B부장과 C사원을 징벌한 것은 물론, 이들의 비리를 알고도 묵인한 Y전무를 파질 해임하며 기강 확립에 나섰다. 특히, Y전무는 P사장의 최측근이며, B부장 또한 P사장의 '오른팔'로 잘 알려져 있다.

① 일패도지 ② 읍참마속
③ 도청도설 ④ 원교근공

**11** 다음 중 글을 읽고 알 수 있는 것은?

> 지금까지 보았듯이 체계라는 개념은 많은 현실주의자들에게 있어서 중요한 개념이다. 무질서 상태라는 비록 단순한 개념이건 현대의 현실주의자가 고안한 정교한 이론이건 간에 체계라는 것은 국제적인 행위체에 영향을 주기 때문에 중요시되는 것이다. 그런데 최근의 현실주의자들은 체계를 하나의 유기체로 보고 얼핏 국가의 의지나 행동으로부터 독립한 듯이 기술하고 있다. 정치가는 거의 자율성이 없으며 또 획책할 여지도 없어서, 정책결정과정에서는 인간의 의지가 별 효과가 없는 것으로 본다. 행위자로서 인간은 눈앞에 버티고 선 냉혹한 체계의 앞잡이에 불과하며 그러한 체계는 이해할 수 없는 기능을 갖는 하나의 구조이며 그러한 메커니즘에 대하여 막연하게 밖에는 인지할 수 없다. 정치가들은 무수한 제약에 직면하지만 호기는 거의 오지 않는다. 정치가들은 권력정치라고 불리는 세계규모의 게임에 열중할 뿐이며 자발적으로 규칙을 변화시키고 싶어도 그렇게 하지 못한다. 결국 비판의 초점은 현실주의적 연구의 대부분은 숙명론적이며 결정론적이거나 혹은 비관론적인 저류가 흐르고 있다고 지적한다. 그 결과 이러한 비판 중에는 행위자로서 인간과 구조는 상호 간에 영향을 주고 있다는 것을 강조하면서 구조를 보다 동적으로 파악하는 사회학에 눈을 돌리는 학자도 있다.

① 이상주의자들에게 있어서 체계라는 개념은 그리 중요하지 않다.
② 무질서 상태는 국제적 행위체로서 작용하는 체계가 없는 혼란스러운 상태를 의미한다.
③ 현실주의자들은 숙명론 혹은 결정론을 신랄하게 비판한다.
④ 현실주의적 관점에서 정치인들은 체계 앞에서 무기력하다.

**12** 다음 글의 빈칸에 들어갈 말로 적절하지 않은 것은?

> 유럽의 도시들을 여행하다 보면 여기저기서 벼룩시장이 열리는 것을 볼 수 있다. 벼룩시장에서 사람들은 낡고 오래된 물건들을 보면서 추억을 되살린다. 유럽 도시들의 독특한 분위기는 오래된 것을 쉽게 버리지 않는 이런 정신이 반영된 것이다.
>
> 영국의 옥스팜(Oxfam)이라는 시민단체는 헌옷을 수선해 파는 전문 상점을 운영해, 그 수익금으로 제3세계를 지원하고 있다. 파리 시민들에게는 유행이 따로 없다. 서로 다른 시절의 옷들을 예술적으로 배합해 자기만의 개성을 연출한다.
>
> 땀과 기억이 배어 있는 오래된 물건은 _____ 선물로 받아서 10년 이상 써온 손때 묻은 만년필을 잃어버렸을 때 느끼는 상실감은 새 만년필을 산다고 해서 사라지지 않는다. 그것은 그 만년필이 개인의 오랜 추억을 담고 있는 증거물이자 애착의 대상이 되었기 때문이다. 그러기에 실용성과 상관없이 오래된 것은 그 자체로 아름답다.

① 경제적 가치는 없지만 그것만이 갖는 정서적 가치를 지닌다.

② 자신만의 추억을 위해 간직하고 싶은 고유한 가치를 지닌다.

③ 실용적 가치만으로 따질 수 없는 보편적 가치를 지닌다.

④ 새로운 상품이 대체할 수 없는 심리적 가치를 지닌다.

**13** 다음 글의 내용과 일치하지 않는 것은?

> 생물 농약이란 농작물에 피해를 주는 병이나 해충, 잡초를 제거하기 위해 자연에 있는 생물로 만든 천연 농약을 뜻한다. 생물 농약을 개발한 것은 흙 속에 사는 병원균으로부터 식물을 보호할 목적에서였다. 뿌리를 공격하는 병원균은 땅 속에 살고 있기 때문에 병원균을 제거하기에 어려움이 있었다. 게다가 화학 농약의 경우 그 성분이 토양에 달라붙어 제 기능을 발휘하지 못했기 때문에, 식물 성장을 돕고 항균 작용을 할 수 있는 미생물에 주목하기 시작한 것이다.
> 
> 식물 성장을 돕고 항균 작용을 하는 미생물집단을 '근권미생물'이라 하는데, 여러 종류의 근권미생물 중 농약으로 쓰기에 가장 좋은 것은 뿌리에 잘 달라붙는 것들이다. 근권미생물의 입장에서 뿌리 주변은 사막의 오아시스와 비슷한 조건이다. 뿌리 주변은 뿌리에서 공급되는 양분과 안락한 서식 환경을 제공받지만, 뿌리 주변에서 멀리 떨어진 곳은 황량한 지역이어서 먹을 것을 찾기가 어렵기 때문이다. 따라서 뿌리 주변에서는 좋은 위치를 선점하기 위해 미생물 간에 치열한 싸움이 벌어진다. 얼마나 뿌리에 잘 정착하느냐가 생물 농약으로 사용되는 미생물을 결정하는 데 중요한 기준이 되는 셈이다.
> 
> 생물 농약으로 쓰이는 미생물은 식물 성장을 돕는 성질을 포함한다. 미생물이 만든 항균물질은 농작물의 뿌리에 침입하려는 곰팡이나 병원균의 성장을 억제하거나 죽게 한다. 그리고 병원균이나 곤충, 선충에 기생하는 종들을 사용한 생물 농약은 유해 병원균이나 해충을 직접 공격하기도 한다. 예를 들자면, 흰가루병은 대부분의 채소에 생겨나는 곰팡이균 때문에 발생하는데, 흰가루병을 일으키는 곰팡이균의 영양분을 흡수해 죽이는 천적 곰팡이(암펠로마이세스 퀴스퀄리스)를 이용한 생물 농약이 만들어졌다.

① 생물 농약은 식물을 흙 속에 사는 병원균으로부터 보호하기 위해서 만들어졌다.
② '근권미생물'이란 식물의 성장에 도움을 주는 미생물이다.
③ 뿌리에 얼마만큼 정착하는지의 여부가 미생물의 생물 농약 사용 기준이 된다.
④ 생물 농약으로 쓰이는 미생물들은 유해 병원균이나 해충을 직접 공격하지는 못한다.

※ 다음 글을 읽고 이어지는 질문에 답하시오. [14~15]

발전된 산업 사회는 인간을 단순한 수단으로 지배하기 위한 새로운 수단을 발전시키고 있다. 여러 사회 과학들과 심층 심리학이 이를 위해서 동원되고 있다. 목적이니 이념의 문제를 배제하고 가치 판단으로부터의 중립을 표방하는 사회 과학들은 쉽게 인간 조종을 위한 기술적·합리적인 수단을 개발해서 대중 지배에 이바지한다. 마르쿠제는 발전된 산업 사회에 있어서의 이러한 도구화된 지성을 비판하면서 이것을 '현대인의 일차원적 사유'라고 불렀다. 비판과 초월을 모르는 도구화된 사유라는 것이다. 따라서 산업 사회에서의 합리화라는 것은 기술적인 수단의 합리화를 의미하는 데 지나지 않는다.

발전된 산업 사회는 이와 같이 사회 과학과 도구화된 지성을 동원해서 인간을 조종하고 대중을 지배할 뿐만 아니라 향상된 생산력을 통해서 인간을 매우 효율적으로 거의 완전하게 지배한다. 곧 발전된 산업 사회는 그의 높은 생산력을 통해서 늘 새로운 수요들을 창조하고 이러한 새로운 수요들을 광고와 매스컴과 모든 선전 수단을 동원해서 인간의 삶을 위한 불가결의 것으로 만든 다. 그뿐만 아니라 사회 구조와 생활 조건을 변화시켜서 그러한 수요들을 필수적인 것으로 만들어서 인간으로 하여금 그것들을 지향하지 않을 수 없게 한다. 이렇게 산업 사회는 늘 새로운 수요의 창조와 그 공급을 통해서 인간의 삶을 거의 완전히 지배하고 그의 인격을 사로잡아 버릴 수 있게 되어가고 있다.

☑ 오답 Check! ○ ✕

**14** 윗글의 중심 내용으로 가장 적절한 것은?

① 산업 사회에서 도구화된 지성의 필요성
② 산업 사회의 특징과 문제점
③ 산업 사회의 발전과 경제력 향상
④ 산업 사회의 대중 지배 양상

☑ 오답 Check! ○ ✕

**15** 윗글의 내용으로 보아 우리가 취해야 할 태도로 가장 적절한 것은?

① 보다 효율적인 산업 사회로의 발전 방향을 모색한다.
② 전통 문화와 외래문화를 조화시켜 발전시킨다.
③ 산업 사회의 긍정적인 측면을 최대한 부각시킨다.
④ 산업 사회에서 인간 소외를 줄이는 방향으로 생활양식을 변화시킨다.

**16**  다음 식을 계산한 값으로 옳은 것은?

$$(182,100 - 86,616) \div 146$$

① 624　　　　　　　　　　　　② 654

③ 687　　　　　　　　　　　　④ 691

**17**  49의 3할 9푼 3리는 얼마인가?

① 19.257　　　　　　　　　　② 192.57

③ 20.257　　　　　　　　　　④ 202.57

**18**  J가 양궁연습을 하는데 80개의 화살 중 12개가 과녁에서 빗나갔다면, J의 실패율은 얼마인가?

① 1푼 6리　　　　　　　　　　② 1할 5리

③ 1할 5푼　　　　　　　　　　④ 1할 7푼 5리

**19**  다음 빈칸에 들어갈 수 있는 것은?

$$\frac{21}{8} < (\quad) < 3$$

① $\frac{5}{2}$　　　　　　　　　　② $\frac{8}{3}$

③ $\frac{9}{4}$　　　　　　　　　　④ $\frac{18}{7}$

**20** 〈조건〉을 보고 〈보기〉를 계산한 값으로 옳은 것은?

> **조건**
>
> $$a ■ b = (a+b-6) \times (3a-2b+2) - a \times b$$
> $$a ◇ b = (4a-b-8) \div (a+2b-5)$$

> **보기**
>
> $$[(17 ◇ 4) + (16 ■ 13)] \div 4$$

① 67.8                          ② 68.7
③ 86.7                          ④ 87.6

**21** 원가가 10,000원인 수영복에 30% 이익을 예상하고 정가를 붙였지만 팔리지 않아 결국 정가의 20%를 할인하여 팔았다고 한다. 이때, 이익은 얼마인가?

① 400원                          ② 500원
③ 600원                          ④ 700원

**22** 가로, 세로의 길이가 각각 432m, 720m인 직사각형 모양의 공원에 나무를 심으려고 한다. 네 귀퉁이에는 반드시 나무를 심고 서로 간격이 일정하게 떨어지도록 심으려고 할 때, 최소한 몇 그루를 심을 수 있는가?

① 16그루                          ② 24그루
③ 36그루                          ④ 48그루

**23** K프로젝트를 A가 혼자 일하면 10일, B가 혼자 일하면 20일 C가 혼자 일하면 40일이 걸린다. 이 프로젝트를 4일간 A와 B가 먼저 일하고, 남은 양을 C 혼자서 마무리한다고 할 때, C는 며칠간 일해야 하는가?

① 12일　　　　　　　　　　　　　② 14일
③ 16일　　　　　　　　　　　　　④ 18일

**24** 둘레가 6km인 공원을 나래는 자전거를 타고, 진혁이는 걷기로 했다. 같은 방향으로 돌면 1시간 30분 후에 다시 만나고, 서로 반대 방향으로 돌면 1시간 후에 만난다. 이때, 나래의 속도는 얼마인가?

① 4.5km/h　　　　　　　　　　　② 5km/h
③ 5.5km/h　　　　　　　　　　　④ 6km/h

**25** 다음 자료를 보고 판단한 것으로 옳지 않은 것은?

〈경제활동 참가율〉

(단위 : %)

| 구분 | 2015년 | 2016년 | 2017년 | 2018년 | 2019년 | | | | | 2020년 |
| | | | | | 연간 | 1분기 | 2분기 | 3분기 | 4분기 | 1분기 |
|---|---|---|---|---|---|---|---|---|---|---|
| 경제활동 참가율 | 61.8 | 61.5 | 60.8 | 61.0 | 61.1 | 59.9 | 62.0 | 61.5 | 61.1 | 60.1 |
| 남성 | 74.0 | 73.5 | 73.1 | 73.0 | 73.1 | 72.2 | 73.8 | 73.3 | 73.2 | 72.3 |
| 여성 | 50.2 | 50.0 | 49.2 | 49.4 | 49.7 | 48.1 | 50.8 | 50.1 | 49.6 | 48.5 |

① 2020년 1분기 경제활동 참가율은 60.1%로 전년 동기 대비 0.2%p 상승했다.
② 2020년 1분기 여성경제활동 참가율은 남성에 비해 낮은 수준이나, 전년 동기에 비해 0.4%p 상승했다.
③ 남녀 경제활동 참가율의 합이 가장 높았던 때는 2019년 2분기이다.
④ 남녀 모두 경제활동 참가율이 가장 높았던 때와 가장 낮았던 때의 차이는 2%p 이하이다.

**26** 다음은 S사의 제품 한 개당 들어가는 재료비를 연도별로 나타낸 그래프이다. 다음 중 전년 대비 비용의 감소액이 가장 큰 해는?

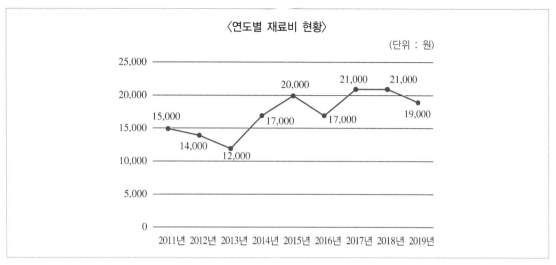

① 2012년               ② 2013년
③ 2016년               ④ 2017년

※ 다음은 2015 ~ 2019년 우리나라의 예산분야별 재정지출 추이를 나타낸 자료이다. 이어지는 질문에 답하시오. [27~28]

**〈우리나라 예산분야별 재정지출 추이〉**

(단위 : 조 원, %)

| 구분 | 2015년 | 2016년 | 2017년 | 2018년 | 2019년 | 연평균 증가율 |
|---|---|---|---|---|---|---|
| 예산 | 137.3 | 147.5 | 153.7 | 165.5 | 182.8 | 7.4 |
| 기금 | 59.0 | 61.2 | 70.4 | 72.9 | 74.5 | 6.0 |
| 교육 | 24.5 | 27.6 | 28.8 | 31.4 | 35.7 | 9.9 |
| 사회복지 · 보건 | 32.4 | 49.6 | 56.0 | 61.4 | 67.5 | 20.1 |
| R&D | 7.1 | 7.8 | 8.9 | 9.8 | 10.9 | 11.3 |
| SOC | 27.1 | 18.3 | 18.4 | 18.4 | 18.9 | −8.6 |
| 농림 · 해양 · 수산 | 12.3 | 14.1 | 15.5 | 15.9 | 16.5 | 7.6 |
| 산업 · 중소기업 | 11.4 | 11.9 | 12.4 | 12.6 | 12.6 | 2.5 |
| 환경 | 3.5 | 3.6 | 3.8 | 4.0 | 4.4 | 5.9 |
| 국방비 | 18.1 | 21.1 | 22.5 | 24.5 | 26.7 | 10.2 |
| 통일 · 외교 | 1.4 | 2.0 | 2.6 | 2.4 | 2.6 | 16.7 |
| 문화 · 관광 | 2.3 | 2.6 | 2.8 | 2.9 | 3.1 | 7.7 |
| 공공질서 · 안전 | 7.6 | 9.4 | 11.0 | 10.9 | 11.6 | 11.2 |
| 균형발전 | 5.0 | 5.5 | 6.3 | 7.2 | 8.1 | 12.8 |
| 기타 | 43.5 | 35.2 | 35.1 | 37.0 | 38.7 | −2.9 |
| 총지출 | 196.2 | 208.7 | 224.1 | 238.4 | 257.3 | 7.0 |

※ (총지출)=(예산)+(기금)

**27** 다음 중 옳은 것은?

① 교육 분야의 지출 증가율이 전년 대비 가장 높은 해는 2016년이다.
② 전년 대비 지출액이 증가하지 않은 해가 있는 분야는 5개이다.
③ 사회복지 · 보건 분야가 차지하고 있는 비율은 언제나 가장 높다.
④ 기금의 연평균 증가율보다 낮은 연평균 증가율을 보이는 분야는 3개이다.

**28** 2017년 기준 2018년의 사회복지 · 보건 분야와 공공질서 · 안전 분야의 증감률 차이는 얼마인가?(단, 소수점 이하 둘째 자리에서 반올림한다)

① 9.4%p
② 10.5%p
③ 11.2%p
④ 12.6%p

※ 일정한 규칙으로 수를 나열할 때, 빈칸에 들어갈 수로 옳은 것을 고르시오. [29~31]

**29**

14  15  16  10  18  (  )  20

① −6                    ② −5
③ 5                     ④ 6

**30**

12 6 3   8 ( ) 2   4 12 36

① 1                     ② 2
③ 3                     ④ 4

**31**

51 41 −11 21   12 7 ( ) −7   28 16 8 4   45 5 20 20

① 4                     ② 12
③ 19                    ④ 11

※ 일정한 규칙으로 문자를 나열할 때, 빈칸에 들어갈 문자로 옳은 것을 고르시오. [32~33]

☑ 오답 Check! ○ ✕

**32**

ㅋ   ㄹ   (   )   ㅅ   ㅁ   ㅊ

① ㄷ                          ② ㅂ
③ ㅅ                          ④ ㅇ

☑ 오답 Check! ○ ✕

**33**

A   ㄴ   B   三   ㄷ   C   iv   四   (   )   D

① ㄹ                          ② 7
③ ㅈ                          ④ 9

※ 다음 중 규칙이 다른 하나를 고르시오. [34~36]

☑ 오답 Check! ○ ✕

**34**   ① 프으츠르                 ② 료라랴루
         ③ FABW                    ④ HCFA

☑ 오답 Check! ○ ✕

**35**   ① SPSU                    ② 뇨됴뵤죠
         ③ 규고규가                 ④ DADG

**36** ① 서저터더　　　　　　　　　　② XZCH
③ 마머묘마　　　　　　　　　　④ JLOR

---

※ 다음 제시문을 읽고 항상 참이면 ①, 거짓이면 ②, 알 수 없으면 ③을 고르시오. **[37~38]**

- 아내는 홀수 일에 청소를 하고, 남편은 짝수 일에 청소를 한다.
- 이번 달의 1일은 월요일이다.
- 이번 달은 30일까지 있다.

**37** 셋째 주에 월요일부터 일요일까지 아내는 청소를 4번, 남편은 3번할 것이다.

① 참　　　　　　　　② 거짓　　　　　　　　③ 알 수 없음

**38** 이번 달 화요일에 아내는 남편보다 청소를 더 많이 한다.

① 참　　　　　　　　② 거짓　　　　　　　　③ 알 수 없음

**39** 다음 중 제시된 도형과 같은 것은?

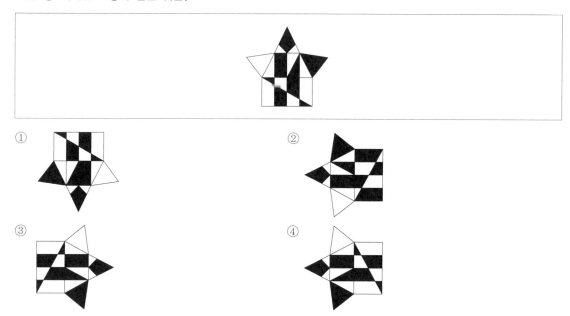

**40** 다음 중 나머지 도형과 다른 것은?

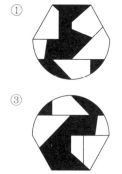

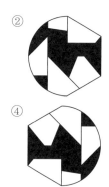

※ 다음 그림을 순서대로 바르게 배열한 것을 고르시오. [41~42]

**41**

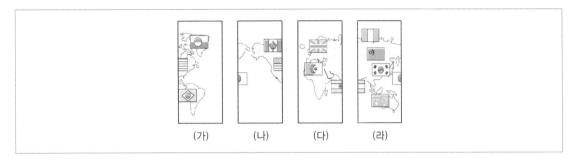

(가)    (나)    (다)    (라)

① (나) – (라) – (가) – (다)      ② (다) – (라) – (나) – (가)
③ (다) – (나) – (가) – (라)      ④ (가) – (라) – (다) – (나)

**42**

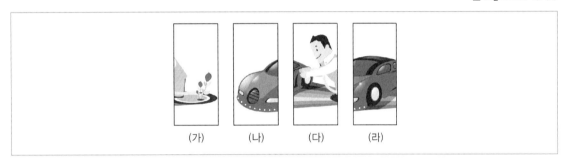

(가)    (나)    (다)    (라)

① (가) – (라) – (다) – (나)      ② (라) – (나) – (다) – (가)
③ (나) – (라) – (가) – (다)      ④ (나) – (라) – (다) – (가)

**43** 주어진 전개도를 접었을 때, 만들어질 수 있는 것은?

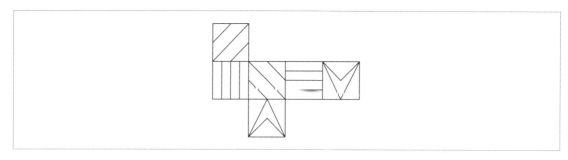

①

②

③

④

**44** 다음 중 나머지 도형과 다른 것은?

①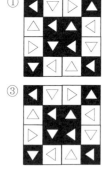

②

③

④

※ 다음 중 나머지 셋과 다른 것을 고르시오. [45~46]

**45**  ① ⇧□→⇒⇔≤→⇩⇒≡∞   ② ⇧□→⇒⇔≤→⇩⇒≡∞
   ③ ⇧□→⇒⇔≤→⇩⇒≡∞   ④ ⇧□→⇒□ ≤→⇩⇒≡∞

**46**  ① $d^2f(x)/dx^2=f^{(2)}(x)$   ② $d^2f(x)/dx^2=f^{(2)}(x)$
   ③ $d^2f(x)1dx^2=f^{(2)}(x)$   ④ $d^2f(x)/dx^2=f^{(2)}(x)$

※ 정육면체 모양의 블록 12개를 가지고 다음과 같은 도형을 만들었다. 이어지는 질문에 답하시오. [47~48]

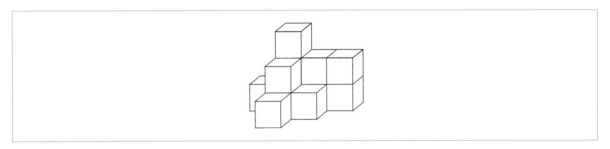

**47** 최소한 몇 개의 블록을 더 쌓아야 정육면체 모양의 블록이 되겠는가?
   ① 22개   ② 38개
   ③ 52개   ④ 60개

**48** 3개의 면이 다른 블록에 접하고 있는 블록의 개수는?
   ① 0개   ② 1개
   ③ 2개   ④ 3개

☑ 오답 Check! ○ ✕

**49**

| (n) | (f) | (e) | (h) | (g) | (v) | (i) | (q) | (a) | (g) | (d) | (n) |
|-----|-----|-----|-----|-----|-----|-----|-----|-----|-----|-----|-----|
| (v) | (g) | (i) | (w) | (d) | (k) | (e) | (h) | (k) | (f) | (q) | (h) |
| (d) | (b) | (v) | (f) | (n) | (q) | (f) | (n) | (i) | (h) | (k) | (f) |
| (e) | (h) | (n) | (g) | (i) | (e) | (h) | (g) | (d) | (z) | (v) | (e) |

① (w)    ② (z)

③ (b)    ④ (m)

☑ 오답 Check! ○ ✕

**50**

① ↪    ② ←

③ ↳    ④ ↔

제**2**회

실전모의고사

모바일
OMR
답안분석
서비스

정답 및 해설 p.45

※ 다음 제시된 단어와 같거나 유사한 의미를 가진 것을 고르시오. [1~2]

☑ 오답 Check! ○ ✕

**01**

> 읍소하다

① 읍례하다                    ② 간색하다
③ 가붓하다                    ④ 애걸하다

☑ 오답 Check! ○ ✕

**02**

> 각오

① 결정                    ② 결단
③ 방법                    ④ 결심

PART 2

안심Touch

※ 다음 제시된 단어와 반대되는 의미를 가진 것을 고르시오. [3~4]

**03**

| 풍만하다 |
| --- |

① 납신하다          ② 궁핍하다
③ 농단하다          ④ 뭉개하다

**04**

| 도심 |
| --- |

① 강건          ② 단축
③ 교외          ④ 문명

※ 다음 중 〈보기〉의 단어가 나타내는 뜻을 모두 포괄할 수 있는 단어를 고르시오. [5~7]

**05**

| 보기 |
| --- |
| 거두다    얻다    끝내다    그치다 |

① 거두다          ② 얻다
③ 끝내다          ④ 그치다

**06**

| 보기 |
| --- |
| 유도하다    외치다    초래하다    부르다 |

① 유도하다          ② 외치다
③ 초래하다          ④ 부르다

**07**

부치다    밀리다    막히다    떨어지다

① 부치다                          ② 밀리다
③ 막히다                          ④ 떨어지다

**08** 다음 중 밑줄 친 부분과 같은 의미로 쓰인 것은?

> 남편은 친구와 짝을 <u>지어</u> 복식 경기에 출전했다.

① 엄마는 매일 아침 일찍 일어나 아침밥을 <u>짓는다</u>.
② 친구와 나는 서로 나쁜 관계를 <u>짓지</u> 않도록 노력하고 있다.
③ 소가 힘든 일을 도와주기 때문에 소 없이는 농사를 <u>짓기가</u> 어렵다.
④ 어린 학생들은 떼를 <u>지어</u> 다니고는 한다.

**09** 다음 문장을 논리적 순서에 맞게 나열한 것은?

> (가) 사물을 볼 때 우리는 중립적으로 보지 않고 우리의 경험이나 관심, 흥미에 따라 사물의 상을 잡아당겨 보는 경향이 있다.
> (나) 그래서 매우 낯설거나 순간적으로 명료하게 파악되지 않는 이미지를 보면 그것과 유사한, 자신이 잘 아는 어떤 사물의 이미지와 연결하여 보려는 심리적 경향을 보이게 된다.
> (다) 이런 면에서 어떤 사물을 보든지 우리는 늘 '오류'의 가능성을 안고 있다.
> (라) 그러나 이런 가능성이 항상 부정적인 것만은 아니다.
> (마) 사실 화가가 보여주는 일루전(Illusion), 곧 환영(幻影)도 이런 오류의 가능성에서 나오는 것이다.

① (가) – (나) – (다) – (라) – (마)      ② (나) – (마) – (가) – (다) – (라)
③ (가) – (다) – (라) – (마) – (나)      ④ (다) – (마) – (가) – (라) – (나)

**10** 다음 글에서 다루고 있는 정언적 명령과 일치하지 않는 것은?

> 칸트는 우리가 특정한 목적을 달성하기 위해 준수해야 할 일, 또는 어떤 처지가 되지 않기 위해 회피해야 할 일에 대한 것을 가언적 명령이라고 했다. 가언적 명령과 달리, 우리가 이성적 인간으로서 가지는 일정한 의무를 정언적 명령이라고 한다. 이는 절대적이고 무조건적인 의무이며, 이에 복종함으로써 뒤따르는 결과가 어떠하든 그와 상관 없이 우리가 따라야 할 명령이다. 칸트는 이와 같은 정언적 명령들의 체계가 곧 도덕이라고 보았다.

① 언제나 진실을 말해야 한다.
② 결코 사람을 죽여서는 안 된다.
③ 감옥에 가지 않으려면 도둑질을 하면 안 된다.
④ 인간을 수단으로 다루지 말고 목적으로 다루어라.

**11** 다음 글의 내용과 일치하지 않는 것은?

> 엘리스에 따르면, 인간의 심리적 문제는 개인의 비합리적인 신념의 산물이다. 엘리스가 말하는 비합리적 신념의 공통적 특성은 다음과 같다. 첫째, 당위적 사고이다. 이러한 사고방식은 스스로에게 너무나 많은 것을 요구하게 하고, 세상이 자신의 당위에서 조금만 벗어나 있어도 그것을 참지 못하는 경직된 사고를 유발하게 된다. 둘째, 지나친 과장이다. 이는 문제 상황을 지나치게 과장함으로써 문제에 대한 차분하고 객관적인 접근을 가로막는다. 셋째, 자기 비하이다. 이러한 사고방식은, 자신의 부정적인 한 측면을 기초로 자신의 인격 전체를 폄하하는 부정적 사고방식을 낳게 된다.

① 당위적 사고는 경직된 사고를 유발한다.
② 지나친 과장은 객관적 사고를 가로막는다.
③ 비합리적 신념에는 공통적 특징들이 존재한다.
④ 심리적 문제가 비합리적인 신념의 원인이 된다.

**12** 다음 글의 내용과 일치하는 것은?

> 일반적으로 동식물에서 종(種)이란 '같은 개체끼리 교배하여 자손을 남길 수 있는' 또는 '외양으로 구분이 가능한' 집단을 뜻한다. 그렇다면 세균처럼 한 개체가 둘로 분열하여 번식하며 외양의 특징도 많지 않은 미생물에서는 종을 어떤 기준으로 구분할까?
>
> 미생물의 종 구분에는 외양과 생리적 특성을 이용한 방법이 사용되기도 한다. 하지만 이러한 특성들은 미생물이 어떻게 배양되는지에 따라 변할 수 있으며, 모든 미생물에 적용될 만한 공통적 요소가 되기도 어렵다. 이런 문제를 극복하기 위해 오늘날 미생물 종의 구분에는 주로 유전적 특성을 이용하고 있다. 미생물의 유전체는 DNA로 이루어진 많은 유전자로 구성되는데, 특정 유전자를 비교함으로써 미생물들 간의 유전적 관계를 알 수 있다. 종의 구분에는 서로 간의 차이를 잘 나타내 주는 유전자를 이용한다. 유전자 비교를 통해 미생물들이 유전적으로 얼마나 가깝고 먼지를 확인할 수 있는데, 이를 '유전거리'라 한다. 유전거리가 가까울수록 같은 종으로 묶일 가능성이 커진다.
>
> 하지만 유전자 비교로 확인한 유전거리만으로는 두 미생물이 같은 종에 속하는지를 명확히 판별하기 어렵다. 특정 유전자가 해당 미생물의 전체적인 유전적 특성을 대변하지는 못하기 때문이다.
>
> 이러한 문제를 보완하기 위한 것이 미생물들 간의 유전체 유사도를 측정하는 방법이다. 유전체 유사도를 정확히 측정하기 위해서는 모든 유전자를 대상으로 유전적 관계를 살펴야 하지만, 수많은 유전자를 모두 비교하는 것은 현실적으로 어렵다. 따라서 유전체의 특성을 화학적으로 비교하는 방법이 주로 사용되고 있다. 이렇게 얻어진 유전체 유사도는 종의 경계를 확정하는 데 유용한 기준을 제공한다.

① 외양과 생리적 특성을 이용한 종 구분 방법은 미생물의 종 구분 시 일절 사용하지 않는다.

② 유전체 유사도를 이용한 방법은 비교대상이 되는 유전자를 모두 비교해야만 가능하다.

③ 유전거리보다는 유전체의 비교가 종을 구분하는 데 더 명확한 기준을 제시한다.

④ 유전체의 특성을 물리적으로 비교하는 방법이 널리 사용되고 있다.

PART 2

※ 다음 글을 읽고 이어지는 질문에 답하시오. [13~14]

미국 프린스턴대의 진화생물학자인 존 타일러 보너 교수는 자신이 쓴 『크기의 과학』에서 "지구 역사상 유기체 크기의 상한선은 항상 열려 있고, 대부분의 생물은 몸집을 키우는 방향으로 진화해왔다."라고 말한다. 거대동물의 큰 몸집은 과학자에게 흥미로운 주제가 된다. 아직까지 확실한 이유가 밝혀지지는 않았지만, 진화의 방향성을 놓고 볼 때 몸집이 커지는 쪽이 당연하다는 것에는 대개의 관련 학자들이 동의하고 있다. 동물은 몸집이 커지면 유리한 점이 많다. 천적이 줄어들고, 다른 경쟁 상대에 비해 먹잇감을 얻기가 쉬워진다. 대형 초식동물이 늘면 포식자들도 효과적으로 사냥하기 위해 몸집을 키우는 방향으로 진화하기 마련이다.

동물의 몸집이 커지는 쪽으로 진화하는 데는 환경적인 요인도 작용한다. 예를 들어 차가운 기후에서 포유류와 같은 온혈동물의 몸집은 더 커져야 한다. 체온을 유지하기 위해서는 큰 몸뚱이가 유리하기 때문이다. 반면 양서류나 파충류와 같은 냉혈동물은 따뜻한 기후에서 몸집이 더 커진다. 몸집이 커지면 외부 열을 차단하기에 그만큼 유리하다. 대기 중 산소 농도가 크기에 영향을 줬다는 주장도 있다. 과학자들은 석탄기에 살던 바퀴벌레가 고양이만 했던 까닭이 대기 중 산소 농도가 지금보다 두 배 높았기 때문일 것으로 보고 있다. 거대곤충들은 다리에 산소를 공급하는 기관과 힘줄, 신경 다발이 발달했는데, 이들 기관이 산소를 몸 곳곳에 충분히 공급하면서 몸집이 커졌다는 얘기이다. 서식지 면적도 영향을 줬을 가능성이 높다. 어떤 학자들은 북극해 랭스 섬에 살던 매머드의 크기가 유라시아 대륙에 살던 매머드의 65%에 불과했던 것은 서식지의 면적과 관련이 있다고 주장한다. 덩치가 큰 동물일수록 먹잇감을 충분하게 공급하는 넓은 면적의 서식지가 필요하기 때문이라는 것이다.

하지만 이러한 요인들의 영향을 받더라도 동물의 몸집이 무한정 커지기만 하는 것은 아니다. 생물의 크기는 세포 수가 결정한다. 세포의 자체 크기나 모양보다는 얼마나 많이 분열하느냐에 따라 몸집이 결정된다. 쥐와 코끼리가 세포 종류에서 차이가 없지만 몸집이 다른 것도 이런 이유 때문이다. 몸의 크기는 또 성장호르몬의 종류와 양에 따라 달라진다. 성장호르몬이 세포의 분열을 계속 명령해서 세포의 숫자가 점점 많아진다면 덩치도 따라서 커진다. 그러나 세포가 계속해서 분열만 한다고 해서 무한정 성장하는 것은 아니다. 생물 스스로의 조절 능력을 벗어난 세포 분열은 일어나지 않는다. 설령 그렇다 하더라도 비정상적인 부작용을 낳을 수 있다.

예를 들어 소설 『걸리버 여행기』에 등장하는 거인국 사람을 보자. 키가 정상인의 2배만 되어도 쓰러져 머리를 부딪치면 그 충격은 30배나 된다. 또 뜀박질은 물론 제자리에서 폴짝 뛰는 것도 어렵게 된다. 뛰었다 떨어지는 순간 몸무게 때문에 다리 뼈가 박살날 수도 있다. 과학자들은 『걸리버 여행기』에 등장하는 사람의 다리는 물리적인 구조상 거의 코끼리 다리 수준으로 굵어져야 한다고 설명한다. 뼈뿐만 아니라 근육도 더 많이 필요하기 때문에 결국 신체 각 부분의 크기 비율이 달라져야 한다. 코끼리보다 몸무게가 14배나 더 무거운 대왕고래는 부력 덕분에 수중에서는 살 수 있지만 만약 육지에 올라온다면 중력의 영향으로 생존하기 어렵게 된다. 동물은 몸집이 커지면 그에 맞게 신체 구조도 함께 바꿔야 하는 것이다.

☑ 오답Check! ○ ✕

**13**  윗글에 대한 설명으로 가장 적절한 것은?

① 전문가의 견해를 근거로 거대동물이 출현하게 된 배경을 제시하고 있다.
② 동물의 몸집이 커지는 요인을 밝힌 후 거대화의 한계에 대해 서술하고 있다.
③ 환경적 요인이 거대동물의 출현에 미친 영향을 상반된 관점에서 설명하고 있다.
④ 진화의 과정에서 동물의 몸집이 커지는 이유를 시간적 순서에 따라 나열하고 있다.

**14** 다음 글로 미루어 알 수 있는 내용으로 석절하지 않은 것은?

① 열대 지역의 개구리보다 온대 지역의 개구리가 몸집이 커야 생존에 유리하겠군.

② 대왕고래기 육지로 올라온다던 승력의 영향으로 자신의 몸을 지탱하기 어렵겠군.

③ 코끼리만한 크기의 얼룩말이 늘어난다면 사자도 몸집을 키우는 방향으로 진화해야겠군.

④ 같은 종의 초식동물이라면 면적이 좁은 섬보다 넓은 육지에 사는 것이 더 커지겠군.

**15** 다음 글을 읽은 독자가 〈보기〉에 대해 보인 반응으로 가장 적절한 것은?

> **보기**
>
> 몸집이 큰 생명체는 작은 생명체보다 대사율이 떨어진다. 코끼리가 한 번 먹는 식사량은 쥐 한 마리가 한 끼 먹는 양보다 절대적으로 많다. 그러나 코끼리는 자기 몸무게만큼의 쥐들이 먹는 음식물보다 훨씬 적은 양을 먹어도 살 수 있다. 외신에 따르면 유전자 공학을 이용하여 육우의 몸집을 키우는 연구가 진행되고 있다고 한다. 머지않아 거대육우가 등장할 것으로 예상된다.

① '거대육우'는 늘어난 몸무게 때문에 일반소와는 신체 구조가 달라지겠군.

② 몸집이 커진 '거대육우'를 기르는 농가는 사료비용의 증가로 적자를 보겠군.

③ 분열한 세포들의 수가 너무 많아지면 '거대육우'의 수명을 단축시키게 될 것 같아.

④ 세포 수가 증가하면 '거대육우'의 무게가 증가하니 무한정 성장하겠군.

PART 2

**16** 다음 식을 계산한 값으로 옳은 것은?

$$(3,000-1,008) \div 664$$

① 1      ② 2

③ 3      ④ 4

☑ 오답 Check! ○ ✕

**17** 1,004의 8할 7리는 얼마인가?

① 810.228　　　　　　　　② 810.128

③ 873.48　　　　　　　　④ 87.348

☑ 오답 Check! ○ ✕

**18** S회사에 M부품을 만드는데 200개 중 5개가 불량이라고 할 때, M부품의 불량률은 얼마인가?

① 5푼　　　　　　　　② 1할 2푼 5리

③ 2할 5리　　　　　　　　④ 2푼 5리

☑ 오답 Check! ○ ✕

**19** 다음 빈칸에 들어갈 수 있는 것은?

| |
|---|
| $0.7 < (\quad) < 0.8$ |

① $\dfrac{2}{3}$　　　　　　　　② $\dfrac{5}{8}$

③ $\dfrac{7}{9}$　　　　　　　　④ $\dfrac{8}{13}$

☑ 오답 Check! ○ ✕

**20** 〈조건〉을 보고 〈보기〉를 계산한 값으로 옳은 것은?

**조건**

$$a \blacktriangleright b = (3a + 2b)ab$$
$$a \triangleright b = \sqrt{a^2 - 2ab + b^2}$$

**보기**

$$8 \triangleright 13 \blacktriangleright 7$$

① 1,055　　　　　　　　② 1,015

③ 1,046　　　　　　　　④ 1,064

**21** 원가가 5,000원인 튜브를 20% 할인하여 팔다가 너부 잘 팔려서 다시 10%의 이익을 붙여서 팔았을 경우, 판매가는 얼마인가?

① 4,000원

② 4,200원

③ 4,400원

④ 4,600원

**22** 다음은 OECD 주요 국가별 삶의 만족도 및 관련 지표를 나타낸 자료이다. 이에 대한 설명으로 옳지 않은 것은?

〈OECD 주요 국가별 삶의 만족도 및 관련 지표〉

(단위 : 점, %, 시간)

| 구분 | 삶의 만족도 | 장시간 근로자 비율 | 여가 · 개인 돌봄시간 |
|------|------------|------------------|-------------------|
| 덴마크 | 7.6 | 2.1 | 16.1 |
| 아이슬란드 | 7.5 | 13.7 | 14.6 |
| 호주 | 7.4 | 14.2 | 14.4 |
| 멕시코 | 7.4 | 28.8 | 13.9 |
| 미국 | 7.0 | 11.4 | 14.3 |
| 영국 | 6.9 | 12.3 | 14.8 |
| 프랑스 | 6.7 | 8.7 | 15.3 |
| 이탈리아 | 6.0 | 5.4 | 15.0 |
| 일본 | 6.0 | 22.6 | 14.9 |
| 한국 | 6.0 | 28.1 | 14.9 |
| 에스토니아 | 5.4 | 3.6 | 15.1 |
| 포르투갈 | 5.2 | 9.3 | 15.0 |
| 헝가리 | 4.9 | 2.7 | 15.0 |

※ 장시간 근로자 비율은 전체 근로자 중 주 50시간 이상 근무한 근로자의 비율임

① 삶의 만족도가 가장 높은 국가는 장시간 근로자 비율이 가장 낮다.

② 한국의 장시간 근로자 비율은 삶의 만족도가 가장 낮은 국가의 장시간 근로자 비율의 10배 이상이다.

③ 삶의 만족도가 한국보다 낮은 국가들의 장시간 근로자 비율 산술평균은 이탈리아의 장시간 근로자 비율보다 높다.

④ 여가 · 개인 돌봄시간이 가장 긴 국가와 가장 짧은 국가의 삶의 만족도 차이는 0.3점 이하이다.

**23** 다음은 수도권 지역의 기상실황표이다. 이에 대한 설명으로 옳지 않은 것은?

〈기상실황표〉

| 구분 | 시정(km) | 현재기온(℃) | 이슬점 온도(℃) | 불쾌지수 | 습도(%) | 풍향 | 풍속(m/s) | 기압(hPa) |
|------|---------|------------|---------------|---------|--------|------|----------|----------|
| 서울 | 6.9 | 23.4 | 14.6 | 70 | 58 | 동 | 1.8 | 1012.7 |
| 백령도 | 0.4 | 16.1 | 15.2 | 81 | 95 | 동남동 | 4.4 | 1012.6 |
| 인천 | 10 | 21.3 | 15.3 | 68 | 69 | 서남서 | 3.8 | 1012.9 |
| 수원 | 7.7 | 23.8 | 16.8 | 72 | 65 | 남서 | 1.8 | 1012.9 |
| 동두천 | 10.1 | 23.6 | 14.5 | 71 | 57 | 남남서 | 1.5 | 1012.6 |
| 파주 | 20 | 20.9 | 14.7 | 68 | 68 | 남남서 | 1.5 | 1013.1 |
| 강화 | 4.2 | 20.7 | 14.8 | 67 | 67 | 남동 | 1.7 | 1013.3 |
| 양평 | 6.6 | 22.7 | 14.5 | 70 | 60 | 동남동 | 1.4 | 1013 |
| 이천 | 8.4 | 23.7 | 13.8 | 70 | 54 | 동북동 | 1.4 | 1012.8 |

① 시정이 가장 좋은 곳은 파주이다.
② 이슬점 온도가 가장 높은 지역은 불쾌지수 또한 가장 높다.
③ 불쾌지수가 70을 초과한 지역은 2곳이다.
④ 현재기온이 가장 높은 지역은 이슬점 온도와 습도 또한 가장 높다.

※ 다음은 S사의 협력 건설자재회사별 자재 가격이다. 이어지는 질문에 답하시오. **[24~25]**

〈건설자재회사별 자재 가격〉

| 구분 | 내장재(원/판) | 천장재(원/판) | 단열재(원/판) | 바닥재(원/roll) |
|---|---|---|---|---|
| K자재 | 2,000 | 1,200 | 1,500 | 2,700 |
| L자재 | 2,200 | 1,200 | 1,500 | 2,500 |
| H자재 | 2,000 | 1,000 | 1,600 | 2,600 |
| D자재 | 2,200 | 1,100 | 1,500 | 2,500 |

〈S사 주문량〉

| 구분 | 내장재 | 천장재 | 단열 | 바닥재 |
|---|---|---|---|---|
| 주문량 | 20판 | 70판 | 100판 | 5roll |

☑ 오답 Check! ○ ✕

**24** 가장 저렴한 한 업체를 골라 필요한 자재를 주문하려 한다. S사가 주문을 넣을 건설자재 회사는?

① K자재회사
② L자재회사
③ H자재회사
④ D자재회사

☑ 오답 Check! ○ ✕

**25** 바닥재 주문량을 7roll 추가하면 어느 곳에서 주문하는 것이 가장 저렴한가?

① K자재가 가장 저렴해진다.
② L자재가 가장 저렴해진다.
③ H자재가 가장 저렴하다.
④ D자재가 가장 저렴해진다.

**26**

$$-88 \quad 66 \quad ( \quad ) \quad 78 \quad -22 \quad 90 \quad -11$$

① $-33$  　　　　　　　　② $11$

③ $-55$  　　　　　　　　④ $-66$

**27**

$$\underline{13 \quad 12 \quad 6 \quad 26} \quad \underline{14 \quad 4 \quad ( \quad ) \quad 7} \quad \underline{10 \quad 5 \quad 25 \quad 2} \quad \underline{44 \quad 7 \quad -4 \quad -77}$$

① 2  　　　　　　　　② 4

③ 8  　　　　　　　　④ 16

**28**

$$1 \quad 5 \quad 25 \quad 125 \quad 625 \quad 3{,}125 \quad ( \quad )$$

① 15,625  　　　　　　　② 15,652

③ 16,545  　　　　　　　④ 16,352

※ 일정한 규칙으로 문자를 나열할 때, 빈칸에 들어갈 문자로 옳은 것을 고르시오. [29~30]

☑ 오답 Check! ○ ✕

**29**

$$S \quad ㅎ \quad + \quad G \quad ㅁ \quad (\quad)$$

① 一 　　　　　　　　　　 ② 二
③ 三 　　　　　　　　　　 ④ 四

☑ 오답 Check! ○ ✕

**30**

$$c \quad A \quad (\quad) \quad D \quad g \quad P$$

① b 　　　　　　　　　　 ② c
③ d 　　　　　　　　　　 ④ e

※ 다음 중 규칙이 다른 하나를 고르시오. [31~33]

☑ 오답 Check! ○ ✕

**31**　① BADG 　　　　　　　 ② 혀허효흐
　　　③ 히피티키 　　　　　　 ④ DCFI

☑ 오답 Check! ○ ✕

**32**　① 1248 　　　　　　　　 ② BDHP
　　　③ CFLX 　　　　　　　 ④ ABCP

☑ 오답 Check! ○ ✕

**33**　① 머머머므 　　　　　　 ② 라라라타
　　　③ EEEP 　　　　　　　 ④ 냐냐냐뇨

※ 다음 제시문을 읽고 각 문제가 항상 참이면 ①, 거짓이면 ②, 알 수 없으면 ③을 고르시오. [34~35]

- A, B, C, D, E가 나란히 서 있다.
- A와 B 사이의 간격과 B와 C 사이의 간격은 같다.
- D는 C 오른쪽에 서 있다.

☑ 오답 Check! ○ ✕

**34** A, B, C 사이에는 다른 사람이 들어갈 수 없다.

① 참 ② 거짓 ③ 알 수 없음

☑ 오답 Check! ○ ✕

**35** A, B, C, D, E가 서 있을 수 있는 경우의 수는 8가지이다.

① 참 ② 거짓 ③ 알 수 없음

☑ 오답 Check! ○ ✕

**36** 저항 5X에 10V의 전압이 걸릴 경우 회로에 흐르는 전류의 세기는?

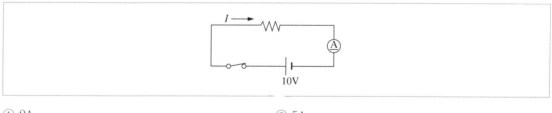

① 2A ② 5A
③ 10A ④ 50A

**37** 다음 중 〈보기〉에 제시된 반응 속도에 영향을 미치는 요인과 관련 있는 것은?

> **보기**
> • 김치를 냉장고에 보관하면 빨리 시어지지 않는다.
> • 생선 가게에서 생선을 얼음 위에 올려놓고 판매한다.

① 농도　　　　　　　　　　　② 촉매
③ 온도　　　　　　　　　　　④ 표면적

**38** 다음 중 나머지 도형과 다른 것은?

①
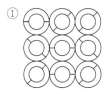

②
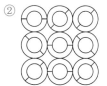

③

④
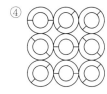

**39** 다음 중 나머지 도형과 다른 것은?

①

②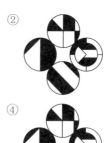

③

④

**40** 다음 그림을 순서대로 바르게 배열한 것은?

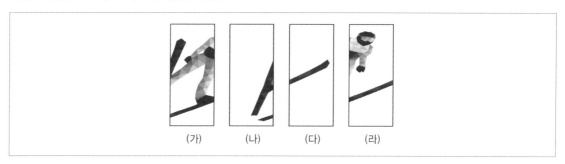

(가)   (나)   (다)   (라)

① (나) – (가) – (다) – (라)  ② (나) – (라) – (가) – (다)
③ (나) – (가) – (라) – (다)  ④ (나) – (라) – (다) – (가)

※ 다음 제시된 좌우의 문자 또는 기호를 비교하여 같으면 ①을, 다르면 ②를 고르시오. [41~42]

**41**

아버지는내일돌아오신다 – 아버지는내일둘아오신다

① 같음                          ② 다름

**42**

ETEIVIENDR – ETEIVIENDR

① 같음                          ② 다름

※ 다음 중 나머지 셋과 다른 것을 고르시오. [43~44]

**43**  ① RM90425584_2          ② RM90425584_3
        ③ RM90425584_2          ④ RM90425584_2

**44**  ① 서울 강동구 임원동 355-14        ② 서울 강동구 일원동 355-14
        ③ 서울 강동구 일원동 355-14        ④ 서울 강동구 일원동 355-14

※ 다음 두 블록을 합쳤을 때, 나올 수 있는 형태로 옳은 것을 고르시오. [45~46]

**45**

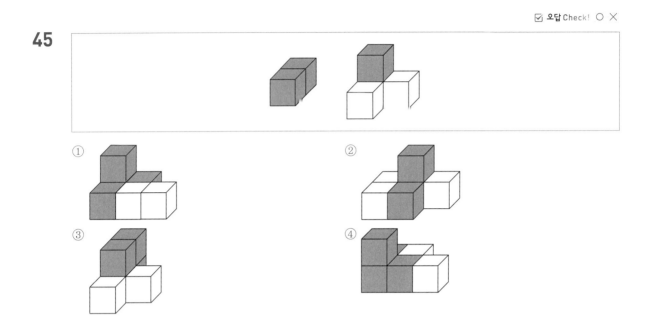

**46**

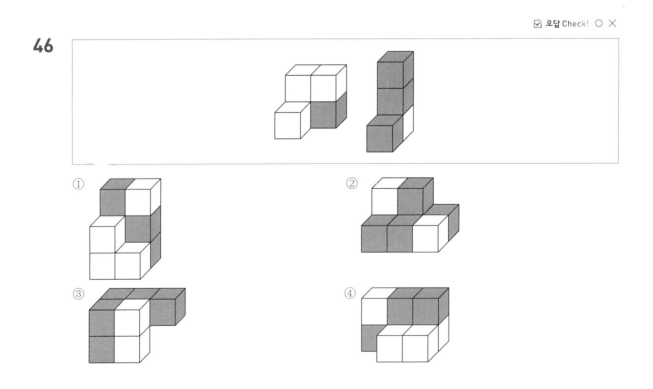

**47** 주어진 전개도를 접었을 때, 만들어질 수 있는 것은?

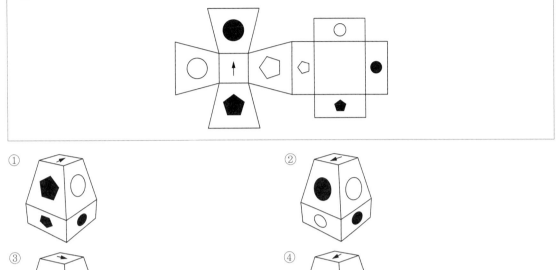

**48** 왼쪽에 제시된 대응관계를 유추하여 동일한 관계가 되도록 ?에 들어갈 도형을 올바르게 고르면?

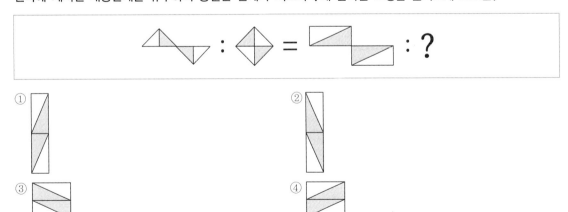

※ 다음 도형을 보고, 이어지는 질문에 답하시오. [49~50]

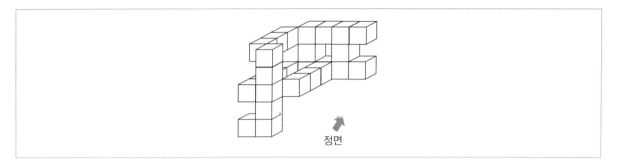

정면

☑ 오답 Check! ○ ✕

**49** 블록의 개수는 몇 개인가?

① 26개                      ② 27개

③ 28개                      ④ 29개

☑ 오답 Check! ○ ✕

**50** 정면에서 봤을 때, 보이는 블록의 개수는 몇 개인가?

① 14개                      ② 15개

③ 16개                      ④ 17개

모바일
OMR
답안분석
서비스

정답 및 해설 p.53

※ 다음 제시된 단어와 같거나 유사한 의미를 가진 것을 고르시오. **[1~2]**

☑ **오답**Check! ○ ✕

**01**

| 검사 |
| --- |

① 시험            ② 건강

③ 합격            ④ 점검

☑ **오답**Check! ○ ✕

**02**

| 중요하다 |
| --- |

① 소중하다        ② 동요하다

③ 무료하다        ④ 선호하다

안심Touch

※ 다음 제시된 단어와 반대되는 의미를 가진 것을 고르시오. [3~4]

**03**

| 유창하다 |
|---|

① 제창하다        ② 어눌하니

③ 유행하다        ④ 유명하다

**04**

| 절약하다 |
|---|

① 예약하다        ② 낭비하다

③ 요약하다        ④ 준비하다

※ 다음 중 밑줄 친 부분과 유사한 의미로 쓰인 것을 고르시오. [5~8]

**05**

| 정원사는 능숙하게 가위로 나뭇가지를 <u>다듬는다</u>. |
|---|

① 인부들이 롤러로 아스팔트를 평평하게 <u>다듬고</u> 있다.
② 그녀는 거울을 보며 옷매무새를 <u>다듬었다</u>.
③ 할아버지는 이미 다 만들어진 방망이를 한동안 다시 <u>다듬었다</u>.
④ 삿갓은 대를 쪼개 <u>다듬어</u> 그걸 치밀하게 엮은 것이다.

**06**

| 과감하게 발 벗고 나서서 자신을 <u>던질</u> 수 있는 용기를 통해 결단이 이루어질 수 있다. |
|---|

① 승리의 여신이 우리 선수들에게 미소를 <u>던졌다</u>.
② 그는 유능한 기사였지만 결국 돌을 <u>던지고</u> 말았다.
③ 최동원은 직구 위주의 강속구를 <u>던지는</u> 정통파 투수였다.
④ 물론 인간은 이따금 어떤 추상적인 사상이나 이념에 일생을 <u>던져</u> 몰입하는 수가 있지.

**07**

> 음악가는 언어라는 매개를 <u>통하지</u> 않고 작곡을 하여 어떤 생각이나 사상을 표현한다.

① 그의 주장은 앞뒤가 잘 <u>통하지</u> 않는다.
② 바람이 잘 <u>통하는</u> 곳에 빨래를 널어야 잘 마른다.
③ 그 시상식은 텔레비전을 <u>통해</u> 전국에 중계되었다.
④ 청소년들은 기성세대와 말이 <u>통하지</u> 않는다고 말한다.

**08**

> 대한민국 국군은 연평도 포격 당시 전군에 비상을 <u>걸었다</u>.

① 그녀는 4년 만에 금메달을 목에 <u>걸었다</u>.
② 자신의 일에 나를 <u>걸고</u> 넘어지는 그가 미웠다.
③ 그가 아들에게 <u>거는</u> 기대가 크다는 것은 모두가 아는 사실이다.
④ 게임이 풀리지 않아 감독은 작전 타임을 <u>걸었다</u>.

**09**  다음 문장을 논리적 순서에 맞게 나열한 것은?

> (가) 따라서 사진관은 영구적인 초상을 금속판에 남기는 일로 많은 돈을 벌어 들였다.
> (나) 특허에 묶여 있었던 칼로 타입이 그나마 퍼질 수 있었던 곳은 프랑스였다.
> (다) 프랑스의 화가와 판화가들은 칼로 타입이 흑백의 대조가 두드러진다는 점에서 판화와 유사함을 발견하고 이 기법을 활용하여 작품을 만들었다.
> (라) 사진이 상업으로서의 가능성을 최초로 보여 준 분야는 초상 사진이었다. 정밀한 세부 묘사를 장점으로 하는 다게레오 타입은 초상 사진 분야에서 큰 인기를 누렸다.
> (마) 반면에 명암의 차이가 심하고 중간색이 거의 없었던 칼로 타입은 초상 사진보다는 풍경·정물 사진에 제한적으로 이용되었다.

① (라) – (마) – (가) – (다) – (나)          ② (라) – (가) – (나) – (마) – (다)
③ (다) – (나) – (라) – (마) – (가)          ④ (라) – (가) – (마) – (나) – (다)

**10** 다음 중 제시된 한자성어와 유사한 의미를 가진 것은?

> 목불식정(目不識丁)

① 과유불급(過猶不及)
② 어로불변(魚魯不辨)
③ 교각살우(矯角殺牛)
④ 소탐대실(小貪大失)

**11** 다음 글의 내용과 일치하지 않는 것은?

> 김치는 넓은 의미에서 소금, 초, 장 등에 '절인 채소'를 말한다. 김치의 어원인 '딤채(沈菜)'도 '담근 채소'라는 뜻이다. 그러므로 깍두기, 오이지, 오이소박이, 단무지는 물론 장아찌까지도 김치류에 속한다고 볼 수 있다. 우리나라의 김치는 '지'라고 불렸다. 그래서 짠지, 싱건지, 오이지 등의 김치에는 지금도 '지'가 붙는다. 초기의 김치는 단무지나 장아찌에 가까웠을 것이다.
>
> 처음에는 서양의 피클이나 일본의 쓰케모노와 비슷했던 김치가 이들과 전혀 다른 음식이 된 것은 젓갈과 고춧가루를 쓰기 시작하면서부터이다. 하지만 이때에도 김치의 주재료는 무나 오이였다. 우리가 지금 흔히 먹는 배추김치는 18세기 말 중국으로부터 크고 맛이 좋은 배추 품종을 들여온 뒤로 사람들이 널리 담그기 시작하였고, 20세기에 들어와서야 무김치를 능가하게 되었다.
>
> 김치와 관련하여 우리나라 향신료의 대명사로 쓰이는 고추는 생각만큼 오랜 역사를 갖고 있지 못하다. 중미 멕시코가 원산지인 고추는 '남만초'나 '왜겨자'라는 이름으로 16세기 말 조선에 전래되어 17세기부터 서서히 보급되다가 17세기 말부터 가루로 만들어 비로소 김치에 쓰이게 되었다. 조선 전기까지 주요 향신료는 후추, 천초 등이었고, 이 가운데 후추는 값이 비싸 쉽게 얻을 수 없었다. 19세기 무렵에 와서 고추는 향신료로서 압도적인 우위를 차지하게 되었다. 그 결과 후추는 더 이상 고가품이 아니게 되었으며, '산초'라고도 불리는 천초의 경우 지금에 와서는 간혹 추어탕에나 쓰일 정도로 되었다.
>
> 우리나라의 고추는 다른 나라의 고추 품종과 달리 매운맛에 비해 단맛 성분이 많고, 색소는 강렬하면서 비타민C 함유량이 매우 많다. 더구나 고추는 소금이나 젓갈과 어우러져 몸에 좋은 효소를 만들어 내고 몸의 지방 성분을 산화시켜 열이 나게 함으로써 겨울의 추위를 이기게 하는 기능이 있다. 고추가 김장김치에 사용되기 시작한 것도 이 때문이라고 한다.

① 초기의 김치는 서양의 피클이나 일본의 쓰케모노와 크게 다르지 않았다.
② 고추가 들어오기 전까지는 김치에 고추 대신 후추, 천초와 같은 향신료를 사용하였다.
③ 김장김치에 고추가 사용되기 시작한 것은 몸에 열을 발생시키는 효능 때문이다.
④ 배추김치가 김치의 대명사가 된 것은 불과 100여 년밖에 되지 않았다.

※ 다음 글을 읽고 이어지는 질무에 답하시오. [12~13]

> 민족 문화의 전통을 말하는 것은 반드시 보수적이라는 멍에를 메어야만 하는 것일까? 이 문제에 대한 올바른 해답을 얻기 위해서는, 전통이란 어떤 것이며, 또 그것이 어떻게 계승되어 왔는가를 살펴보아야 할 것이다.
> 연암 박지원은 영·정조 시대 북학파의 대표적 인물 중 한 사람이다. 그가 지은 『열하일기』나 『방경각외전』에 실려 있는 소설이 몰락하는 양반 사회에 대한 신랄한 풍자를 가지고 있을 뿐 아니라, 문장 또한 기발하여, 그는 당대의 허다한 문사들 중에서도 최고봉을 이루고 있는 것으로 추앙되고 있다. 그러나 그의 문학은 패관 기서를 따르고 고문을 본받지 않았다 하여, 하마터면 『열하일기』가 촛불의 재로 화할 뻔한 아슬아슬한 때도 있었다. 말하자면, 연암은 고문파에 대한 반항을 통하여 그의 문학을 건설한 것이다. 그러나 오늘날 우리는 민족 문화의 전통을 연암에게서 찾으려고는 할지언정, 고문파에서 찾으려고 하지는 않는다. 이 사실은 우리에게 민족 문화의 전통에 관한 해명의 열쇠를 제시해 주는 것은 아닐까?
> 전통은 물론 과거로부터 이어 온 것을 말한다. 이 전통은 대체로 그 사회 및 그 사회의 구성원인 개인의 몸에 배어 있는 것이다. 그러므로 스스로 깨닫지 못하는 사이에 전통은 우리의 현실에 작용하는 경우가 있다. 그러나 과거에서 이어 온 것을 무턱대고 모두 전통이라 한다면, 인습이라는 것과 구별이 서지 않을 것이다. 우리는 인습을 버려야 할 것이라고는 생각하지만, 계승해야 할 것이라고는 생각하지 않는다.
> 여기서 우리는 과거에서 이어 온 것을 객관화하고, 이를 비판하는 입장에 서야 할 필요를 느끼게 된다. 그 비판을 통해서 현재의 문화 창조에 이바지할 수 있다고 생각되는 것만을 우리의 전통이라고 불러야 할 것이다.
> 이와 같이, 전통은 인습과 구별될 뿐더러 또 단순한 유물과도 구별되어야 한다. 현재에 있어서의 문화 창조와 관계가 없는 것을 우리는 문화적 전통이라고 부를 수가 없기 때문이다.

☑ 오답Check! ○ ✕

**12** 윗글에 나타난 글쓴이의 관점과 일치하는 것은?

① 과거에서 이어온 것은 모두 살릴 필요가 있다.
② 과거보다 현재의 것을 더 중요시할 필요가 있다.
③ 현재의 관점에서 과거의 것은 청산할 필요가 있다.
④ 과거의 것 중에서 가치 있는 것을 찾을 필요가 있다.

☑ 오답Check! ○ ✕

**13** 윗글과 같은 글을 읽을 때 고려해야 할 사항이 아닌 것은?

① 주장의 타당성      ② 논거의 정확성
③ 비유의 참신성      ④ 사실과 의견의 구분

PART 2

※ 다음 글을 읽고 이어지는 질문에 답하시오. [14~15]

새로이 탄생한 예술 장르는 대부분 선대(先代)의 유사 장르를 갖게 마련이다. 회화는 프레스코와 모자이크 양식에서, 조각은 건축 양식의 한 형식에서 비롯되었으며, 영화는 연극의 연장된 형태로 시작되었다. 그렇다면 비디오 아트(Video Art)의 선대 양식은 어디서 찾을 수 있을까? ㉠ 비디오 아트는 탄생 시기로 보아 아직 무어라 규정지을 수 없기 때문에 비디오 아트의 물리적·미학적 특성을 살펴보는 것은 선대 예술 양식과의 관계를 이해하고 비디오 아트의 예술적 독자성(獨自性)을 정립하는 데 유용한 준거를 마련할 수 있을 것이다.

비디오 아트의 대표적인 미학적 특징을 거론할 때 첫째로 언급되는 것은 '비디오 아트는 나르시시즘의 예술'이라는 것이다. 비디오 아트에 있어서 카메라의 위치는 정적(靜的)이다. 그 이유는 예술가가 행위자 역할을 동시에 해야 하기 때문에 설치물에 카메라를 고정시켜 놓는 것이 일반적이다. 이때 카메라에 포착된 관람객이나 예술가 자신은 거의 동시에 TV 모니터에 나타나게 된다.

비디오 모니터를 '전자적 거울'이라고 부르는 이유도 바로 이런 이유 때문이다. 이때 관람객 혹은 예술가 자신은 감상의 주체이자 객체라는 독특한 위치에 놓이게 된다. 마치 미소년 나르시스가 물 위에 비친 자신의 모습을 신기한 듯이 넋 놓고 감상했던 것처럼 말이다. 이때의 관람객·예술가는 전자적 거울인 TV 모니터에 동시에 나타나는 자신의 모습을 보면서 관음증(觀淫症)과 자기 과시를 경험하게 되는 동시에 나르시스가 그랬던 것처럼 자신의 신체적 이미지에 대해 자기애적인 동일시의 감정을 갖게 된다. 즉 외부 물체나 다른 사람으로 향하는 주의를 억제하여 이를 자아 속에 투여하는 것으로, 프로이트의 표현을 빌리자면 '대상에 대한 애욕을 포기하여 대상적 애욕을 자기 애욕으로 전환시키는 상황'인 나르시시즘의 구체적 상황으로 나타나게 된다.

☑ 오답Check! ○ ✕

**14** 윗글에서 궁극적으로 강조하고 있는 비디오 아트의 특징은?

① 기계 조작의 예술　　　　　　　　② 인간 중심의 예술
③ 현대 감각의 예술　　　　　　　　④ 환상 표출의 예술

☑ 오답Check! ○ ✕

**15** 다음 중 ㉠의 논리적 전제로 볼 수 없는 것은?

① 비디오 아트도 다른 양식과 관계가 있을 수 있다.
② 비디오 아트와 선대 양식의 영향 관계가 아직 밝혀지지 않았다.
③ 비디오 아트의 미학적·물리적 특성은 말할 수 없다.
④ 비디오 아트의 예술적 독자성은 아직 정립되지 않았다.

**16** 다음 식을 계산한 값으로 옳은 것은?

$$0.28+2.4682-0.9681$$

① 1.8701  ② 1.7801
③ 1.7601  ④ 1.5601

**17** 921의 3할 6푼 9리는?

① 339.849  ② 340.644
③ 341.943  ④ 342.153

**18** 어떤 상자에 검정 구슬 3개, 흰 구슬 9개가 들어 있다. 상자에서 이 중 한 개를 꺼냈을 때, 꺼낸 구슬이 검정 구슬일 확률은?

① 2할 5리  ② 2할 5푼
③ 1할 2푼 5리  ④ 2할 4푼 5리

**19** 다음 빈칸에 들어갈 수 있는 것은?

$$\frac{3}{10}<(\quad)<\frac{2}{5}$$

① $\frac{1}{10}$  ② $\frac{7}{30}$
③ $\frac{1}{3}$  ④ $\frac{7}{15}$

**20** 〈조건〉을 보고 〈보기〉를 계산한 값으로 옳은 것은?

> **조건**
>
> $$a \spadesuit b = a - ab - b + 1$$

> **보기**
>
> $$23 \spadesuit 27$$

① $-624$　　　　　　　　　② $-625$

③ $-626$　　　　　　　　　④ $-627$

**21** 수학시험에서 동일이는 101점, 나정이는 105점, 윤진이는 108점을 받았다. 천포의 점수까지 합친 네 사람의 평균이 105점일 때 천포의 점수는?

① 105점　　　　　　　　　② 106점

③ 107점　　　　　　　　　④ 108점

**22** 영수는 1분에 15L의 물을 퍼낼 수 있고, 철수는 1분에 12L의 물을 부을 수 있다. 물이 가득 차 있는 100L짜리 수조에 두 사람이 동시에 물을 퍼내고 붓기 시작했다면, 25분 후에 수조에 남아있는 물의 양은 몇 L인가?

① 25L　　　　　　　　　② 28L

③ 30L　　　　　　　　　④ 32L

**23** A, B 주사위 2개를 동시에 던졌을 때, 주사위 B에서 홀수가 나올 확률은?

① $\dfrac{1}{18}$　　　　　　　　　② $\dfrac{1}{12}$

③ $\dfrac{1}{9}$　　　　　　　　　④ $\dfrac{5}{36}$

**24** 다음은 우리나라 시·도별 연평균 문화예술 및 스포츠 관람횟수에 대해 조사한 자료이다. 이에 대한 설명으로 옳지 않은 것은?

〈시·도별 연평균 문화예술 및 스포츠 관람횟수〉

(단위 : 회)

| 구분 | 음악·연주회 | 연극·마당극·뮤지컬 | 무용 | 영화 | 박물관 | 미술관 | 스포츠 |
|---|---|---|---|---|---|---|---|
| 전국 | 2.5 | 2.4 | 2.7 | 6.6 | 2.6 | 2.5 | 3.5 |
| 서울특별시 | 2.9 | 2.5 | 2.7 | 7.2 | 2.8 | 2.9 | 3.9 |
| 부산광역시 | 2.0 | 2.0 | 2.0 | 6.6 | 2.7 | 2.0 | 3.2 |
| 대구광역시 | 2.7 | 2.2 | 3.4 | 6.3 | 2.5 | 1.9 | 2.9 |
| 인천광역시 | 2.2 | 2.4 | 2.8 | 6.3 | 2.5 | 2.5 | 3.6 |
| 광주광역시 | 2.4 | 2.1 | 2.7 | 6.8 | 2.6 | 2.3 | 3.5 |
| 대전광역시 | 2.9 | 2.1 | 3.2 | 6.9 | 3.1 | 2.2 | 3.1 |
| 울산광역시 | 2.2 | 2.0 | 2.3 | 6.2 | 2.4 | 2.3 | 2.9 |
| 세종특별자치시 | 2.7 | 2.2 | 3.0 | 6.8 | 2.9 | 2.4 | 3.2 |
| 경기도 | 2.3 | 2.5 | 2.4 | 6.6 | 2.4 | 2.5 | 3.5 |
| 강원도 | 2.7 | 2.0 | 4.9 | 6.9 | 2.7 | 2.5 | 3.5 |
| 충청북도 | 2.3 | 2.2 | 2.3 | 6.5 | 2.4 | 1.9 | 2.8 |
| 충청남도 | 2.1 | 2.3 | 2.2 | 6.1 | 2.7 | 2.0 | 2.8 |
| 전라북도 | 2.1 | 2.6 | 2.6 | 6.2 | 2.5 | 2.1 | 2.9 |
| 전라남도 | 2.2 | 2.0 | 3.5 | 5.7 | 2.5 | 2.5 | 3.2 |
| 경상북도 | 2.4 | 2.1 | 2.9 | 6.1 | 2.7 | 2.1 | 2.9 |
| 경상남도 | 2.3 | 2.1 | 3.4 | 6.9 | 2.6 | 2.4 | 3.8 |
| 제주특별자치도 | 2.5 | 2.0 | 2.1 | 6.2 | 2.9 | 2.7 | 3.2 |

① 모든 시·도는 연평균 무용 관람횟수보다 연평균 영화 관람횟수가 더 많다.

② 경상남도에서 영화 다음으로 연평균 관람횟수가 많은 항목은 스포츠 관람이다.

③ 연평균 무용 관람횟수가 가장 많은 시·도는 연평균 스포츠 관람횟수도 가장 높다.

④ 대전광역시는 연극·마당극·뮤지컬을 제외한 모든 항목에서 충청북도보다 연평균 관람횟수가 높다.

**25** 다음은 소양강댐의 수질정보에 관한 자료이다. 이에 대한 내용으로 옳지 않은 것은?

〈소양강댐의 수질정보〉

(단위 : ℃, mg/L)

| 구분 | 수온 | DO | BOD | COD |
|---|---|---|---|---|
| 1월 | 5 | 12.0 | 1.4 | 4.1 |
| 2월 | 5 | 11.5 | 1.1 | 4.5 |
| 3월 | 8 | 11.3 | 1.3 | 5.0 |
| 4월 | 13 | 12.1 | 1.5 | 4.6 |
| 5월 | 21 | 9.4 | 1.5 | 6.1 |
| 6월 | 23 | 7.9 | 1.3 | 4.1 |
| 7월 | 27 | 7.3 | 2.2 | 8.9 |
| 8월 | 29 | 7.1 | 1.9 | 6.3 |
| 9월 | 23 | 6.4 | 1.7 | 6.6 |
| 10월 | 20 | 9.4 | 1.7 | 6.9 |
| 11월 | 14 | 11.0 | 1.5 | 5.2 |
| 12월 | 9 | 11.6 | 1.4 | 6.9 |

※ DO : 용존산소량
※ BOD : 생화학적 산소요구량
※ COD : 화학적 산소요구량

① 조사기간 중 8월의 수온이 가장 높았다.
② DO가 가장 많았을 때와 가장 적었을 때의 차는 5.7mg/L이다.
③ 소양강댐의 COD는 항상 DO보다 적었다.
④ 12월 소양강댐의 7월 대비 BOD 감소율은 30% 이상이다.

**26** A중학교 여름방학 방과 후 학교 신청 학생 중 과목별 학생 수를 비율로 나타낸 그래프이다. 방과 후 학교를 신청한 전체 학생이 200명일 때, 수학을 선택한 학생은 미술을 선택한 학생보다 몇 명이 더 적은가?

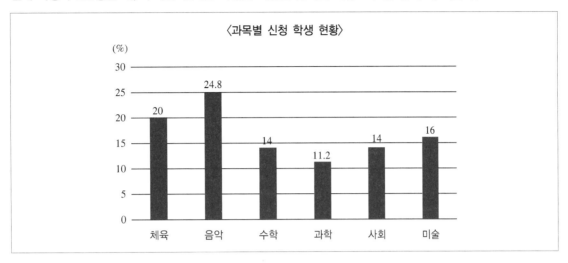

① 3명 　　　　　　　　　　　　　② 4명
③ 5명 　　　　　　　　　　　　　④ 6명

**27** 다음은 연도별 황사 발생횟수와 지속일수에 관한 자료이다. 이에 대한 설명으로 옳지 않은 것은?

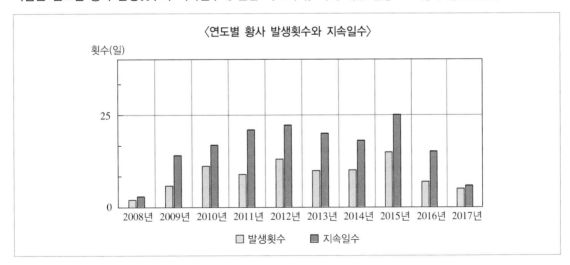

① 황사의 지속일수는 2015년에 25일로 가장 높았다.
② 황사의 발생횟수는 2010년에 최고치를 기록했다.
③ 2015년 이후 연도별 황사 발생횟수는 감소하는 추세이다.
④ 2015년 이후 연도별 황사 지속일수는 감소하는 추세이다.

※ 일정한 규칙으로 수를 나열할 때, 빈칸에 들어갈 수로 옳은 것을 고르시오. [28~30]

**28**

| 6.3 | 5.6 | 7.2 | 6.5 | ( ) | 7.4 | 9 | 8.3 |

① 8.0  ② 8.1
③ 8.2  ④ 8.3

**29**

| 40 | 31 | 22 | ( ) | 4 |

① 13  ② 14
③ 15  ④ 16

**30**

| $\frac{90}{70}$ | $\frac{82}{78}$ | $\frac{74}{86}$ | $\frac{66}{94}$ | $\frac{58}{102}$ | ( ) |

① $\frac{50}{108}$  ② $\frac{49}{109}$
③ $\frac{50}{110}$  ④ $\frac{49}{110}$

☑ 오답 Check! ○ ✕

**31**

| B | ㄷ | E | ㅅ | ( ) |
|---|---|---|---|---|

① J             ② K

③ L             ④ M

☑ 오답 Check! ○ ✕

**32**

| A | D | I | P | ( ) |
|---|---|---|---|---|

① Q             ② S

③ Y             ④ Z

☑ 오답 Check! ○ ✕

**33**

| 낭 | 낭 | 당 | 낭 | 랑 | 방 | 랑 | 탕 | ( ) |
|---|---|---|---|---|---|---|---|---|

① 장             ② 낭

③ 강             ④ 랑

안심Touch

※ 다음 중 규칙이 다른 하나를 고르시오. [34~36]

☑ 오답 Check! ○ ✕

**34**　① 담담밤탐　　　　　　　　　② EEHN
　　　③ FFSA　　　　　　　　　　④ 하하혀히

☑ 오답 Check! ○ ✕

**35**　① MOMO　　　　　　　　　② GIGI
　　　③ 청평청평　　　　　　　　　④ 나라나라

☑ 오답 Check! ○ ✕

**36**　① KLIN　　　　　　　　　　② 그기구갸
　　　③ 보소로조　　　　　　　　　④ ORYZ

※ 다음 제시문을 읽고 각 문제가 참이면 ①, 거짓이면 ②, 알 수 없으면 ③을 고르시오. [37~38]

- K회사의 건물은 5층 건물이고 A, B, C, D, E의 5개의 부서가 있으며, 각 부서는 한 층에 한 개씩 위치하고 있다.
- A부서는 1층이나 5층에 위치하고 있지 않다.
- B부서와 D부서는 인접하고 있다.
- A부서와 E부서 사이에는 C부서만 있다.
- A부서와 D부서는 인접하고 있지 않다.

☑ 오답 Check! ○ ✕

**37**　B부서는 A부서보다 아래층에 있다.

　　　① 참　　　　　　　　② 거짓　　　　　　　　③ 알 수 없음

☑ 오답 Check! ○ ✕

**38**　A부서는 3층에 있다.

　　　① 참　　　　　　　　② 거짓　　　　　　　　③ 알 수 없음

**39** 다음 중 제시된 도형과 같은 것은?

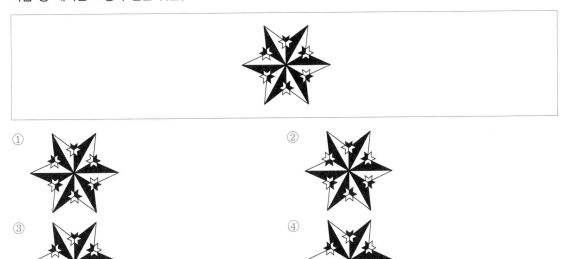

①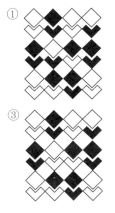

②

③

④

**40** 다음 중 제시된 도형과 다른 것은?

①

②

③

④

※ 다음 그림을 순서대로 바르게 배열한 것을 고르시오. [41~42]

**41**

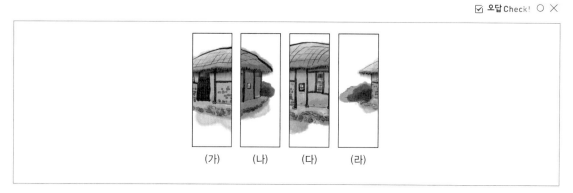

(가)　(나)　(다)　(라)

① (다) – (나) – (라) – (가)　　② (다) – (나) – (가) – (라)
③ (라) – (나) – (가) – (다)　　④ (라) – (가) – (다) – (나)

**42**

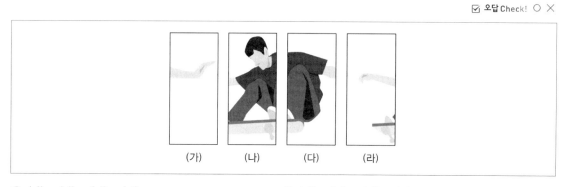

(가)　(나)　(다)　(라)

① (다) – (나) – (라) – (가)　　② (라) – (가) – (다) – (나)
③ (라) – (나) – (다) – (가)　　④ (다) – (나) – (가) – (라)

※ 다음 제시된 좌우의 문자 또는 기호를 비교하여 같으면 ①을, 다르면 ②를 고르시오. [43~44]

☑ 오답Check! ○ ✕

**43**

dhsmfEhdho – dhsmfFhdho

① 같음                    ② 다름

☑ 오답Check! ○ ✕

**44**

↕⬊♭⬈♩♫♪⬊⬁ – ↕⬊♭⬈♩♫♪⬊

① 같음                    ② 다름

※ 다음 중 나머지 셋과 다른 것을 고르시오. [45~46]

☑ 오답Check! ○ ✕

**45**  ① ▤▨☎♨☎☎¶☞☎
     ② ▨▨☎♨☎☎¶☞☎
     ③ ▤▨☎♨☎☎¶☞☎
     ④ ▨▨☎♨☎☎¶☞☎

☑ 오답Check! ○ ✕

**46**  ① 1652798363612
     ② 1652798368612
     ③ 1652798363612
     ④ 1652798363612

**47** 왼쪽에 제시된 대응관계를 유추하여 동일한 관계가 되도록 ?에 들어갈 도형을 올바르게 고르면?

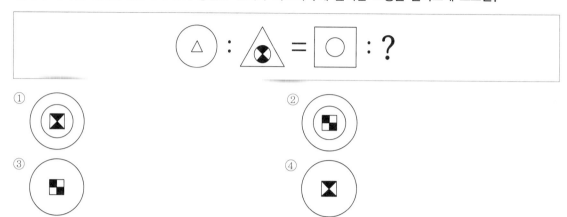

①
② 
③ 
④ 

※ 다음 중 블록의 개수로 옳은 것을 고르시오. **[48~50]**

**48**

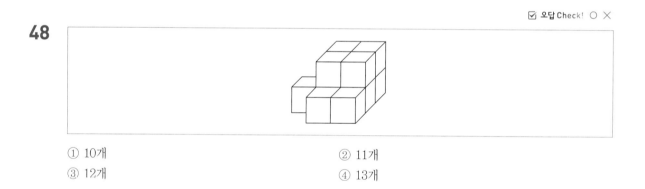

① 10개
② 11개
③ 12개
④ 13개

**49**

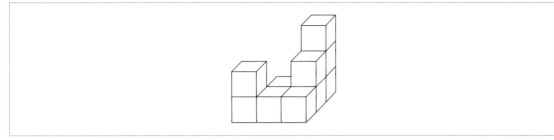

① 10개  ② 11개
③ 12개  ④ 13개

**50**

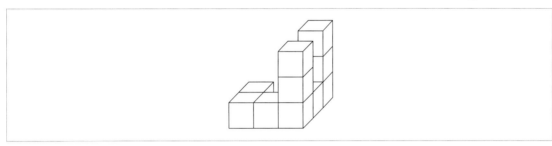

① 10개  ② 11개
③ 12개  ④ 13개

제**4**회 실전모의고사

모바일
OMR
답안분석
서비스

정답 및 해설 p.61

※ 다음 제시된 단어와 같거나 유사한 의미를 가진 것을 고르시오. **[1~2]**

☑ 오답 Check! ○ ✕

**01**

| 영속하다 |
|---|

① 영사하다
③ 배신하다
② 관찰하다
④ 계속하다

☑ 오답 Check! ○ ✕

**02**

| 정돈 |
|---|

① 정신
③ 문서
② 정리
④ 문제

※ 다음 제시된 단어와 반대되는 의미를 가진 것을 고르시오. **[3~4]**

☑ 오답 Check! ○ ✕

**03**

| 염려하다 |
|---|

① 안심하다
③ 결단하다
② 의심하다
④ 의지하다

**04**

| 융해 |
| --- |

① 이해                                ② 손해

③ 응고                                ④ 보고

**05** 다음 중 제시된 한자성어와 유사한 의미를 가진 것은?

| 자가당착(自家撞着) |
| --- |

① 근묵자흑(近墨者黑)                    ② 자포자기(自暴自棄)

③ 유유자적(悠悠自適)                    ④ 자기모순(自己矛盾)

※ 다음 중 밑줄 친 부분과 같은 의미로 쓰인 것을 고르시오. [6~7]

**06**

| 잡지에서 난생 처음 보는 단어를 발견했다. |
| --- |

① 여가 시간에는 책을 보는 습관을 들이는 것이 좋다.

② 보던 신문을 끊고 다른 신문으로 바꾸다.

③ 그는 연극을 보는 재미로 극장에서 일한다.

④ 교차로를 건널 때에는 신호등을 잘 보고 건너야 한다.

**07**

| 적성에 맞추어 학과를 결정해야 한다. |
| --- |

① 조각을 모두 맞추자 감쪽같았다.

② 시험 일정에 맞추어 여행계획을 세웠다.

③ 규민이는 저가의 결혼식 예복을 맞췄다.

④ 모든 사람의 기준에 맞추기는 어렵다.

**08**   다음 문장을 논리적 순서에 맞게 나열한 것은?

> (가) 만일 이것이 사실이라면 수없이 많은 끈들이 서로 다른 방식으로 진동하고 있는 이 우주는, 하나의 웅장한 '우주 교향곡'이 연주되고 있는 거대한 무대인 셈이다.
> (나) 초끈이론에 따르면 물질의 최소 단위인 끈들은 모두 동일한 존재이고, 겉으로 나타나는 형태의 차이는 끈이 진동하는 방식에 따라 달라진다.
> (다) 그러나 모든 물질이 진동하는 끈으로 이루어져 있다는 초끈이론은 이런 생각을 완전히 뒤집어엎었다.
> (라) 따라서 기존의 물리학자들이 발견해 낸 입자들은 모두 '진동하는 끈의 여러 가지 얼굴들'이라는 것이다.
> (마) 이전의 물리학자들은 물질의 최소 단위로 생각되는 여러 가지 입자들이 저마다 고유한 형태와 특성을 가지고 있다고 생각해 왔다.

① (나) – (마) – (가) – (라) – (다)    ② (나) – (가) – (다) – (마) – (라)
③ (마) – (다) – (나) – (라) – (가)    ④ (마) – (가) – (라) – (나) – (다)

**09**   다음 글의 내용과 일치하지 않는 것은?

> 세상에서는, 흔히 학문밖에 모르는 상아탑(象牙塔) 속의 연구 생활이 현실을 도피한 짓이라고 비난하기가 일쑤지만, 상아탑의 덕택이 큰 것임을 알아야 한다. 모든 점에서 편리해진 생활을 향락하고 있는 소위 현대인이 있기 전에, 그런 것이 가능하기 위해서도 오히려 그런 향락과는 담을 쌓고 있는 진리 탐구에 몰두한 학자들의 상아탑 속에서의 노고가 앞서 있었던 것이다. 그렇다고 남의 향락을 위하여 스스로는 고난의 길을 일부러 걷는 것이 학자는 아니다. 학자는 그저 진리를 탐구하기 위하여 학문을 하는 것뿐이다. 상아탑이 나쁜 것이 아니라, 진리를 탐구해야 할 상아탑이 제 구실을 옳게 다하지 못하는 것이 탈이다. 학문에 진리 탐구 이외의 다른 목적이 섣불리 앞장을 설 때, 그 학문은 자유를 잃고 왜곡(歪曲)될 염려조차 있다. 학문을 악용하기 때문에 오히려 좋지 못한 일을 하는 경우가 얼마나 많은가? 진리 이외의 것을 목적으로 할 때, 그 학문은 한때의 신기루와도 같아, 우선은 찬연함을 자랑할 수 있을지 모르나, 과연 학문이라고 할 수 있을까부터가 문제이다.
> 진리의 탐구가 학문의 유일한 목적일 때, 그리고 그 길로 매진(邁進)할 때, 그 무엇에도 속박(束縛)됨이 없는 숭고한 학적인 정신이 만난(萬難)을 극복하는 기백(氣魄)을 길러 줄 것이요, 또 그것대로 우리의 인격 완성의 길로 통하게도 되는 것이다.

① 편리한 생활이 가능한 것은 상아탑의 노고가 있기 때문이다.
② 진리 탐구를 위해 학문을 하면 인격 완성에도 이를 수 있다.
③ 학문이 진리 탐구 이외의 것을 목적으로 하면 왜곡될 위험이 있다.
④ 학자들은 인간의 생활을 향상시킨다는 목적의식을 가져야 한다.

**10** 다음 글의 내용과 일치하는 것은?

> 제2차 세계대전 중, 태평양의 한 전투에서 일본군은 미군 흑인 병사들에게 자신들은 유색인과 전쟁할 의도가 없으니 투항하라고 선전하였다. 이 선전물을 본 백인 장교들은 그것이 흑인 병사들에게 미칠 영향을 우려하여 급하게 부대를 철수시켰다. 사회학자인 데이비슨은 이 사례에서 아이디어를 얻어서 대중매체가 수용자에게 미치는 영향과 관련한 '제3자 효과(Third-Person Effect)' 이론을 발표하였다.
>
> 이 이론의 핵심은 대중매체의 영향력을 차별적으로 인식한다는 데에 있다. 곧 사람들은 수용자의 의견과 행동에 미치는 대중 매체의 영향력이 자신보다 다른 사람들에게서 더 크게 나타나리라고 믿는 경향이 있다는 것이다. 예를 들어 선거 때 어떤 후보에게서 탈세 의혹이 있다는 신문보도를 보았다고 하자. 그때 사람들은 후보를 선택하는 데 자신보다 다른 독자들이 더 크게 영향을 받을 것이라고 여긴다.
>
> 제3자 효과는 대중매체가 전달하는 내용에 따라 다르게 나타난다. 예컨대 대중매체가 건강 캠페인과 같이 사회적으로 바람직한 내용을 전달할 때보다 폭력물이나 음란물처럼 유해한 내용을 전달할 때, 사람들은 자신보다 다른 사람들에게 미치는 영향력을 더욱 크게 인식한다는 것이다. 이러한 인식은 수용자의 구체적인 행동에도 영향을 미쳐, 제3자 효과가 크게 나타나는 사람일수록 내용물의 심의, 검열, 규제와 같은 법적·제도적 조치에 찬성하는 성향을 보인다.
>
> 제3자 효과 이론은 사람들이 다수의 의견처럼 보이는 것에 영향 받을 수 있다는 이론과 연결되면서, 여론의 형성 과정을 설명하는 데도 이용되었다. 이 설명에 따르면, 사람들은 자신은 대중매체의 전달 내용에 쉽게 영향 받지 않는다고 생각하면서도 다른 사람들이 영향 받을 것을 고려하여 자신의 태도와 행위를 결정한다. 즉, 다른 사람들에게서 소외되어 고립되는 것을 염려한 나머지, 자신의 의견을 포기하고 다수의 의견이라고 생각하는 것을 따라가게 된다는 것이다.

① 태평양 전쟁 당시 흑인 병사들에게 나타난 제3자 효과는 미군 철수의 원인이 되었다.

② 대중매체의 영향을 크게 받는 사람일수록 대중매체에 대한 법적·제도적 조치에 반대하는 경향이 있다.

③ 사람들은 자신이 타인에 비해 대중매체의 영향을 덜 받는다 생각하면서도 결과적으로 타인과 의견을 같이하는 경향이 있다.

④ 제3자 효과가 나타나는 사람은 일단 한번 대중매체를 타면 어떤 내용이든지 동등한 수준으로 다른 이들에게 영향을 끼친다고 믿는다.

피부 표피는 각화중층편평상피로, 주 구성 세포인 각질형성 세포는 여러 단계의 분화를 거치면서 모양이 변하는데, 모양을 기준으로 4개의 층으로 구분한다. 가장 아래에 있는 기저층은 세포가 분열 증식 후 위층으로 이동하여 가시층을 이루고 더 위로 이동하여 과립층이 되고 마지막으로 각질층을 형성하여 외부에서 들어오는 세균의 침입과 견인력, 장력, 기계적 자극으로부터 피부를 보호하고 수분이 증발을 막아준다.

이외에도 면역기능을 수행하는 랑겔한스 세포와 자외선으로부터 인체를 보호하는 멜라닌을 합성하는 멜라닌 세포가 표피에 있다. 특히 멜라닌 세포는 기저층의 각질형성세포들 사이에 있는데 마치 문어다리처럼 가지를 뻗어 생성한 멜라닌을 각질형성 세포에 전달한다. 멜라닌 세포는 자외선으로부터 피부를 보호할 뿐만 아니라 피부색을 결정하기도 하는데, 멜라닌 세포의 밀도와 수는 인종에 따라 다르지 않고 일정하다. 인간의 피부색은 멜라닌 세포의 수가 아니라 멜라닌 세포 내의 멜라닌 합성의 활성도와 성숙한 멜라닌 소체의 비율, 멜라닌 소체의 각질형성 세포로의 이동과 분포에 의해 결정된다. 밝은 피부색에서는 멜라닌 소체가 더 작고 각질형성 세포에서 무리를 이루는 반면에, 어두운 피부색에서는 멜라닌 소체가 더 크고 어두우며 각질형성 세포 내에서 개별적으로 산재해 있다.

☑ 오답 Check! ○ ✕

**11** 윗글의 내용과 일치하지 않는 것은?

① 제일 아래쪽에 있는 층에서는 세포의 분열과 증식이 일어난다.
② 가시층은 각질층보다는 안쪽, 기저층보다는 바깥쪽에 있다.
③ 랑겔한스 세포와 멜라닌 세포는 같은 층에 위치한다.
④ 인간의 피부색은 멜라닌 세포에 의해 결정된다.

☑ 오답 Check! ○ ✕

**12** 멜라닌 세포에 따른 피부색의 차이로 올바른 것은?

|  | 피부색이 밝은 사람 | 피부색이 어두운 사람 |
|---|---|---|
| ① | 멜라닌 세포 수가 많다. | 멜라닌 세포의 밀도가 높다. |
| ② | 멜라닌 소체가 더 작다. | 각질형성 세포 내에 개별적으로 산재해 있다. |
| ③ | 각질형성 세포 내에 개별적으로 산재해 있다. | 멜라닌 소체가 더 크다. |
| ④ | 각질형성 세포에서 무리를 이루고 있다. | 멜라닌 소체가 더 작다. |

4차 산업이라는 단어와 함께 세상의 관심을 끄는 것 중의 하나가 드론이다. 드론이란 다양한 무게와 크기의 무인비행기를 무선전파로 조종하는 무인비행장치이다. 드론은 배달, 군사, 기상, 농업, 건설 등 여러 분야에서 미래에 중요한 역할을 할 것으로 예측되어 어른 아이 할 것 없이 드론을 배우고자 하는 사람의 수가 급상승하였다. 이에 따라 저렴한 가격의 드론이 출시되어 누구나 드론을 접할 수 있게 되었다.

하지만 쉽게 드론을 구할 수 있다고 해서 덥석 드론을 샀다간 낭패를 볼 수 있다. 우리나라에서는 드론 비행이 규제되고 있기 때문이다. 현재 국내 항공안전법상 드론 비행이 제한되는 지역은 행사장 등 인구밀집지역, 공항 주변이나 군 시설 주변 등이다. 이를 위반할 경우 최대 200만 원의 벌금이 부과된다. 야간 비행과 가시권 밖 비행은 2017년 7월에 항공안전법 개정안이 통과되면서 원천금지에서 허가제로 규제가 완화되었다. 이렇게 규제가 점점 풀리고는 있지만 국가 주요시설이 몰려있는 서울은 대부분 드론 비행이 금지된 구역이다. 그나마 규제 적용을 덜 받을 수 있는 곳이 국내에 드론 시범사업지역 7곳과 드론 전용 비행구역 10곳뿐인데 이마저도 대부분 지방에 위치해 있다. 드론 수요를 충족하기엔 턱없이 부족하다는 지적과 함께, 드론과 관련된 사업이 많아지고 있고 드론 관련 직업이 미래 유망 직업으로 떠오르고 있어 드론 규제를 완화해야 한다는 목소리가 커지고 있다.

해외에서도 드론 비행을 규제하고 있는데 각 나라마다 규제 정도는 다르다. 중국의 경우는 우리나라의 규제와 비슷하지만 베이징을 제외하면 비교적 자유롭게 비행할 수 있는 지역이 많다. 일본은 드론 규제가 점점 완화되고 있는 우리나라와는 반대로 정부청사에 드론을 이용한 테러가 일어나는 등 일본 전역에서 드론 관련 사건이 발생해 규제가 강화되었다. 또한 러시아는 규제가 강한 나라 중 하나인데 러시아 어느 지역이든지 드론을 비행시키려면 사전 허가를 받아야 할 뿐만 아니라 드론 비행을 책임질 조종사와 이를 감시할 사람으로 이루어진 2인 1조로 드론을 운행해야 한다.

☑ 오답 Check! ○ ✕

**13** 윗글과 일치하지 않는 것을 고르면?

① 드론은 무선전파를 이용하여 조종할 수 있는 무인비행장치이다.
② 드론으로 야간 비행을 할 경우 최대 200만 원의 벌금이 부과된다.
③ 드론 시범사업지역과 드론 전용 비행구역은 대부분 지방에 위치해 있다.
④ 드론 비행을 할 수 있는 장소의 수용량보다 드론의 수요가 훨씬 많다.

☑ 오답 Check! ○ ✕

**14** 윗글의 설명 방식으로 가장 적절한 것은?

① 대상의 다른 사례를 들어 비교하며 설명하고 있다.
② 대상의 문제점을 파악하고 해결책을 제시해주고 있다.
③ 대상을 다양한 관점에서 소개하면서 여러 의견을 소개해 주고 있다.
④ 대상에 대해 찬반으로 나누어 각각의 입장을 설명하고 있다.

**15**

$$7-\left(\frac{5}{3}\div\frac{15}{21}\times\frac{9}{4}\right)$$

① $\frac{3}{5}$

② $\frac{5}{4}$

③ $\frac{7}{4}$

④ $\frac{7}{5}$

**16** 6할 2푼을 백분율로 바르게 나타낸 것은?

① 0.62%

② 6.2%

③ 62%

④ 620%

**17** 735의 7푼 3리는 얼마인가?

① 55.323

② 55.532

③ 53.655

④ 54.256

**18** 〈조건〉을 보고 〈보기〉를 계산한 값으로 옳은 것은?

> **조건**
>
> $$a ◎ b = a^2 - b + a$$
> $$a ◆ b = 3a - 2b$$

> **보기**
>
> $$(7 ◎ 23) ◆ 39$$

① $-14$                          ② $-21$

③ $14$                            ④ $21$

**19** 200 이하의 자연수 중 10과 15로 나누어 떨어지는 자연수의 개수는 모두 몇 개인가?

① 4개                             ② 5개

③ 6개                             ④ 7개

**20** 스웨덴 화폐 1크로나가 미국 화폐 0.12달러일 때, 120크로나는 몇 달러인가?

① 14.4달러                        ② 1.44달러

③ 15.4달러                        ④ 1.54달러

**21** 원가 600원의 물품에 20%의 이익을 붙여서 정가를 정했지만, 물품이 팔리지 않아서 정가에 20%를 할인하여 판매를 했다. 손실액은 얼마인가?(단, 손실액은 원가에서 판매가를 뺀 금액이다)

① 15원

② 18원

③ 21원

④ 24워

**22** 빨간 장미와 노란 장미가 섞인 꽃다발을 만들려고 한다. 빨간 장미는 한 송이에 500원, 노란 장미는 한 송이에 700원이라고 한다. 총 30송이의 꽃으로 꽃다발을 만들었더니 16,000원이 들었다. 빨간 장미는 몇 송이를 샀는가?

① 18송이

② 20송이

③ 23송이

④ 25송이

**23** 다음은 A, B작업장의 작업 환경 유해 요인에 관한 자료이다. 이에 대한 설명으로 옳은 것은?

〈A, B작업장의 작업 환경 유해 요인〉

| 구분 | 작업 환경 유해 요인 | 사례 수 | | |
|---|---|---|---|---|
| | | A작업장 | B작업장 | 합계 |
| 1 | 소음 | 3 | 1 | 4 |
| 2 | 분진 | 1 | 2 | 3 |
| 3 | 진동 | 3 | 0 | 3 |
| 4 | 바이러스 | 0 | 5 | 5 |
| 5 | 부자연스러운 자세 | 5 | 3 | 8 |
| 합계 | | 12 | 11 | 23 |

※ 물리적 요인 : 소음, 진동, 고열, 조명, 유해광선, 방사선 등
※ 화학적 요인 : 독성, 부식성, 분진, 미스트, 흄, 증기 등
※ 생물학적 요인 : 세균, 곰팡이, 각종 바이러스 등
※ 인간 공학적 요인 : 작업 방법, 작업 자세, 작업 시간, 사용공구 등

보기

ㄱ. A작업장에서 발생하는 작업 환경 유해 사례는 화학적 요인으로 인해서 가장 많이 발생되었다.
ㄴ. B작업장에서 발생하는 작업 환경 유해 사례는 생물학적 요인으로 인해서 가장 많이 발생되었다.
ㄷ. A와 B작업장에서 화학적 요인으로 발생되는 작업 환경의 유해 요인은 집진 장치를 설치하여 예방할 수 있다.

① ㄱ
② ㄴ
③ ㄱ, ㄷ
④ ㄴ, ㄷ

**24** 다음은 2019년에 가구주들이 노후준비방법에 대해 응답한 자료를 반영한 그래프이다. 다음 중 네 번째로 비율이 큰 항목의 구성비의 가장 비율이 큰 항목의 비율 대비 비율로 옳은 것은?(단, 소수점 이하 둘째 자리에서 반올림한다)

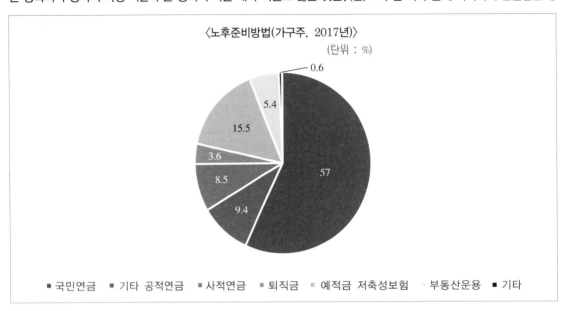

〈노후준비방법(가구주, 2017년)〉
(단위 : %)

■ 국민연금 ■ 기타 공적연금 ■ 사적연금 ■ 퇴직금 ■ 예적금 저축성보험 ■ 부동산운용 ■ 기타

① 11.2%  ② 14.9%

③ 17.4%  ④ 19.1%

**25** 다음은 성별에 따른 사망 원인의 순위를 나타낸 자료이다. 이에 대한 설명으로 옳지 않은 것은?

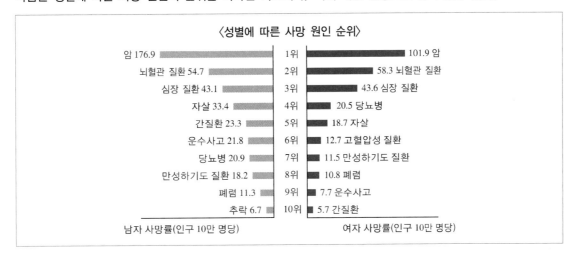

〈성별에 따른 사망 원인 순위〉

| 남자 사망률(인구 10만 명당) | 순위 | 여자 사망률(인구 10만 명당) |
|---|---|---|
| 암 176.9 | 1위 | 101.9 암 |
| 뇌혈관 질환 54.7 | 2위 | 58.3 뇌혈관 질환 |
| 심장 질환 43.1 | 3위 | 43.6 심장 질환 |
| 자살 33.4 | 4위 | 20.5 당뇨병 |
| 간질환 23.3 | 5위 | 18.7 자살 |
| 운수사고 21.8 | 6위 | 12.7 고혈압성 질환 |
| 당뇨병 20.9 | 7위 | 11.5 만성하기도 질환 |
| 만성하기도 질환 18.2 | 8위 | 10.8 폐렴 |
| 폐렴 11.3 | 9위 | 7.7 운수사고 |
| 추락 6.7 | 10위 | 5.7 간질환 |

① 남녀 모두 암이 가장 높은 순위의 사망 원인이다.
② 암으로 사망할 확률은 남성이 여성보다 높다.
③ 뇌혈관 질환으로 사망할 확률은 남성이 여성보다 높다.
④ 간질환은 여성보다 남성에게 더 높은 순위의 사망 원인이다.

PART 2

안심Touch

※ 일정한 규칙으로 수를 나열할 때, 빈칸에 들어갈 수로 옳은 것을 고르시오. [26~27]

**26**

2    12    4    24    8    48    16    (    )

① 84                              ② 96
③ 100                             ④ 102

**27**

5    (    )    48    6    12    54    7    15    66

① 14                              ② 13
③ 12                              ④ 11

※ 일정한 규칙으로 수를 나열할 때, 빈칸에 들어갈 수로 옳은 것을 고르시오. [28~29]

**28**

J    L    N    (    )    R    T

① M                               ② Q
③ O                               ④ P

**29**

ㄱ    B    ㄹ    H    ㄴ    (    )

① C                               ② D
③ E                               ④ F

※ 다음 중 규칙이 다른 하나를 고르시오. [30~32]

**30** ① PMID          ② ㄱㅌㅇㄷ
③ 한칸산난       ④ ㅇㅍㅅㅎ

**31** ① EFIM          ② 벼보뷰뱌
③ LDRT         ④ 바사차하

**32** ① NLHB         ② 패캐새개
③ ㄴㄱㅎㅋ      ④ OMIC

※ 제시문 A를 읽고, 제시문 B가 참인지 거짓인지 혹은 알 수 없는지 고르시오. [33~34]

**33**

[제시문 A]
- 초콜릿을 좋아하는 사람은 사탕을 좋아한다.
- 젤리를 좋아하는 사람은 캐러멜을 좋아한다.
- 사탕을 좋아하지 않는 사람은 캐러멜을 좋아하지 않는다.

[제시문 B]
젤리를 좋아하는 사람은 사탕을 좋아한다.

① 참                    ② 거짓                    ③ 알 수 없음

**34**

[제시문 A]
- 혜진이가 영어 회화 학원에 다니면 미진이는 중국어 회화 학원에 다닌다.
- 미진이가 중국어 회화 학원에 다니면 아영이는 일본어 회화 학원에 다닌다.

[제시문 B]
아영이가 일본어 회화 학원에 다니지 않으면 혜진이는 영어 회화 학원에 다니지 않는다.

① 참                    ② 거짓                    ③ 알 수 없음

**35** 다음 〈보기〉 중 같은 과학의 원리가 적용된 것은?

보기

ⓐ 헐크가 바지를 털어서 먼지를 털어냈다.
ⓑ 토르가 손에서 망치를 놓았더니 땅에 떨어졌다.
ⓒ 아이언맨이 발의 추진장치를 이용하여 하늘을 날았다.
ⓓ 로키와 캡틴 아메리카가 서로 부딪쳐서 뒤로 밀려났다.

① ㉠, ㉡                                    ② ㉠, ㉢
③ ㉡, ㉣                                    ④ ㉢, ㉣

☑ 오답 Check! ○ ✕

**36** 두 힘이 한 물체에 작용할 때 합력이 가장 작은 경우는?

☑ 오답 Check! ○ ✕

**37** 다음 중 제시된 도형과 같은 것은?

**38** 다음 중 나머지 도형과 다른 것은?

①

②

③

④

※ 다음 그림을 순서대로 바르게 배열한 것을 고르시오. [39~40]

**39**

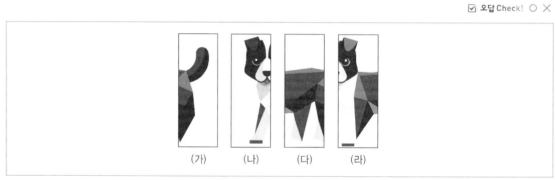

(가)  (나)  (다)  (라)

① (나)   (리) – (가) – (다)         ② (나) – (라) – (다) – (가)
③ (나) – (가) – (라) – (다)         ④ (가) – (라) – (다) – (나)

**40**

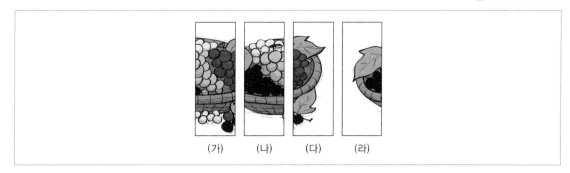

(가)　　(나)　　(다)　　(라)

① (라) – (나) – (가) – (다)　　　　② (나) – (다) – (라) – (가)

③ (라) – (가) – (다) – (나)　　　　④ (나) – (라) – (다) – (가)

※ 다음 제시된 좌우의 문자 또는 기호를 비교하여 같으면 ①을, 다르면 ②를 고르시오. **[41~42]**

**41**

498953751657853 – 498853751657853

① 같음　　　　　　　　　　　　② 다름

**42**

ⅲ Ⅱ ⅷ ⅶ Ⅴ Ⅳ $\Gamma$ $\Upsilon$ $H$ $X$ – ⅲ Ⅱ ⅷ ⅶ Ⅴ Ⅳ $\Gamma$ $\Upsilon$ $H$ $X$

① 같음　　　　　　　　　　　　② 다름

※ 다음 중 나머지 셋과 다른 것을 고르시오. **[43~44]**

**43**  ① ▷◁♡♥◐■◉◆◐♤▷  ② ▷◁♡♥◐■◉◆◐♤▷
③ ▷◁♡♥◐■◉◆◐♤▷  ④ ▷◁♡♥◐■◉◆◐♤▷

**44**  ① aoRmsgksajfltruf  ② aoRmsgksajfltruf
③ aoRmsgksajfltrnf  ④ aoRmsgksajfltruf

**45** 다음 도형은 일정한 규칙에 따라 나열되어 있다. 다음 중 ?에 들어갈 그림으로 옳은 것은?

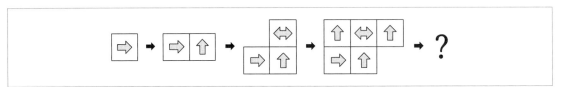

①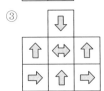

②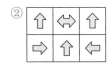

③

④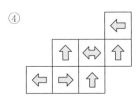

**46** 주어진 전개도를 접었을 때, 만들어질 수 있는 것은?

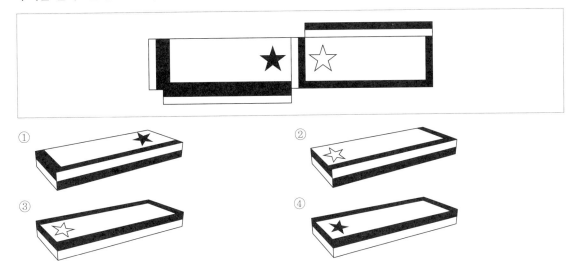

**47** 왼쪽에 제시된 대응관계를 유추하여 동일한 관계가 되도록 ?에 들어갈 도형을 올바르게 고르면?

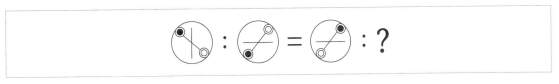

①           ②

③           ④

※ 정육면체 모양의 블록 17개를 가지고 다음과 같은 도형을 만들었다. 이어지는 질문에 답하시오. **[48~50]**

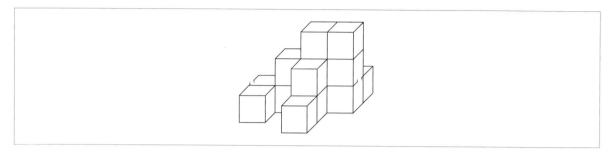

☑ 오답 Check! ○ ✕

**48** 최소한 몇 개의 블록을 더 쌓아야 직육면체 모양의 블록이 되겠는가?

① 21개                     ② 24개
③ 28개                     ④ 31개

☑ 오답 Check! ○ ✕

**49** 위에서 봤을 때, 보이는 블록의 개수는 몇 개인가?

① 8개                      ② 9개
③ 10개                     ④ 11개

☑ 오답 Check! ○ ✕

**50** 2개의 면이 다른 블록에 접하고 있는 블록의 개수는?

① 7개                      ② 8개
③ 9개                      ④ 10개

# PART

# 3

# 인성검사 및 면접

# 인성검사 소개 및 모의테스트

## 1 인성검사 유형

인성검사는 지원자의 성격특성을 객관적으로 파악하고 그것이 각 기관에서 필요로 하는 인재상과 가치에 부합하는가를 평가하기 위한 검사이다. 대표적으로 KPDI(한국인재개발진흥원), K-SAD(한국사회적성개발원), KIRBS(한국행동과학연구소), SHR(에스에이치알) 등의 전문기관을 통해 각 기관의 특성에 맞는 검사를 선택하여 실시한다. 대표적인 인성검사의 유형에는 세 가지가 있다.

### (1) KPDI 검사

조직적응성과 직무적합성을 알아보기 위한 검사로 인성검사, 인성역량검사, 인적성검사, 직종별 인적성검사 등의 다양한 검사 도구를 구현한다. KPDI 인성검사는 성격을 파악하고 정신건강 상태 등을 측정하며, 직무검사는 해당 직무를 수행하기 위해 기본적으로 갖추어야 할 인지적 능력을 측정한다. 역량검사는 특정 직무 역할을 효과적으로 수행하는 데 직접적으로 관련 있는 개인의 행동, 지식, 스킬, 가치관 등을 측정한다.

### (2) KAD(Korea Aptitude Development) 검사

K-SAD(한국사회적성개발원)에서 실시하는 적성검사 프로그램이다. 개인의 성향, 지적 능력, 기호 관심 흥미도를 종합적으로 분석하여 적성에 맞는 업무가 무엇인가 파악하고, 직무수행에 있어서 요구되는 기초능력과 실무능력을 분석한다.

### (3) SHR 직무적성검사

직무 수행에 필요한 다양한 사고 능력을 다양한 적성검사(Paper and Pencil Test)로 평가한다. SHR의 모든 직무능력검사는 표준화 검사이다. 표준화 검사는 표본집단의 점수를 기초로 규준이 만들어진 검사이므로 개인의 점수를 규준에 맞추어 해석·비교하는 것이 가능하다. S(Standardized Tests), H(Hundreds of Version), R(Reliable Norm Data)을 특징으로 하며, 직군·직급별 특성과 선발 수준에 맞추어 검사를 적용할 수 있다.

## 2 인성검사와 면접

인성검사는 특히 면접질문과 관련성이 높다. 면접관은 지원자의 인성검사 결과를 토대로 질문을 하기 때문이다. 일관적이고 이상적인 답변을 하는 것이 가장 좋지만, 실제 시험은 매우 복잡하여 전문가라 해도 일정 성격을 유지하면서 답변을 하는 것이 힘들다. 또한, 인성검사에는 라이 스케일 설문이 전체 설문 속에 교묘하게 섞여 들어가 있으므로 섣지레석인 답을 하게 되면 회답태도의 허위성이 그대로 드러나게 된다. 예를 들어 "거짓말을 한 적이 한 번도 없다."에 '예'로 답하고, "때로는 거짓말을 하기도 한다."에 '예'라고 답하여 라이 스케일의 득점이 올라가게 되면 모든 회답의 신빙성이 사라지고 '자신을 돋보이게 하려는 사람'이라는 평가를 받을 수 있으므로 주의해야 한다. 따라서 모의테스트를 통해 인성검사의 유형과 실제 시험 시 어떻게 문제를 풀어야 하는지 연습해 보고 체크한 부분 중 자신의 단점과 연결되는 부분은 면접에서 질문이 들어왔을 때 어떻게 대처해야 하는지 생각해 보는 것이 좋다.

## 3 유의사항

### (1) 지원 기관의 인재상을 파악하라!

인성검사를 통해 개인의 성격특성을 파악하고 그것이 기관의 인재상과 가치에 부합하는지를 평가하는 시험이기 때문에 지원 기관의 인재상을 먼저 파악하고 시험에 임하는 것이 좋다. 모의테스트에서 인재상에 맞는 가상의 인물을 설정하고 문제에 답해 보는 것도 많은 도움이 된다.

### (2) 일관성 있는 대답을 하라!

짧은 시간 안에 다양한 질문에 답을 해야 하는데, 그 안에는 중복되는 질문이 여러 번 나온다. 이때 앞서 자신이 체크했던 대답을 잘 기억해뒀다가 일관성 있는 답을 하는 것이 중요하다.

### (3) 모든 문항에 대답하라!

많은 문제를 짧은 시간 안에 풀다 보니 다 못 푸는 경우도 종종 생긴다. 하지만 대답을 누락하거나 끝까지 다 못 했을 경우 안 좋은 결과를 가져올 수도 있으니 최대한 주어진 시간 안에 모든 문항에 답할 수 있도록 해야 한다.

# 4 인성검사 모의연습

※ 다음 질문을 읽고, ①~⑤ 중 자신에게 해당하는 것을 고르시오(① 전혀 그렇지 않다 ② 약간 그렇지 않다 ③ 보통이다 ④ 약간 그렇다 ⑤ 매우 그렇다). [1~200]

| 번호 | 질문 | 응답 |
|------|------|------|
| 01 | 결점을 지적받아도 아무렇지 않다. | ① ② ③ ④ ⑤ |
| 02 | 피곤할 때도 명랑하게 행동한다. | ① ② ③ ④ ⑤ |
| 03 | 실패했던 경험을 생각하면서 고민하는 편이다. | ① ② ③ ④ ⑤ |
| 04 | 언제나 생기가 있다. | ① ② ③ ④ ⑤ |
| 05 | 선배의 지적을 순수하게 받아들일 수 있다. | ① ② ③ ④ ⑤ |
| 06 | 매일 목표가 있는 생활을 하고 있다. | ① ② ③ ④ ⑤ |
| 07 | 열등감으로 자주 고민한다. | ① ② ③ ④ ⑤ |
| 08 | 남에게 무시당하면 화가 난다. | ① ② ③ ④ ⑤ |
| 09 | 무엇이든지 하면 된다고 생각하는 편이다. | ① ② ③ ④ ⑤ |
| 10 | 자신의 존재를 과시하고 싶다. | ① ② ③ ④ ⑤ |
| 11 | 사람을 많이 만나는 것을 좋아한다. | ① ② ③ ④ ⑤ |
| 12 | 보고 들은 것을 문장으로 옮기는 것을 좋아한다. | ① ② ③ ④ ⑤ |
| 13 | 특정한 사람과 교제를 하는 편이다. | ① ② ③ ④ ⑤ |
| 14 | 친구에게 먼저 말을 하는 편이다. | ① ② ③ ④ ⑤ |
| 15 | 친구만 있으면 된다고 생각한다. | ① ② ③ ④ ⑤ |
| 16 | 많은 사람 앞에서 말하는 것이 서툴다. | ① ② ③ ④ ⑤ |
| 17 | 반 편성과 교실 이동을 싫어한다. | ① ② ③ ④ ⑤ |
| 18 | 다과회 등에서 자주 책임을 맡는다. | ① ② ③ ④ ⑤ |
| 19 | 새로운 환경에 쉽게 적응하지 못하는 편이다. | ① ② ③ ④ ⑤ |
| 20 | 누구하고나 친하게 교제한다. | ① ② ③ ④ ⑤ |
| 21 | 충동구매는 절대 하지 않는다. | ① ② ③ ④ ⑤ |
| 22 | 컨디션에 따라 기분이 잘 변한다. | ① ② ③ ④ ⑤ |
| 23 | 옷 입는 취향이 오랫동안 바뀌지 않고 그대로이다. | ① ② ③ ④ ⑤ |
| 24 | 남의 물건이 좋아보인다. | ① ② ③ ④ ⑤ |
| 25 | 광고를 보면 그 물건을 사고 싶다. | ① ② ③ ④ ⑤ |
| 26 | 자신이 낙천주의자라고 생각한다. | ① ② ③ ④ ⑤ |
| 27 | 에스컬레이터에서 걷지 않는다. | ① ② ③ ④ ⑤ |
| 28 | 꾸물대는 것을 싫어한다. | ① ② ③ ④ ⑤ |
| 29 | 고민이 생겨도 심각하게 생각하지 않는다. | ① ② ③ ④ ⑤ |
| 30 | 반성하는 일이 거의 없다. | ① ② ③ ④ ⑤ |

| 번호 | 질문 | 응답 |
|------|------|------|
| 31 | 남의 말을 호의적으로 받아들인다. | ① ② ③ ④ ⑤ |
| 32 | 혼자 있을 때가 편안하다. | ① ② ③ ④ ⑤ |
| 33 | 친구에게 불만이 있다. | ① ② ③ ④ ⑤ |
| 34 | 남의 말을 좋은 쪽으로 해석한다. | ① ② ③ ④ ⑤ |
| 35 | 남의 의견을 절대 참고하지 않는다. | ① ② ③ ④ ⑤ |
| 36 | 기분 나쁜 일은 금세 잊는 편이다. | ① ② ③ ④ ⑤ |
| 37 | 선배와 쉽게 친해진다. | ① ② ③ ④ ⑤ |
| 38 | 슬럼프에 빠지면 좀처럼 헤어나지 못한다. | ① ② ③ ④ ⑤ |
| 39 | 자신의 소문에 관심을 기울인다. | ① ② ③ ④ ⑤ |
| 40 | 주위 사람에게 인사하는 것이 귀찮다. | ① ② ③ ④ ⑤ |
| 41 | 기호에 맞지 않으면 거절하는 편이다. | ① ② ③ ④ ⑤ |
| 42 | 여간해서 흥분하지 않는 편이다. | ① ② ③ ④ ⑤ |
| 43 | 옳다고 생각하면 밀고 나간다. | ① ② ③ ④ ⑤ |
| 44 | 항상 무슨 일이든지 해야만 한다. | ① ② ③ ④ ⑤ |
| 45 | 휴식시간에도 일하고 싶다. | ① ② ③ ④ ⑤ |
| 46 | 걱정거리가 생기면 머릿속에서 떠나지 않는 편이다. | ① ② ③ ④ ⑤ |
| 47 | 매일 힘든 일이 너무 많다. | ① ② ③ ④ ⑤ |
| 48 | 시험 전에도 노는 계획을 세운다. | ① ② ③ ④ ⑤ |
| 49 | 슬픈 일만 머릿속에 남는다. | ① ② ③ ④ ⑤ |
| 50 | 사는 것이 힘들다고 느낀 적은 없다. | ① ② ③ ④ ⑤ |
| 51 | 처음 만난 사람과 이야기하는 것이 피곤하다. | ① ② ③ ④ ⑤ |
| 52 | 비난을 받으면 신경이 쓰인다. | ① ② ③ ④ ⑤ |
| 53 | 실패해도 또 다시 도전한다. | ① ② ③ ④ ⑤ |
| 54 | 남에게 비판을 받으면 불쾌하다. | ① ② ③ ④ ⑤ |
| 55 | 다른 사람의 지적을 순수하게 받아들일 수 있다. | ① ② ③ ④ ⑤ |
| 56 | 자신의 프라이드가 높다고 생각한다. | ① ② ③ ④ ⑤ |
| 57 | 자신의 입장을 잊어버릴 때가 있다. | ① ② ③ ④ ⑤ |
| 58 | 남보다 쉽게 우위에 서는 편이다. | ① ② ③ ④ ⑤ |
| 59 | 목적이 없으면 마음이 불안하다. | ① ② ③ ④ ⑤ |
| 60 | 일을 할 때에 자신이 없다. | ① ② ③ ④ ⑤ |

| 번호 | 질문 | 응답 |
|---|---|---|
| 61 | 상대방이 말을 걸어오기를 기다리는 편이다. | ① ② ③ ④ ⑤ |
| 62 | 친구 말을 듣는 편이다. | ① ② ③ ④ ⑤ |
| 63 | 싸움으로 친구를 잃은 경우가 있다. | ① ② ③ ④ ⑤ |
| 64 | 모르는 사람과 말하는 것은 귀찮다. | ① ② ③ ④ ⑤ |
| 65 | 아는 사람이 많아지는 것이 즐겁다. | ① ② ③ ④ ⑤ |
| 66 | 신호 대기 중에도 조바심이 난다. | ① ② ③ ④ ⑤ |
| 67 | 매사에 심각하게 생각하는 것을 싫어한다. | ① ② ③ ④ ⑤ |
| 68 | 자신이 경솔하다고 자주 느낀다. | ① ② ③ ④ ⑤ |
| 69 | 상대방이 통화 중이어도 자꾸 전화를 건다. | ① ② ③ ④ ⑤ |
| 70 | 충동적인 행동을 하지 않는 편이다. | ① ② ③ ④ ⑤ |
| 71 | 칭찬도 나쁘게 받아들이는 편이다. | ① ② ③ ④ ⑤ |
| 72 | 자신이 손해를 보고 있다고 생각한다. | ① ② ③ ④ ⑤ |
| 73 | 어떤 상황에서나 만족할 수 있다. | ① ② ③ ④ ⑤ |
| 74 | 무슨 일이든지 자신의 생각대로 하지 못한다. | ① ② ③ ④ ⑤ |
| 75 | 부모님에게 불만을 느낀다. | ① ② ③ ④ ⑤ |
| 76 | 깜짝 놀라면 당황하는 편이다. | ① ② ③ ④ ⑤ |
| 77 | 주위의 평판이 좋다고 생각한다. | ① ② ③ ④ ⑤ |
| 78 | 자신이 소문에 휘말려도 좋다. | ① ② ③ ④ ⑤ |
| 79 | 긴급사태에도 당황하지 않고 행동할 수 있다. | ① ② ③ ④ ⑤ |
| 80 | 윗사람과 이야기하는 것이 불편하다. | ① ② ③ ④ ⑤ |
| 81 | 정색하고 화내기 쉬운 화제를 올릴 때가 있다. | ① ② ③ ④ ⑤ |
| 82 | 자신이 좋아하는 연예인을 남들이 욕해도 화가 나지 않는다. | ① ② ③ ④ ⑤ |
| 83 | 남을 비판할 때가 있다. | ① ② ③ ④ ⑤ |
| 84 | 주체할 수 없을 만큼 여유가 많은 것은 싫어한다. | ① ② ③ ④ ⑤ |
| 85 | 의견이 어긋날 때는 한발 양보한다. | ① ② ③ ④ ⑤ |
| 86 | 싫은 사람과도 협력할 수 있다. | ① ② ③ ④ ⑤ |
| 87 | 사람은 너무 고통거리가 많다고 생각한다. | ① ② ③ ④ ⑤ |
| 88 | 걱정거리가 있으면 잠을 잘 수가 없다. | ① ② ③ ④ ⑤ |
| 89 | 즐거운 일보다는 괴로운 일이 더 많다. | ① ② ③ ④ ⑤ |
| 90 | 싫은 사람이라도 인사를 한다. | ① ② ③ ④ ⑤ |

PART 3

| 번호 | 질문 | 응답 |
|------|------|------|
| 91 | 사소한 일에도 신경을 많이 쓰는 편이다. | ① ② ③ ④ ⑤ |
| 92 | 누가 나에게 말을 걸기 전에 내가 먼저 말을 걸지 않는다. | ① ② ③ ④ ⑤ |
| 93 | 이따금 결심을 빨리 하지 못하기 때문에 손해 보는 경우가 많다. | ① ② ③ ④ ⑤ |
| 94 | 사람늘은 누구나 곤경에서 벗어나기 위해 거짓말을 할 수 있다. | ① ② ③ ④ ⑤ |
| 95 | 어떤 일을 실패하면 두고두고 생각한다. | ① ② ③ ④ ⑤ |
| 96 | 비교적 말이 없는 편이다. | ① ② ③ ④ ⑤ |
| 97 | 기왕 일을 한다면 꼼꼼하게 하는 편이다. | ① ② ③ ④ ⑤ |
| 98 | 지나치게 깔끔한 척을 하는 편에 속한다. | ① ② ③ ④ ⑤ |
| 99 | 나를 기분 나쁘게 한 사람을 쉽게 잊지 못하는 편이다. | ① ② ③ ④ ⑤ |
| 100 | 수줍음을 많이 타서 많은 사람 앞에 나서길 싫어한다. | ① ② ③ ④ ⑤ |
| 101 | 혼자 지내는 시간이 즐겁다. | ① ② ③ ④ ⑤ |
| 102 | 주위 사람이 잘 되는 것을 보면 상대적으로 내가 실패한 것 같다. | ① ② ③ ④ ⑤ |
| 103 | 어떤 일을 시도하다가 잘 안되면 금방 포기한다. | ① ② ③ ④ ⑤ |
| 104 | 이성 친구와 웃고 떠드는 것을 별로 좋아하지 않는다. | ① ② ③ ④ ⑤ |
| 105 | 낯선 사람과 만나는 것을 꺼리는 편이다. | ① ② ③ ④ ⑤ |
| 106 | 밤낮없이 같이 다닐만한 친구들이 거의 없다. | ① ② ③ ④ ⑤ |
| 107 | 연예인이 되고 싶은 마음은 조금도 가지고 있지 않다. | ① ② ③ ④ ⑤ |
| 108 | 여럿이 모여서 이야기하는 데 잘 끼어들지 못한다. | ① ② ③ ④ ⑤ |
| 109 | 사람들은 이득이 된다면 옳지 않은 방법이라도 쓸 것이다. | ① ② ③ ④ ⑤ |
| 110 | 사람들이 정직하게 행동하는 것은 다른 사람의 비난이 두렵기 때문이다. | ① ② ③ ④ ⑤ |
| 111 | 처음 보는 사람들과 쉽게 이야기하거나 친해지는 편이다. | ① ② ③ ④ ⑤ |
| 112 | 모르는 사람들이 많이 모여 있는 곳에서도 활발하게 행동히는 편이다. | ① ② ③ ④ ⑤ |
| 113 | 여기저기에 친구나 아는 사람들이 많이 있다. | ① ② ③ ④ ⑤ |
| 114 | 모임에서 말을 많이 하고 적극적으로 행동한다. | ① ② ③ ④ ⑤ |
| 115 | 슬프거나 기쁜 일이 생기면 부모나 친구에게 이야기하는 편이다. | ① ② ③ ④ ⑤ |
| 116 | 활발하고 적극적이라는 말을 자주 듣는다. | ① ② ③ ④ ⑤ |
| 117 | 시간이 걸리는 일이나 놀이에 싫증을 내고, 새로운 놀이나 활동을 원한다. | ① ② ③ ④ ⑤ |
| 118 | 혼자 조용히 있거나 책을 읽는 것보다는 사람들과 어울리는 것을 좋아한다. | ① ② ③ ④ ⑤ |
| 119 | 새로운 유행이 시작되면 다른 사람보다 먼저 시도해 보는 편이다. | ① ② ③ ④ ⑤ |
| 120 | 기분을 잘 드러내기 때문에 남들이 본인의 기분을 금방 알게 된다. | ① ② ③ ④ ⑤ |

| 번호 | 질문 | 응답 |
|---|---|---|
| 121 | 비유적이고 상징적인 표현보다는 구체적이고 정확한 표현을 더 잘 이해한다. | ① ② ③ ④ ⑤ |
| 122 | 주변 사람들의 외모나 다른 특징들을 자세히 기억한다. | ① ② ③ ④ ⑤ |
| 123 | 꾸준하고 참을성이 있다는 말을 자주 듣는다. | ① ② ③ ④ ⑤ |
| 124 | 공부할 때 세부적인 내용을 암기할 수 있다. | ① ② ③ ④ ⑤ |
| 125 | 손으로 직접 만지거나 조작하는 것을 좋아한다. | ① ② ③ ④ ⑤ |
| 126 | 상상 속에서 이야기를 잘 만들어 내는 편이다. | ① ② ③ ④ ⑤ |
| 127 | 종종 물건을 잃어버리거나 어디에 두었는지 기억을 못하는 때가 있다. | ① ② ③ ④ ⑤ |
| 128 | 창의력과 상상력이 풍부하다는 이야기를 자주 듣는다. | ① ② ③ ④ ⑤ |
| 129 | 다른 사람들이 생각하지도 않는 엉뚱한 행동이나 생각을 할 때가 종종 있다. | ① ② ③ ④ ⑤ |
| 130 | 이것저것 새로운 것에 관심이 많고 새로운 것을 배우고 싶어 한다. | ① ② ③ ④ ⑤ |
| 131 | '왜'라는 질문을 자주 한다. | ① ② ③ ④ ⑤ |
| 132 | 의지와 끈기가 강한 편이다. | ① ② ③ ④ ⑤ |
| 133 | 궁금한 점이 있으면 꼬치꼬치 따져서 궁금증을 풀고 싶어 한다. | ① ② ③ ④ ⑤ |
| 134 | 참을성이 있다는 말을 자주 듣는다. | ① ② ③ ④ ⑤ |
| 135 | 남의 비난에도 잘 견딘다. | ① ② ③ ④ ⑤ |
| 136 | 다른 사람의 감정에 민감하다. | ① ② ③ ④ ⑤ |
| 137 | 자신의 잘못을 쉽게 인정하는 편이다. | ① ② ③ ④ ⑤ |
| 138 | 싹싹하다는 소리를 잘 듣는다. | ① ② ③ ④ ⑤ |
| 139 | 쉽게 양보를 하는 편이다. | ① ② ③ ④ ⑤ |
| 140 | 음식을 선택할 때 쉽게 결정을 못 내릴 때가 많다. | ① ② ③ ④ ⑤ |
| 141 | 계획표를 세밀하게 짜 놓고 그 계획표에 따라 생활하는 것을 좋아한다. | ① ② ③ ④ ⑤ |
| 142 | 대체로 할 일을 먼저 해 놓고 나서 노는 편이다. | ① ② ③ ④ ⑤ |
| 143 | 시험보기 전에 미리 여유 있게 공부 계획표를 짜 놓는다. | ① ② ③ ④ ⑤ |
| 144 | 마지막 순간에 쫓기면서 일하는 것을 싫어한다. | ① ② ③ ④ ⑤ |
| 145 | 계획에 따라 규칙적인 생활을 하는 편이다. | ① ② ③ ④ ⑤ |
| 146 | 자기 것을 잘 나누어주는 편이다. | ① ② ③ ④ ⑤ |
| 147 | 자심의 소지품을 덜 챙기는 편이다. | ① ② ③ ④ ⑤ |
| 148 | 신발이나 옷이 떨어져도 무관심한 편이다. | ① ② ③ ④ ⑤ |
| 149 | 자기 것을 덜 주장하고, 덜 고집하는 편이다. | ① ② ③ ④ ⑤ |
| 150 | 활동이 많으면서도 무난하고 점잖다는 말을 듣는 편이다. | ① ② ③ ④ ⑤ |

| 번호 | 질문 | 응답 |
|------|------|------|
| 151 | 몇 번이고 생각하고 검토한다. | ① ② ③ ④ ⑤ |
| 152 | 여러 번 생각한 끝에 결정을 내린다. | ① ② ③ ④ ⑤ |
| 153 | 어떤 일이든 따지려 든다. | ① ② ③ ④ ⑤ |
| 154 | 일단 결정하면 행동으로 옮긴다. | ① ② ③ ④ ⑤ |
| 155 | 앞에 나서기를 꺼린다. | ① ② ③ ④ ⑤ |
| 156 | 규칙을 잘 지킨다. | ① ② ③ ④ ⑤ |
| 157 | 나의 주장대로 행동한다. | ① ② ③ ④ ⑤ |
| 158 | 지시나 충고를 받는 것이 싫다. | ① ② ③ ④ ⑤ |
| 159 | 급진적인 변화를 좋아한다. | ① ② ③ ④ ⑤ |
| 160 | 규칙은 반드시 지킬 필요가 없다. | ① ② ③ ④ ⑤ |
| 161 | 혼자서 일하기를 좋아한다. | ① ② ③ ④ ⑤ |
| 162 | 미래에 대해 별로 염려를 하지 않는다. | ① ② ③ ④ ⑤ |
| 163 | 새로운 변화를 싫어한다. | ① ② ③ ④ ⑤ |
| 164 | 조용한 분위기를 좋아한다. | ① ② ③ ④ ⑤ |
| 165 | 도전적인 직업보다는 안정적인 직업이 좋다. | ① ② ③ ④ ⑤ |
| 166 | 친구를 잘 바꾸지 않는다. | ① ② ③ ④ ⑤ |
| 167 | 남의 명령을 듣기 싫어한다. | ① ② ③ ④ ⑤ |
| 168 | 모든 일에 앞장서는 편이다. | ① ② ③ ④ ⑤ |
| 169 | 다른 사람이 하는 일을 보면 답답하다. | ① ② ③ ④ ⑤ |
| 170 | 남을 지배하는 사람이 되고 싶다. | ① ② ③ ④ ⑤ |
| 171 | 규칙적인 것이 싫다. | ① ② ③ ④ ⑤ |
| 172 | 매사에 감동을 자주 받는다. | ① ② ③ ④ ⑤ |
| 173 | 새로운 물건과 일에 대한 생각을 자주 한다. | ① ② ③ ④ ⑤ |
| 174 | 창조적인 일을 하고 싶다. | ① ② ③ ④ ⑤ |
| 175 | 나쁜 일은 오래 생각하지 않는다. | ① ② ③ ④ ⑤ |
| 176 | 사람들의 이름을 잘 기억하는 편이다. | ① ② ③ ④ ⑤ |
| 177 | 외딴 곳보다는 사람들이 북적거리는 곳에 살고 싶다. | ① ② ③ ④ ⑤ |
| 178 | 제조업보다는 서비스업이 마음에 든다. | ① ② ③ ④ ⑤ |
| 179 | 농사를 지으면서 자연과 더불어 살고 싶다. | ① ② ③ ④ ⑤ |
| 180 | 예절 같은 것은 별로 신경 쓰지 않는다. | ① ② ③ ④ ⑤ |

| 번호 | 질문 | 응답 |
|------|------|------|
| 181 | 거칠고 반항적인 사람보다 예의바른 사람들과 어울리고 싶다. | ① ② ③ ④ ⑤ |
| 182 | 대인관계에서 상황을 빨리 파악하는 편이다. | ① ② ③ ④ ⑤ |
| 183 | 계산에 밝은 사람은 꺼려진다. | ① ② ③ ④ ⑤ |
| 184 | 친구들과 노는 것보다 혼자 노는 것이 편하다. | ① ② ③ ④ ⑤ |
| 185 | 교제범위가 넓은 편이라 사람을 만나는 데 많은 시간을 소비한다. | ① ② ③ ④ ⑤ |
| 186 | 손재주는 비교적 있는 편이다. | ① ② ③ ④ ⑤ |
| 187 | 기획과 섭외 중 기획을 더 잘할 수 있을 것 같다. | ① ② ③ ④ ⑤ |
| 188 | 도서실 등에서 책을 정리하고 관리하는 일을 싫어하지 않는다. | ① ② ③ ④ ⑤ |
| 189 | 선입견으로 판단하지 않고 이론적으로 판단하는 편이다. | ① ② ③ ④ ⑤ |
| 190 | 예술제나 미술전 등에 관심이 많다. | ① ② ③ ④ ⑤ |
| 191 | 행사의 사회나 방송 등 마이크를 사용하는 분야에 관심이 많다. | ① ② ③ ④ ⑤ |
| 192 | 하루 종일 방에 틀어 박혀 연구하거나 몰두해야 하는 일은 싫다. | ① ② ③ ④ ⑤ |
| 193 | 공상이나 상상을 많이 하는 편이다. | ① ② ③ ④ ⑤ |
| 194 | 모르는 사람과도 마음이 맞으면 쉽게 마음을 터놓고 바로 친해진다. | ① ② ③ ④ ⑤ |
| 195 | 물건을 만들거나 도구를 사용하는 일이 싫지는 않다. | ① ② ③ ④ ⑤ |
| 196 | 새로운 아이디어를 생각해내는 일이 좋다. | ① ② ③ ④ ⑤ |
| 197 | 회의에서 사회나 서기를 맡는다면 서기 쪽이 맞을 것 같다. | ① ② ③ ④ ⑤ |
| 198 | 사건 뒤에 숨은 본질을 생각해 보기를 좋아한다. | ① ② ③ ④ ⑤ |
| 199 | 색채감각이나 미적 센스가 풍부한 편이다. | ① ② ③ ④ ⑤ |
| 200 | 다른 사람들의 눈길을 끌고 주목을 받는 것이 아무렇지도 않다. | ① ② ③ ④ ⑤ |

※ 인성검사 모의연습은 질문 및 답변 유형을 연습하기 위한 것으로 실제 시험과 다를 수 있으며, 인성검사에는 정답이 존재하지 않습니다.

PART 3

# 면접 소개 및 예상 면접질문

※ 론서에서는 기업 및 주요 공공기관에서 사용하는 면접 방법에 대해 다루고 있으며 면접 방법은 채용시기 등에 따라 달라질 수 있습니다.

## 1 면접 주요사항

면접의 사전적 정의는 면접관이 지원자를 직접 만나보고 인품(人品)이나 언행(言行) 따위를 시험하는 일로, 흔히 필기시험 후에 최종적으로 심사하는 방법이다.

최근 주요 기관의 인사담당자들을 대상으로 한 설문조사에서 채용 시 면접이 차지하는 비중이 50 ~ 80% 이상이라고 답한 사람은 전체 응답자의 80%를 넘었다. 이와 대조적으로 지원자들을 대상으로 취업 시험에서 면접을 준비하는 기간을 물었을 때, 대부분의 응답자가 2 ~ 3일 정도라고 대답했다.

지원자는 서류전형과 직무적성검사를 통과해야만 면접을 볼 수 있기 때문에 자연스럽게 면접은 그 비중이 작아질 수밖에 없다. 하지만 아이러니하게도 실제 채용 과정에서 면접이 차지하는 비중은 절대적이라고 해도 과언이 아니다. 기관들은 채용 과정에서 토론 면접, 인성 면접, 프레젠테이션 면접, 역량 면접 등의 다양한 면접을 실시한다. 1차 커트라인이라고 할 수 있는 서류전형을 통과한 지원자들의 스펙이나 능력은 서로 엇비슷하다고 판단하기 때문에 지원자의 인성을 파악하기 위해 면접을 더욱 강화하는 것이다.

면접의 기본은 자기 자신을 면접관에게 알기 쉽게 표현하는 것이다. 이러한 표현을 바탕으로 자신의 단점을 극복할 수 있는 연습을 한다면 좋은 결과를 얻을 수 있을 것이다.

### 1. 자기소개

자기소개를 시키는 이유는 면접자가 지원자의 자기소개서를 압축해서 듣고, 지원자의 첫인상을 평가할 시간을 가질 수 있기 때문이다. 면접을 위한 워밍업이라고 할 수 있으며, 첫인상을 결정하는 과정이므로 매우 중요한 순간이다. 자신을 잘 소개할 수 있는 문구의 1분 자기소개를 미리 준비해서 연습해야 한다.

### 2. 1분 자기소개 시 주의사항

면접에서 바른 자세가 중요하다는 것은 익히 알고 있다. 하지만 문제는 무의식적으로 나오는 흐트러진 자세 때문에 나쁜 인상을 줄 수 있다는 것이다. 이러한 습관을 고칠 수 있는 가장 좋은 방법은 캠코더로 녹화하거나 스터디를 통해 모의 면접을 해 보면서 끊임없이 피드백을 받는 것이다.

## 3. 대화법

전문가들이 말하는 대화법의 핵심은 '상대방을 배려하면서 이야기하라.'는 것이다. 대화는 나와 다른 사람의 소통이다. 내용에 대한 공감이나 이해가 없다면 대화는 더 이상 진전되지 않는다.

## 4. 첫인상

취업을 위해 성형수술을 받는 지원자들에 대한 이야기는 더 이상 뉴스거리가 되지 않는다. 그만큼 많은 사람이 좁은 취업문을 뚫기 위해 이미지 향상에 신경을 쓰고 있다. 하지만 외모와 첫인상을 절대적인 관계로 이해하는 것은 잘못된 판단이다. 외모가 첫인상에서 많은 부분을 차지하지만, 외모 외에 다른 결점이 발견된다면 그로 인해 장점들이 가려질 수도 있다. 첫인상은 말 그대로 한 번밖에 기회가 주어지지 않으며 몇 초 안에 결정된다. 첫인상을 결정짓는 요소 중 시각적인 요소가 80% 이상을 차지한다. 첫눈에 들어오는 생김새나 복장, 표정 등에 의해서 결정되는 것이다. 면접을 시작할 때 자기소개를 시키는 것도 지원자별로 첫인상을 평가하기 위해서이다. 첫인상이 중요한 이유는 만약 첫인상이 부정적으로 인지될 경우, 지원자의 다른 좋은 면까지 거부당하기 때문이다. 이러한 현상을 심리학에서는 초두효과(Primacy Effect)라고 한다.

이는 먼저 제시된 정보가 추후 알게 된 정보보다 더 강력한 영향을 미치는 현상으로, 앞서 제시된 정보가 나중의 것보다 기억이 더 잘 되고, 인출도 더 잘 된다는 것이다. 예를 들어 첫인상이 착하게 기억되면 나중에 나쁜 행동을 하더라도 순간의 실수로 생각되는 반면, 첫인상이 나쁘다면 착한 행동을 하더라도 그 진위에 의심을 사게 되는 것이다. 이처럼 한 번 형성된 첫인상은 여간해서 바꾸기 힘들다. 따라서 평소에 첫인상을 좋게 만들기 위한 노력을 꾸준히 해야만 한다.

깔끔한 옷차림과 부드러운 표정 그리고 말과 행동 등에 의해 전반적인 이미지가 만들어진다. 누구나 한두 가지 단점은 가지고 있지만 이미지 컨설팅을 통해서 자신의 단점들을 보완하는 지원자도 있다. 특히, 표정이 밝지 않은 지원자는 평소 웃는 연습을 의식적으로 하여 면접을 받는 동안 계속해서 여유 있는 표정을 짓는 것이 중요하다. 성공한 사람들은 인상이 좋다는 것을 명심하자.

안심Touch

## 2 면접의 유형 및 실전 대책

### 1. 면접의 유형

과거 천편일률적인 일대일 면접과 달리 현재는 면접에 다양한 유형이 도입되어 "면접은 이렇게 보는 것이다."라고 말할 수 있는 정해진 유형이 없어졌다. 그러나 대부분의 기관에서 현재까지는 집단 면접과 다대일 면접이 시행되고 있으므로 어느 정도 유형을 파악하여 사전에 대비가 가능하다. 면접의 기본인 단독 면접부터 다대일 면접, 집단 면접, PT면접 유형과 그 대책에 대해 알아보자.

### (1) 단독 면접

단독 면접이란 응시자와 면접관이 일대일로 마주하는 형식을 말한다. 면접위원 한 사람과 응시자 한사람이 마주 앉아 자유로운 화제를 가지고 질의응답을 되풀이하는 방식이다. 이 방식은 면접의 가장 기본적인 방법으로 소요시간은 10 ~ 20분 정도가 일반적이다.

① 단독 면접의 장점

필기시험 등으로 판단할 수 없는 성품이나 능력을 알아내는 데 가장 적합하다고 평가받아 온 면접방식으로 응시자 한 사람 한 사람에 대해 여러 면에서 비교적 폭넓게 파악할 수 있다. 응시자의 입장에서는 한 사람의 면접관만을 대하는 것이므로 상대방에게 집중할 수 있으며, 긴장감도 다른 면접방식에 비해서는 적은 편이다.

② 단독 면접의 단점

면접관의 주관이 강하게 작용해 객관성을 저해할 소지가 있으며, 면접 평가표를 활용한다 하더라도 일면적인 평가에 그칠 가능성을 배제할 수 없다. 또한 시간이 많이 소요되는 것도 단점이다.

> **단독 면접 준비 Point**
>
> 단독 면접에 대비하기 위해서는 평소 일대일로 논리 정연하게 대화를 나눌 수 있는 능력을 기르는 것이 중요하다. 그리고 면접장에서는 면접관을 선배나 선생님 혹은 아버지를 대하는 기분으로 면접에 임하는 것이 부담도 훨씬 적고 실력을 발휘할 수 있는 방법이 될 것이다.

### (2) 다대일 면접

다대일 면접은 일반적으로 가장 많이 사용되는 면접방법으로 보통 2 ~ 5명의 면접관이 1명의 응시자에게 질문하는 형태의 면접방법이다. 면접관이 여러 명이므로 다각도에서 질문을 하여 응시자에 대한 정보를 많이 알아낼 수 있다는 점 때문에 선호하는 면접방법이다.

하지만 응시자의 입장에서는 면접관에 따라 질문도 각양각색이고 동료 응시자가 없으므로 숨 돌릴 틈도 없게 느껴진다. 또한 관찰하는 눈도 많아서 조그만 실수라도 지나치는 법이 없기 때문에 정신적 압박과 긴장감이 높은 면접방법이다. 따라서 응시자는 긴장을 풀고 한 명의 면접관이 질문하더라도 면접관 전원을 향해 대답한다는 기분으로 또박또박 대답하는 자세가 필요하다.

① 다대일 면접의 장점

면접관이 집중적인 질문과 다양한 관찰을 통해 응시자가 과연 조직에 필요한 인물인가를 완벽히 검증할 수 있다.

② 다대일 면접의 단점

면접시간이 보통 10 ~ 30분 정도로 긴 편이고 응시자에게 지나친 긴장감을 조성하는 면접방법이다.

> **다대일 면접 준비 Point**
>
> 질문을 들을 때 시선은 면접위원을 향하고 다른 데로 돌리지 말아야 하며, 대답할 때에도 고개를 숙이거나 입속에서 우물거리는 소극적인 태도는 피하도록 한다. 면접위원과 대등하다는 마음가짐으로 편안한 태도를 유지하면 대답도 자연스러운 상태에서 좀 더 충실히 할 수 있고, 이에 따라 면접위원이 받는 인상도 달라진다.

## (3) 집단 면접

집단 면접은 다수의 면접관이 여러 명의 응시자를 한꺼번에 평가하는 방식으로 짧은 시간에 능률적으로 면접을 진행할 수 있다. 각 응시자에 대한 질문 내용, 질문 횟수, 시간 배분이 똑같지는 않으며, 모두에게 같은 질문이 주어지기도 하고, 각각 다른 질문을 받기도 한다.

또 어떤 응시자가 한 대답에 대한 의견을 묻는 등 그때그때의 분위기나 면접관의 의향에 따라 변수가 많다. 집단 면접의 경우 응시자의 입장에서는 개별 면접에 비해 긴장감은 다소 덜한 반면에 다른 응시자들과 확실하게 비교 되므로 응시자는 몸가짐이나 표현력·논리성 등이 결여되지 않도록 자신의 생각이나 의견을 솔직하게 발표하여 집단 속에 묻히거나 밀려나지 않도록 주의해야 한다.

① 집단 면접의 장점

집단 면접의 장점은 면접관이 응시자 한 사람에 대한 관찰시간이 상대적으로 길고, 비교 평가가 가능하기 때문에 결과적으로 평가의 객관성과 신뢰성을 높일 수 있다는 점이며, 응시자는 동료들과 함께 면접을 받기 때문에 긴장감이 다소 덜하다는 것을 들 수 있다. 또한 동료가 답변하는 것을 들으며, 자신의 답변 방식이나 자세를 조정할 수 있다는 것도 큰 이점이다.

② 집단 면접의 단점

응답하는 순서에 따라 응시자마다 유리하고 불리한 점이 있고, 면접위원의 입장에서는 각각의 개인적인 문제를 깊게 다루기가 곤란하다는 것이 단점이다.

> **집단 면접 준비 Point**
>
> 너무 자기 과시를 하지 않는 것이 좋다. 대답은 자신이 말하고 싶은 내용을 간단명료하게 말해야 한다. 내용이 없는 발언을 한다거나 대답을 질질 끄는 태도는 좋지 않다. 또 말하는 중에 내용이 주제에서 벗어나거나 자기중심적으로만 말하는 것도 피해야 한다. 집단 면접에 대비하기 위해서는 평소에 설득력을 지닌 자신의 논리력을 계발하는 데 힘써야 하며, 다른 사람 앞에서 자신의 의견을 조리 있게 개진할 수 있는 발표력을 갖추는 데에도 많은 노력을 기울여야 한다.
> - 실력에는 큰 차이가 없다는 것을 기억하라.
> - 동료 응시자들과 서로 협조하라.
> - 답변하지 않을 때의 자세가 중요하다.
> - 개성 표현은 좋지만 튀는 것은 위험하다.

## (4) 집단 토론식 면접

집단 토론식 면접은 집단 면접과 형태는 유사하지만 질의응답이 아니라 응시자들끼리의 토론이 중심이 되는 면접 방법으로 최근 들어 급증세를 보이고 있다.

이는 공통의 주제에 대해 다양한 견해들이 개진되고 결론을 도출하는 과정, 즉 토론을 통해 응시자의 다양한 면에 대한 평가가 가능하다는 집단 토론식 면접의 깅짐이 널리 확산된 네 나는 것으로 보인다.

사실 집단 토론식 면접을 활용하면 주제와 관련된 지식 정도와 이해력, 판단력, 설득력, 협동성은 물론 리더십, 조직 적응력, 적극성과 대인관계 능력 등을 파악하는 것이 용이하다고 한다. 토론식 면접에서는 자신의 의견을 명확히 제시하면서도 상대방의 의견을 경청하는 토론의 기본자세가 필수적이며, 지나친 경쟁심이나 자기 과시욕은 접어두는 것이 좋다.

또한 집단 토론의 목적이 결론을 도출해 나가는 과정에 있다는 것을 감안하여 무리하게 자신의 주장을 관철시키기보다 오히려 토론의 질을 높이는 데 기여하는 것이 좋은 인상을 줄 수 있다는 점을 알아야 한다. 취업 희망자들은 토론식 면접이 급속도로 확산되는 추세임을 감안해 특히 철저한 준비를 해야 한다.

평소에 신문의 사설이나 매스컴 등의 토론 프로그램을 주의 깊게 보면서 논리 전개 방식을 비롯한 토론 과정을 익히도록 하고, 친구들과 함께 간단한 주제를 놓고 토론을 진행해 볼 필요가 있다. 또한 사회·시사문제에 대해 자기 나름대로의 관점을 정립해두는 것도 꼭 필요하다.

---

**집단 토론식 면접 준비 Point**

- 토론은 정답이 없다는 것을 명심한다.
- 내 주장을 강조하지 않는다.
- 남이 말할 때 끼어들지 않는다.
- 필기구를 준비하여 메모하면서 면접에 임한다.
- 주제에 자신이 없다면 첫 번째 발언자가 되지 않는다.
- 자신의 입장을 먼저 밝힌다.
- 상대측의 사소한 발언에 집착하지 않고 전체적인 의미에 초점을 놓치지 않아야 한다.
- 남의 의견을 경청한다.
- 예상 밖의 반론에 당황스럽다 하더라도 유연함을 잃지 않아야 한다.

---

## (5) PT 면접

PT 면접, 즉 프레젠테이션 면접은 최근 들어 집단 토론 면접과 더불어 그 활용도가 점차 커지고 있다. PT 면접은 기관마다 특성이 다르고 인재상이 다른 만큼 인성 면접만으로는 알 수 없는 지원자의 문제해결능력, 전문성, 창의성, 기본 실무능력, 논리성 등을 관찰하는 데 중점을 두는 면접으로, 지원자 간의 변별력이 높아 대부분의 기관에서 적용하고 있으며, 확산되는 추세이다.

면접 시간은 기관별로 차이가 있지만, 전문지식, 시사성 관련 주제를 제시한 다음 보통 20 ~ 50분 정도 준비하여 5분가량 발표할 시간을 준다. 단순히 질의응답으로 이루어지는 것이 아니라 면접관은 주제에 대해 일정 시간 동안 지원자의 발언과 발표하는 모습 등을 관찰하게 된다. 정확한 답이나 지식보다는 논리적 사고와 의사표현력이 더 중시되기 때문에 자신의 생각을 어떻게 설명하느냐가 매우 중요하다.

PT 면접에서 같은 주제라도 직무별로 평가요소가 달리 나타난다. 예를 들어, 영업직은 설득력과 의사소통능력에 중점을 둘 수 있겠고, 관리직은 신뢰성과 창의성 등을 더 중요하게 평가한다.

**PT 면접 준비 Point**

- 면접관의 관심과 주의를 집중시키고, 발표 태도에 유의한다.
- 모의 면접이나 거울 면접으로 미리 점검한다.
- PT 내용은 세 가지 정도로 정리해서 말한다.
- PT 내용에는 자신의 생각이 담겨 있어야 한다.
- PT 중간에 자문자답 방식을 활용한다.
- 평소 지원하는 분야의 동향이나 직무에 대한 전문지식을 쌓아둔다.
- 부적절한 용어 사용이나 무리한 주장 등은 하지 않는다.

## 2. 면접의 실전 대책

### (1) 면접 대비사항

① 지원한 기관에 대한 사전지식을 충분히 갖는다.

필기시험 또는 서류전형의 합격통지가 온 후 면접시험 날짜가 정해지는 것이 보통이다. 이때 지원자는 면접시험을 대비해 사전에 본인이 지원한 기관 또는 부서에 대해 폭넓은 지식을 가질 필요가 있다.

**지원 기관에 대해 알아두어야 할 사항**

- 지원 기관의 연혁
- 지원 기관의 장
- 지원 기관의 경영목표와 방침
- 지원 분야의 업무 내용
- 지원 기관의 인재상
- 지원 기관의 비전

② 충분한 수면을 취한다.

충분한 수면으로 안정감을 유지하고 첫 출발의 신선한 마음가짐을 갖는다.

③ 면접 당일 아침에 인터넷으로 신문을 읽는다.

그날의 뉴스가 질문 대상에 오를 수가 있다. 특히 경제면, 정치면, 문화면 등을 유의해서 봐둘 필요가 있다.

**출발 전 확인할 사항**

스케줄표, 지갑, 신분증(주민등록증), 손수건, 휴지, 필기도구, 예비스타킹(여성의 경우) 등을 준비하자.

## (2) 면접 시 옷차림

면접에서 옷차림은 간결하고 단정한 느낌을 주는 것이 가장 중요하다. 색상과 디자인 면에서 지나치게 화려한 색상이나, 노출이 심한 디자인은 자칫 면접관의 눈살을 찌푸리게 할 수 있다. 단정한 차림을 유지하면서 자신만의 독특한 멋을 연출하는 것, 지원 기관의 분위기를 파악했다는 센스를 보여주는 것 등이 면접 복장의 포인트다.

---

**복장 점검**

- 구두는 잘 닦여 있는가?
- 옷은 깨끗이 다려져 있으며 스커트 길이는 적당한가?
- 손톱은 길지 않고 깨끗한가?
- 머리는 흐트러짐 없이 단정한가?

---

## (3) 면접요령

① 첫인상을 중요시한다.

상대에게 인상을 좋게 주지 않으면 어떠한 얘기를 해도 충분히 전달되지 않을 수 있다. 예를 들면 '저 친구는 표정이 없고 무엇을 생각하고 있는지 전혀 알 길이 없다.'라고 생각하게 만들면 최악의 상태다. 청결한 복장과 바른 자세로 면접장에 침착하게 들어가 건강하고 신선한 이미지를 주도록 한다.

② 좋은 표정을 짓는다.

얘기할 때의 표정은 중요한 사항 중 하나다. 거울 앞에서 웃는 연습을 해본다. 웃는 얼굴은 상대를 편안하게 만들고 특히 면접 등 긴박한 분위기에서는 큰 효과를 나타낼 것이다. 그렇다고 하여 항상 웃고만 있어서는 안 된다. 본인이 할 얘기를 진정으로 전하고 싶을 때는 진지한 표정으로 상대의 눈을 바라보며 얘기한다.

③ 결론부터 이야기한다.

본인의 의사나 생각을 상대에게 정확하게 전달하기 위해서는 먼저 무엇을 말하고자 하는가를 명확히 결정해 두어야 한다. 대답을 할 경우에는 결론을 먼저 이야기하고 나서 그에 따르는 설명과 이유를 나중에 덧붙이면 논지(論旨)가 명확해지고 이야기가 깔끔하게 정리된다. 보통 한 가지 사실을 이야기하거나 설명하는 데는 3분 이면 충분하다. 복잡한 이야기도 어느 정도의 길이로 요약해서 이야기하면 상대도 이해하기 쉽고 자기도 정리 할 수 있다. 긴 이야기는 오히려 상대를 불쾌하게 할 수가 있다.

④ 질문의 요지를 파악한다.

면접 때의 이야기는 간결성만으로 부족하다. 상대의 질문이나 이야기에 대해 적절하고 필요한 대답을 하지 않으면 대화는 끊어지고 자기의 생각도 제대로 표현하지 못한다. 이는 면접관이 지원자의 인품이나 사고방식 등을 명확히 파악할 수 없도록 만들게 된다. 면접에서는 면접관이 무엇을 묻고 있는지, 무슨 이야기를 하고 있는지 그 요점을 정확히 알아내야 한다.

## (4) 면접 시 주의사항

### ① 지각은 있을 수 없다.

면접 당일에 시간을 맞추지 못하여 지각하는 것은 있을 수 없는 일이다. 약속을 못 지키는 사람은 좋은 평가를 받을 수 없다. 면접 당일에는 지정시간 10 ~ 20분쯤 전에 미리 면접장에 도착해 마음을 가라앉히고 준비해야 한다.

### ② 손가락을 움직이지 마라.

면접 시에 손가락을 까딱거리거나 만지작거리는 행동은 유난히 눈에 띌 뿐만 아니라 면접관의 눈에 거슬리기 마련이다. 다리를 떠는 행동은 말할 것도 없다. 불안정하거나 산만하다는 느낌을 줄 수 있으므로 주의할 필요가 있다.

### ③ 옷매무새를 자주 고치지 마라.

여성의 경우 외모에 너무 신경 쓴 나머지 머리를 계속 쓸어 올리거나, 깃과 치마 끝을 만지작거리는 경우가 많다. 짧은 미니스커트를 입고 와서 면접시간 내내 치마 끝을 내리는 행위는 면접관으로 하여금 인상을 찌푸리게 만든다. 인사담당자의 말에 의하면 이런 사람이 의외로 많다고 한다.

### ④ 적당한 목소리 톤으로 말해라.

면접관과의 거리가 어느 정도 떨어져 있기 때문에 작은 소리로 웅얼거리는 것은 좋지 않다. 그러나 너무 크게 소리를 질러가며 말하는 사람은 오히려 거북하게 느껴진다.

### ⑤ 성의 있는 응답 자세를 보여라.

질문에 대해 너무 '예, 아니요'로만 답변하면 성의 없다는 인상을 심어주게 된다. 따라서 설명을 덧붙일 수 있는 질문에 대해서는 지루하지 않을 만큼의 설명을 붙인다.

### ⑥ 구두를 깨끗이 닦는다.

앉아있는 사람의 구두는 면접관의 위치에서 보면 눈에 잘 띈다. 그러나 의외로 구두에 대해 신경써서 미리 깨끗이 닦아둔 사람은 드물다. 면접 전날 반드시 구두를 깨끗이 닦아준다.

### ⑦ 지나친 화장은 피한다.

여성의 경우 지나치게 화장을 짙게 하면 거부감을 불러일으킬 수 있다. 또한 머리도 단정히 정리해서 이마가 가급적이면 드러나 보이게 하는 것이 좋다. 여기저기 흘러나온 머리는 지저분하고 답답한 느낌을 준다. 지나친 액세서리도 금물이다.

### ⑧ 기타 사항

㉠ 앉으라고 할 때까지 앉지 마라. 의자로 재빠르게 다가와 앉으면 무례한 사람처럼 보이기 쉽다.

㉡ 응답 시 너무 말을 꾸미지 마라.

㉢ 질문이 떨어지자마자 답변을 외운 것처럼 바쁘게 대답하지 마라.

㉣ 혹시 잘못 대답하였다고 해서 혀를 내밀거나 머리를 긁지 마라.

㉤ 머리카락에 손대지 마라. 정서불안으로 보이기 쉽다.

㉥ 면접실에 다른 지원자가 들어올 때 절대로 일어서지 마라.

㉦ 동종업계나 라이벌 회사에 대해 비난하지 마라.

㉧ 면접관 책상에 있는 서류를 보지 마라.

㉨ 농담을 하지 마라. 쾌활한 것은 좋지만 지나치게 경망스러운 태도는 의지가 부족해 보인다.

ⓩ 질문에 대해 대답할 말이 생각나지 않는다고 천장을 쳐다보거나 고개를 푹 숙이고 바닥을 내려다보지 마라.

ⓚ 면접관이 서류를 검토하는 동안 말하지 마라.

ⓔ 과장이나 허세로 면접관을 압도하려 하지 마라.

ⓟ 은연중에 연고를 과시하지 마라.

---

**면접 신 마시막 체크 사항**

- 지원 기관의 소재지(본사·지사·공장 등)를 정확히 알고 있다.
- 지원 기관의 정식 명칭(Full Name)을 알고 있다.
- 약속된 면접시간 10분 전에 도착하도록 스케줄을 짤 수 있다.
- 면접실에 들어가서 공손히 인사한 후 또렷한 목소리로 자기 수험번호와 성명을 말할 수 있다.
- 앉으라고 할 때까지는 의자에 앉지 않는다는 것을 알고 있다.
- 자신에 대해 3분간 이야기할 수 있는 준비가 되어 있다.
- 자신의 긍정적인 면을 상대방에게 바르게 전달할 수 있다.

## 3 인천광역시교육청 교무행정실무사 예상 면접질문

- 1분 동안 자신을 소개해 보시오.
- 교육행정실무직에 지원하게 된 동기를 말해 보시오.
- 인천광역시교육청의 교육 비전을 말해 보시오.
- 인천광역시교육청의 정책 방향을 말해 보시오.
- 인천광역시교육청 심벌마크가 의미하는 바를 설명해 보시오.
- 교육이란 무엇이라고 생각하는지 말해 보시오.
- 교육행정실무직원이 하는 일을 설명해 보시오.
- 교육행정실무직원의 업무를 3가지 이상 말해 보시오.
- 교육행정실무직원이 갖춰야할 자세를 3가지 이상 말해 보시오.
- 교육행정실무직원이 필요한 이유를 4가지 이상 설명해 보시오.
- 교육행정실무직을 수행하는 데 있어 가장 중요한 것이 무엇이라고 생각하는지 말해 보시오.
- 교육행정실무제도의 장단점을 설명해 보시오.
- 인천광역시교육청 행정서비스 헌장에 대하여 설명해 보시오.
- 인천광역시교육청에는 총 몇 개의 교육지원청이 있는가? 아는 대로 말해 보시오.
- 공무원과 교육행정실무직원의 공통점과 차이점을 말해 보시오.
- 교육청에서 하는 업무에 대하여 아는 대로 설명해 보시오.
- 학교에서 하는 업무를 아는 대로 말해 보시오.
- 교육청과 학교 근무의 차이점에 대하여 설명해 보시오.
- 지원한 직렬에서 수행하는 업무에 대하여 아는 대로 설명해 보시오.
- 2명의 상급자로부터 업무를 지시받았을 때 어떻게 해결할 것인지 말해 보시오.
- 업무를 수행하는 과정에서 상급자의 실수를 발견하였다면 어떻게 할 것인지 말해 보시오.
- 갈등이 있을 때 어떻게 해결하는지 말해 보시오.
- 채용 후 본인 업무 외 다른 업무를 시킬 경우 어떻게 대처할 것인지 말해 보시오.
- 민원 처리 방법에 대하여 설명해 보시오.
- 방문 민원 응대 방법에 대하여 설명해 보시오.
- 전화 응대 방법에 대하여 설명해 보시오.
- 폭언을 하는 민원인의 민원을 어떻게 해결할 것인지 말해 보시오.
- 부정청탁 금품 수수에 해당하는 사례를 말해 보시오.
- 최근 교육 관련 이슈에 대하여 소개하고, 자신의 의견을 말해 보시오.
- 부당한 업무지시에 어떻게 대처할 것인지 말해 보시오.
- 약속이 있는데 갑자기 야근을 해야 한다면 어떻게 하겠는가?
- 청렴에 대한 귀하의 견해를 말해 보시오.
- 직원 간 마찰이 발생할 시 어떻게 대처하겠는가?
- 문제아 발생 시 어떻게 해결하겠는가?

I wish you the best of luck!

# 교육공무직 합격!

사람이 길에서 우연하게 만나거나 함께 살아가는 것만이 인연은 아니라고 생각합니다.
책을 펴내는 출판사와 그 책을 읽는 독자의 만남도 소중한 인연입니다.
(주)시대고시기획은 항상 독자의 마음을 헤아리기 위해 노력하고 있습니다.
늘 독자와 함께하겠습니다.

(주)시대고시기획에서 제안하는

# 교육공무직
## 합격 로드맵

교육공무직 어떻게 준비하세요? 핵심만 짚어주는 교재! (주)시대고시기획의 교육공무직 교재로 합격을 준비하세요.

# 더 이상의
# 교육청 시리즈는 없다!

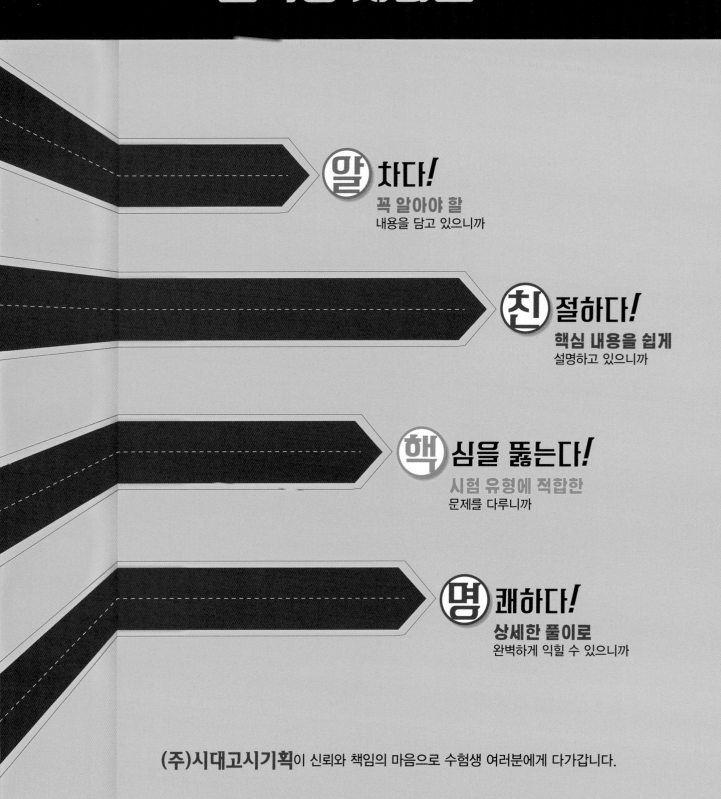

**알** 차다!
꼭 알아야 할
내용을 담고 있으니까

**친** 절하다!
핵심 내용을 쉽게
설명하고 있으니까

**핵** 심을 뚫는다!
시험 유형에 적합한
문제를 다루니까

**명** 쾌하다!
상세한 풀이로
완벽하게 익힐 수 있으니까

**(주)시대고시기획**이 신뢰와 책임의 마음으로 수험생 여러분에게 다가갑니다.

2021 공개채용

# 인천
# 광역시
# 교육청

## 한권으로 끝내기

# 교무행정실무사
## 소양평가

SD적성검사연구소 | 편저

직무능력검사+인성검사+면접+실전모의고사 6회

# 정답 및 해설

# 직무능력검사
# 정답 및 해설

| 01 | 02 | 03 | 04 | 05 | 06 | 07 | 08 | 09 | 10 | 11 | 12 | 13 | 14 | 15 | 16 | 17 | 18 | 19 | 20 |
|----|----|----|----|----|----|----|----|----|----|----|----|----|----|----|----|----|----|----|----|
| ② | ④ | ④ | ③ | ④ | ④ | ④ | ③ | ② | ③ | ④ | ① | ② | ① | ① | ② | ① | ② | ④ | ③ |
| 21 | 22 | 23 | 24 | 25 | 26 | 27 | 28 | 29 | 30 | 31 | 32 | 33 | 34 | 35 | 36 | 37 | 38 | 39 | 40 |
| ① | ① | ② | ④ | ② | ③ | ② | ④ | ① | ③ | ③ | ③ | ② | ④ | ② | ③ | ④ | ② | ① | ② |
| 41 | 42 | 43 | 44 | 45 | 46 | 47 | 48 | 49 | 50 | | | | | | | | | | |
| ③ | ④ | ② | ① | ② | ④ | ③ | ② | ④ | ③ | | | | | | | | | | |

## 01

정답 ②

제시문은 유의 관계이다. '후회'의 유의어는 '회환'이고, '억지'의 유의어는 '떼'이다.

## 02

정답 ④

제시문은 상위어와 하위어 관계이다. '이란'은 '중동'의 국가 중 하나이고, '목성'은 '태양계'의 행성 중 하나이다.

## 03

정답 ④

'엔진'은 '자동차'에 동력을 공급하고, '배터리'는 '휴대전화'에 동력을 공급한다.

## 04

정답 ③

제시문은 유의 관계이다. '거드름'의 유의어는 '거만'이고, '삭임'의 유의어는 '소화'이다.

## 05

정답 ④

'요리사'는 '주방'에서 요리를 하고, '학생'은 '학교'에서 공부를 한다.

## 06

정답 ④

제시문은 반의 관계이다. '발산'의 반의어는 '수렴'이며, '기립'의 반의어는 '착석'이다.

## 07

정답 ④

제시문은 반의 관계이다. '사실'의 반의어는 '허구'이며, '유명'의 반의어는 '무명'이다.


## 08

정답 ③

제시문은 상하 관계이다. '고래'는 '포유류'에 포함되며, '기타'는 '악기'에 포함된다.


## 09

정답 ②

'책'을 읽고 쓰는 글은 '독후감'이고, '일상'을 기록하는 글은 '일기'이다.


## 10

정답 ③

제시문은 반의 관계이다. '능동'의 반의어는 '수동'이고, '자유'의 반의어는 '속박'이다.


## 11

정답 ④

• 희망 : 앞일에 대하여 어떤 기대를 가지고 바람
• 염원 : 마음에 간절히 생각하고 기원함

**오답분석**

① 특별 : 보통과 구별되게 다름
② 효과 : 어떤 목적을 지닌 행위에 의하여 드러나는 보람이나 좋은 결과
③ 효능 : 효험을 나타내는 능력


## 12

정답 ①

• 이바지 : 도움이 되게 함
• 공헌 : 힘을 써 이바지함

**오답분석**

② 경계 : 사물이 어떠한 기준에 의하여 분간되는 한계. 또는 뜻밖의 사고가 생기지 않도록 조심하여 단속함
③ 구획 : 토지 따위를 경계를 지어 가름
④ 귀감 : 거울로 삼아 본받을 만한 모범


## 13

정답 ②

• 납득 : 다른 사람의 말이나 행동, 형편 따위를 잘 알아서 긍정하고 이해함
• 수긍 : 옳다고 인정함

**오답분석**

① 사려 : 여러 가지 일에 대하여 깊게 생각함
③ 모반 : 배반을 꾀함
④ 반역 : 나라와 겨레를 배반함

## 14
정답 ①

- 발췌 : 책, 글 따위에서 필요하거나 중요한 부분을 가려 뽑아냄
- 요약 : 말이나 글의 요점을 잡아서 간추림

오답분석
② 삭제 : 깎아 없애거나 지워 버림
③ 원조 : 어떤 일을 처음으로 시작한 사람
④ 기초 : 사물이나 일 따위의 기본이 되는 토대


## 15
정답 ①

- 개선 : 잘못된 것이나 부족한 것, 나쁜 것 따위를 고쳐 더 좋게 만듦
- 개량 : 나쁜 점을 보완하여 더 좋게 고침

오답분석
② 부족 : 필요한 양이나 기준에 미치지 못해 충분하지 아니함
③ 허용 : 허락하여 너그럽게 받아들임
④ 승낙 : 청하는 바를 들어줌


## 16
정답 ②

- 수양 : 몸과 마음을 갈고닦아 품성이나 지식, 도덕 따위를 높은 경지로 끌어 올림
- 수련 : 인격, 기술, 학문 따위를 닦아서 단련함

오답분석
① 구별 : 성질이나 종류에 따라 차이가 남. 또는 성질이나 종류에 따라 갈라 놓음
③ 간단 : 단순하고 간략함
④ 단순 : 복잡하지 않고 간단함


## 17
정답 ①

- 동조 : 남의 주장에 자기의 의견을 일치시키거나 보조를 맞춤
- 찬동 : 어떤 행동이나 견해 따위가 옳거나 좋다고 판단하여 그에 뜻을 같이함

오답분석
② 절용 : 아껴 씀
③ 향상 : 실력, 수준, 기술 따위가 나아짐. 또는 나아지게 함
④ 진보 : 정도나 수준이 나아지거나 높아짐


## 18
정답 ②

- 쾌활 : 명랑하고 활발함
- 명랑 : 흐린 데 없이 밝고 환함

오답분석
① 설립 : 기관이나 조직체 따위를 만들어 일으킴
③ 손해 : 물질적으로나 정신적으로 밑짐
④ 육성 : 길러 자라게 함

## 19 정답 ④

• 독려 : 감독하며 격려함
• 고취 : 힘을 내도록 격려하여 용기를 북돋움

오답분석

① 달성 : 목적한 것을 이룸
② 구획 : 토지 따위를 경계를 지어 가름. 또는 그런 구역
③ 낙담 : 너무 놀라 간이 떨어지는 듯하다는 뜻으로, 바라던 일이 뜻대로 되지 않아 마음이 몹시 상함

## 20 정답 ③

• 수선 : 낡거나 헌 물건을 고침
• 수리 : 고장 나거나 허름한 데를 손보아 고침

오답분석

① 처지 : 처하여 있는 사정이나 형편
② 형편 : 일이 되어 가는 상태나 경로 또는 결과
④ 사려 : 여러 가지 일에 대하여 깊게 생각함. 또는 그런 생각

## 21 정답 ①

• 정밀 : 아주 정교하고 치밀하여 빈틈이 없고 자세함
• 조잡 : 말이나 행동, 솜씨 따위가 거칠고 잡스러워 품위가 없음

오답분석

② 해산 : 모였던 사람이 흩어짐. 또는 흩어지게 함
③ 억제 : 감정이나 욕망, 충동적 행동 따위를 내리눌러서 그치게 함
④ 촉진 : 다그쳐 빨리 나아가게 함

## 22 정답 ①

• 흥분 : 어떤 자극을 받아 감정이 북받쳐 일어남
• 안정 : 바뀌어 달라지지 아니하고 일정한 상태를 유지함

오답분석

② 획득 : 얻어 내거나 얻어 가짐
③ 상실 : 어떤 사람과 관계가 끊어지거나 헤어지게 됨
④ 참신 : 새롭고 산뜻함

## 23 정답 ②

• 희박 : 기체나 액체 따위의 밀도나 농도가 짙지 못하고 낮거나 엷음
• 농후 : 맛, 빛깔, 성분 따위가 매우 짙음

오답분석

① 모방 : 다른 것을 본뜨거나 본받음
③ 표류 : 물 위에 떠서 정처 없이 흘러감
④ 인위 : 자연의 힘이 아닌 사람의 힘으로 이루어지는 일

## 24
정답 ④

• 집중 : 한곳을 중심으로 하여 모임. 또는 그렇게 모음
• 분산 : 갈라져 흩어짐. 또는 그렇게 되게 함

[오답분석]
① 우량 : 물건의 품질이나 상태가 좋음
② 정착 : 일정한 곳에 자리를 잡아 붙박이로 있거나 머물러 삶
③ 전체 : 개개 또는 부분의 집합으로 구성된 것을 몰아서 하나의 대상으로 삼는 경우에 바로 그 대상

## 25
정답 ②

• 매몰 : 보이지 아니하게 파묻히거나 파묻음
• 발굴 : 세상에 널리 알려지지 않거나 뛰어난 것을 찾아 밝혀냄

[오답분석]
① 막연 : 갈피를 잡을 수 없게 아득함
③ 복잡 : 일이나 감정 따위가 갈피를 잡기 어려울 만큼 여러 가지가 얽혀 있음
④ 급격 : 변화의 움직임 따위가 급하고 격렬함

## 26
정답 ③

• 반항 : 다른 사람이나 대상에 맞서 대들거나 반대함
• 복종 : 남의 명령이나 의사를 그대로 따라서 좇음

[오답분석]
① 거절 : 상대편의 요구, 제안, 선물, 부탁 따위를 받아들이지 않고 물리침
② 치욕 : 수치와 모욕을 아울러 이르는 말
④ 심야 : 깊은 밤

## 27
정답 ②

• 암시 : 넌지시 알림. 또는 뜻하는 바를 간접적으로 나타내는 표현법
• 명시 : 분명하게 드러내 보임

[오답분석]
① 산문 : 율격과 같은 외형적 규범에 얽매이지 않고 자유로운 문장으로 쓴 글
③ 성숙 : 생물의 발육이 완전히 이루어짐. 또는 몸과 마음이 자라서 어른스럽게 됨
④ 결합 : 둘 이상의 사물이나 사람이 서로 관계를 맺어 하나가 됨

## 28
정답 ④

• 망각 : 어떤 사실을 잊어버림
• 기억 : 이전의 인상이나 경험을 의식 속에 간직하거나 도로 생각해 냄

[오답분석]
① 밀집 : 빈틈없이 빽빽하게 모임
② 정신 : 육체나 물질에 대립되는 영혼이나 마음
③ 내포 : 어떤 성질이나 뜻 따위를 속에 품음

## 29

정답 ①

• 완비 : 빠짐없이 완전히 갖춤
• 불비 : 제대로 다 갖추어져 있지 아니함

**오답분석**

② 우연 : 아무런 인과 관계가 없이 뜻하지 아니하게 일어난 일
③ 필연 : 사물이 관련이나 일의 결과가 반드시 그렇게 될 수밖에 없음
④ 습득 : 학문이나 기술 따위를 배워서 자기 것으로 함

## 30

정답 ③

• 의존 : 다른 것에 의지하여 존재함
• 자립 : 남에게 예속되거나 의지하지 아니하고 스스로 섬

**오답분석**

① 이례 : 상례에서 벗어난 특이한 예
② 통례 : 일반적으로 통하여 쓰는 전례
④ 결과 : 어떤 원인으로 결말이 생김

## 31

정답 ③

등화가친(燈火可親) : '등불을 가까이 할만하다.'의 의미로 가을밤에 등불을 가까이 하여 글 읽기에 좋은 계절임을 뜻한다.

**오답분석**

① 천고마비(天高馬肥) : 하늘이 높고 말이 살찐다는 뜻으로 하늘이 맑아 높푸르게 보이고 온갖 곡식이 익어가는 가을철을 뜻한다.
② 형설지공(螢雪之功) : 반딧불과 눈빛으로 책을 읽어서 이룬 공으로 고생을 하면서 공부하여 얻은 보람을 뜻한다.
④ 위편삼절(韋編三絕) : 공자가 읽었던 책 끈이 세 번이나 끊어졌다는 이야기에서 유래되어 열심히 공부한다는 뜻이다.

## 32

정답 ③

고진감래(苦盡甘來) : 쓴 것이 다하면 단 것이 온다는 말로, 고생 끝에 즐거움이 온다는 뜻이다.

**오답분석**

① 脣亡齒寒(순망치한) : 입술이 없으면 이가 시리다는 말로, 서로 의지하고 있어서 한쪽이 사라지면 다른 한 쪽도 온전하기 어렵다는 뜻이다.
② 堂狗風月(당구풍월) : 서당개 삼 년이면 풍월을 읊는다는 말로, 그 분야에 전문성이 없는 사람도 오래 있으면 지식과 경험을 얻는다는 뜻이다.
④ 朝三暮四(조삼모사) : 아침에는 세 개, 저녁에는 네 개라는 말로, 간사한 꾀로 남을 속인다는 뜻이다.

## 33

정답 ②

제시문과 ②의 '걸다'는 '앞으로의 일에 대한 희망 따위를 품거나 기대하다.'의 의미이다.

**오답분석**

① 다른 사람이나 문제 따위가 관련이 있음을 주장하다.
③ 기계 장치가 작동되도록 하다.
④ 어느 단체에 속한다고 이름을 내세우다.

## 34

제시문과 ④의 '먹다'는 '바르는 물질이 배어들거나 고루 퍼지다.'의 의미이다.

오답분석

① 어떤 마음이나 감정을 품다.
② 수익이나 이문을 차지하여 가지다.
③ 벌레, 균 따위가 파고들어 가거나 퍼지다.

## 35

정답 ②

제시문과 ②의 '취하다'는 '자기 것으로 만들어 가지다.'의 의미이다.

오답분석

① 어떤 일에 대한 방책으로 어떤 행동을 하거나 일정한 태도를 가지다.
③ 어떤 특정한 자세를 하다.
④ 남에게서 돈이나 물품 따위를 꾸거나 빌리다.

## 36

정답 ③

제시문과 ③의 '박다'는 '붙이거나 끼워 넣다.'의 의미이다.

오답분석

① 한곳을 뚫어지게 바라보다.
② 머리 따위를 부딪치다.
④ 머리나 얼굴 따위를 깊이 숙이거나 눌러서 대다.

## 37

정답 ④

제시문과 ④의 '그리다'는 '상상하거나 회상하다.'의 의미이다.

오답분석

① 연필, 붓 따위로 어떤 사물의 모양을 그와 닮게 선이나 색으로 나타내다.
② 어떤 모양을 일정하게 나타내거나 어떤 표정을 짓다.
③ 사랑하는 마음으로 간절히 생각하다.

## 38

정답 ②

제시문은 동물원이 동물들의 자연 서식지에 맞는 환경을 재현해 주려고 하지만 동물들의 생존 본능과는 맞지 않다는 내용의 글이다. 따라서 (C) 동물원은 자연 서식지에 맞게 동물원을 재현해 주려고 노력함 → (D) 환경은 야생을 흉내 냈지만, 동물들은 먹이, 포식 동물에 대한 걱정이 사라짐 → (A) 하지만 동물들은 바로 옆에 포식 동물과 공존하고 있음 → (B) 이는 동물들의 생존 본능에 맞지 않음의 순서로 나열해야 한다.

## 39

정답 ①

제시문은 환경 영향 평가 제도에 대한 개념과 도입된 원인에 대한 내용의 글이다. 따라서 (A) 환경 영향 평가 제도는 부정적인 환경 영향을 줄이는 방안을 마련하는 수단 → (C) 개발로 인한 환경오염과 생태계가 파괴되어 해결이 어려워짐 → (B) 이러한 이유로 환경 영향 평가 제도가 도입됨 → (D) 환경 영향 평가 제도는 환경 보전에 대한 인식 제고와 개발과 보전 사이의 균형을 맞추는 역할을 수행함의 순서로 나열해야 한다.

## 40

신상필벌(信賞必罰) : 상을 줄 만한 훈공이 있는 자에게 반드시 상을 주고, 벌할 죄과가 있는 자에게는 반드시 벌을 준다는 뜻으로, 곧, 상벌(賞罰)을 공정(公正)·엄중(嚴重)히 하는 일

**오답분석**

① 신언서판(身言書判) : 중국 당나라 때 관리를 등용하는 시험에서 인물평가의 기준으로 삼았던 몸·말씨·글씨·판단의 네 가지를 이르는 말
③ 순망치한(脣亡齒寒) : 입술이 없으면 이가 시리다는 말로 서로 떨어질 수 없는 밀접한 관계라는 뜻
④ 각주구검(刻舟求劍) : 어리석고 미련하여 융통성이 없다는 뜻

## 41

정답 ③

제시문에서는 협업과 소통의 문화가 기업에 성공적으로 정착하려면 기업의 작은 변화부터 필요하다고 주장한다. 따라서 제시문과 관련 있는 한자성어로는 '높은 곳에 오르려면 낮은 곳에서부터 오른다.'는 뜻의 '등고자비(登高自卑)'가 가장 적절하다.

**오답분석**

① 장삼이사(張三李四) : 장 씨의 셋째 아들과 이 씨의 넷째 아들이라는 뜻으로, 이름이나 신분이 특별하지 아니한 평범한 사람들을 이르는 말
② 하석상대(下石上臺) : 아랫돌 빼서 윗돌 괴고 윗돌 빼서 아랫돌 괸다는 뜻으로, 임시변통으로 이리저리 둘러맞춤을 이르는 말
④ 주야장천(晝夜長川) : 밤낮으로 쉬지 아니하고 연달아 흐르는 시냇물이라는 뜻으로, '쉬지 않고 언제나', '늘'이라는 의미이다.

## 42

정답 ④

④의 내용은 글 전체를 통해서 확인할 수 있다.

**오답분석**

①·② 제시문의 내용만으로 단정 지을 수 없다.
③ 익살이 조형 위에 구현된 것은 해학미이다.

## 43

정답 ②

고야가 이성의 존재를 부정했다는 내용은 제시되어 있지 않다. 또한, 다섯 번째 문장의 '세상이 완전히 이성에 의해서만 지배되지 않음을 표현하고 있을 뿐이다.'를 통해 ②의 내용이 옳지 않음을 알 수 있다.

## 44

정답 ①

제시문은 범죄 보도가 가져오는 법적·윤리적 논란에 관하여 설명하고 있으므로 지나친 범죄 보도가 문제가 될 수 있다는 내용이 뒤에 이어져야 한다.

## 45

정답 ②

제시문에는 조선 시대에 화폐가 유통되기 위한 여건과 조선 시대 초기에 서민들 사이에서는 삼베, 무명과 같은 물품화폐가 통용되었다는 것, 화폐 사용을 국가적으로 추진한 사실, 화폐가 통용되면서 나타난 조선 후기의 모습 등이 제시되어 있다. 그러나 화폐를 어떤 과정으로 주조했는지는 알 수 없다.

## 46

정답 ④

화폐 통용을 위해서는 화폐가 유통될 수 있는 시장이 성장해야 하고, 농업생산력이 발전해야 한다. 그러나 서민들은 물품화폐를 더 선호하였고 일부 계층에서만 화폐가 유통되었다. 따라서 광범위한 동전 유통이 실패한 것이다. 화폐의 수요량 문제는 화폐가 유통된 이후인 조선 후기에 해당하는 내용이다.

## 47

정답 ③

㉠의 '뮤화'는 정신 활동에 한정된 좁은 의미의 분화이고, ㉡의 '문화'는 자연에 대한 인간의 기술적·물질적 적응까지를 포함하는 넓은 의미의 문화이다. 즉, ㉠은 '문화', ㉡은 '(문화)+(문명)'이다. 따라서 ㉠은 ㉡의 부분집합이라 할 수 있다.

## 48

정답 ②

'교양 있는' 사람을 문화인이라고 사용하는 예를 들기는 하였지만, 문화 자체를 교양 있는 사람이 이해하고 지켜나가는 것으로 좁게 규정하지는 않았다.

## 49

정답 ④

배타주의나 국수주의는 넓은 의미에서 보면 둘 다 '외부와의 차단'을 뜻한다. 따라서 이를 극복한다는 말은 '개방적인 태도로 외부 문화를 수용할 의지가 있다.'로 해석할 수 있다. (마)에서 '선진 문화 섭취에 인색하지 않을', '외래문화도 새로운 문화의 창조에 이바지' 등의 표현은 바로 개방적인 태도를 취함을 뜻한다.

오답분석
(나) ~ (라)는 전통의 계승에 관련된 내용들이다.

## 50

정답 ③

(나)의 '이처럼 우리가 계승해야 할 민족 문화의 전통으로 여겨지는 것이, ~'로 볼 때 ③이 (나) 앞에 오는 것이 적절하다.

| 01 | 02 | 03 | 04 | 05 | 06 | 07 | 08 | 09 | 10 | 11 | 12 | 13 | 14 | 15 | 16 | 17 | 18 | 19 | 20 |
|----|----|----|----|----|----|----|----|----|----|----|----|----|----|----|----|----|----|----|----|
| ② | ④ | ③ | ② | ④ | ④ | ① | ② | ④ | ① | ① | ② | ③ | ④ | ② | ③ | ④ | ③ | ② | ④ |
| 21 | 22 | 23 | 24 | 25 | 26 | 27 | 28 | 29 | 30 | 31 | 32 | 33 | 34 | 35 | 36 | 37 | 38 | 39 | 40 |
| ① | ① | ② | ② | ② | ③ | ③ | ③ | ② | ③ | ④ | ③ | ④ | ① | ④ | ② | ② | ① | ④ | ③ |
| 41 | 42 | 43 | 44 | 45 | 46 | 47 | 48 | 49 | 50 | | | | | | | | | | |
| ④ | ③ | ③ | ① | ② | ② | ① | ③ | ③ | ④ | | | | | | | | | | |

## 01
정답 ②

$40.5 \times 0.23 + 1.185 = 9.315 + 1.185 = 10.5$

## 02
정답 ④

$2,620 + 1,600 \div 80 = 2,620 + 20 = 2,640$

## 03
정답 ③

$\dfrac{4,324}{6} \times \dfrac{66}{2,162} - \dfrac{15}{6} = 22 - 2.5 = 19.5$

## 04
정답 ②

$79 = 80 - 1$, $799 = 800 - 1$, $7,999 = 8,000 - 1$, $79,999 = 80,000 - 1$임을 이용한다. $79,999 + 7,999 + 799 + 79 = (80,000 - 1) + (8,000 - 1) + (800 - 1) + (80 - 1) = 88,876$

## 05
정답 ④

앞의 두 수와 그 다음 두 수를 묶어서 계산한다. $(14,465 - 3,354) + (1,989 - 878) + 1 = 11,111 + 1,111 + 1 = 12,223$

## 06
정답 ④

$16 = 4^2$임을 이용한다. $48^2 = (4 \times 12)^2 = 4^2 \times 12^2$, $16^2 = 4^2 \times 4^2$
$(48^2 + 16^2) \div 16 + 88 = (12^2 + 4^2) + 88 = (144 + 16) + 88 = 160 + 88 = 248$

## 07

정답 ①

$(48+48+48+48) \times \dfrac{11}{6} \div \dfrac{16}{13} = 48 \times 4 \times \dfrac{11}{6} \times \dfrac{13}{16} = 2 \times 11 \times 13 = 286$

## 08

정답 ②

$4 \times 9 \times 16 \times 25 \times 36 \div 100 = 2^2 \times 3^2 \times 4^2 \times 5^2 \times 6^2 \div 100 = 720^2 \div 100 = 5,184$

## 09

정답 ④

$3,684 - 62.48 \div 0.55 = 3,684 - 113.6 = 3,570.4$

## 10

정답 ①

$32 \times \dfrac{4,096}{256} - 26 \times \dfrac{361}{19} = 32 \times 16 - 26 \times 19 = 18$

## 11

정답 ①

$38 \times 0.413 = 15.694$

## 12

정답 ②

$467 \times 0.065 = 30.355$

## 13

정답 ③

$1,500 \times 0.22 = 330$

## 14

정답 ④

$7 \div 40 = 0.175$

## 15

정답 ②

$2 \div 16 = 0.125$

## 16

정답 ③

$\dfrac{11}{17} = 0.65 < (\quad) < 0.72$

따라서 (　)에 들어갈 수는 $\dfrac{9}{13} = 0.69$이다.

오답분석

① $\dfrac{7}{9} = 0.78$, ② $\dfrac{8}{15} = 0.53$, ④ $\dfrac{12}{19} = 0.63$

## 17

$\dfrac{3}{8}=0.375<(\quad)<\dfrac{7}{12}≒0.58$

따라서 (  )에 들어갈 수는 $\dfrac{7}{18}≒0.39$이다.

**오답분석**

① $\dfrac{1}{3}≒0.33$, ② $\dfrac{3}{5}=0.6$, ③ $\dfrac{2}{9}≒0.22$

## 18

$15◎20=15^2-20+15=225-5=220$

## 19

$47◆61=3×47-2×61=141-122=19$

## 20

$(7◎23)◆39=(7^2-23+7)◆39=(49-16)◆39=33◆39=3×33-2×39=99-78=21$

## 21

6%의 소금물의 양을 $x$g이라 하면 $\dfrac{6}{100}x+\dfrac{11}{100}×(500-x)=\dfrac{9}{100}×500 \rightarrow 6x+5,500-11x=4,500$

$\therefore\ x=200$

## 22

A회사는 10분에 5개의 인형을 만드므로 1시간에 30개의 인형을 만들고, 40시간에 인형을 1,200개 만든다. B회사는 1시간에 1대의 인형 뽑는 기계를 만드므로 40시간에 인형 뽑는 기계를 40대 만든다. 이때 기계 하나당 적어도 40개의 인형이 들어가야 하므로 최대 30대의 인형 뽑는 기계를 만들수 있다.

## 23

처음 정가를 $x$원이라 하면 $2(0.7x-1,000)=x \rightarrow 1.4x-2,000=x$

$\therefore\ x=5,000$

## 24

아들의 나이를 $x$세라고 하면, 어머니의 나이는 $3x$세이다. $x+3x<62 \rightarrow x<15.5$

따라서 아들의 최대 나이는 15세이다.

## 25

ⅰ) 흰 공이 나오고 앞면이 3번 나올 확률 : $\dfrac{3}{5} \times \left(\dfrac{1}{2}\right)^3 = \dfrac{3}{40}$

ⅱ) 검은 공이 나오고 앞면이 3번 나올 확률 : $\dfrac{2}{5} \times 4 \times \left(\dfrac{1}{2}\right)^4 = \dfrac{1}{10}$

$\therefore \ \dfrac{3}{40} + \dfrac{1}{10} = \dfrac{7}{40}$


## 26
정답 ③

- 서로 다른 8개의 컵 중 4개를 선택하는 방법의 수 : $_8C_4 = \dfrac{8!}{4!4!} = 70$
- 4개의 컵을 식탁 위에 원형으로 놓는 방법의 수 : $(4-1)! = 3! = 6$

따라서 서로 다른 8개의 컵 중에서 4개만 원형으로 놓는 방법의 수는 $70 \times 6 = 420$가지이다.


## 27
정답 ③

청소년의 영화표 가격은 $12,000 \times 0.7 = 8,400$원이다. 청소년, 성인을 각각 $x$명, $(9-x)$명이라고 하면 $12,000 \times (9-x) + 8,400x = 90,000 \rightarrow 3,600x = 18,000$

$\therefore \ x = 5$


## 28
정답 ③

8t 트럭, 12t 트럭이 한 시간 동안 운반하는 토량은 각각 $\dfrac{8}{2}(=4)$, $\dfrac{12}{3}(=4)$이다. 두 트럭으로 흙을 운반하는 데 걸리는 시간을 $x$시간이라고 하면

$\left(\dfrac{8}{2} + \dfrac{12}{3}\right)x = 1,000 \rightarrow 8x = 1,000$

$\therefore \ x = 125$


## 29
정답 ②

원래 가격을 $a$원이라고 하면 할인된 가격은 $a \times 0.8 \times 0.9 = 0.72a$이므로 총 28% 할인되었다.


## 30
정답 ③

회사에서 거래처까지의 거리를 $x$km라고 하면

- 거래처까지 가는 데 걸린 시간 : $\dfrac{x}{80}$
- 거래처에서 돌아오는 데 걸리는 시간 : $\dfrac{x}{120}$

$\dfrac{x}{80} + \dfrac{x}{120} \leq 1 \rightarrow \dfrac{5x}{240} \leq 1 \rightarrow 5x \leq 240 \rightarrow x \leq 48$

$\therefore \ 48$km

## 31

생산이 증가한 2015년, 2018년, 2019년에는 수출과 내수가 모두 증가했다.

**오답분석**

① 주어진 표에서 ▽는 감소수치를 나타내고 있으므로 옳은 판단이다.
② 내수가 가장 큰 폭으로 증가한 해는 2017년으로 생산과 수출 모두 감소했다.
③ 수출이 증가한 해인 2015년, 2018년, 2019년에는 내수와 생산도 증가했다.

## 32

20명의 통근시간을 오름차순으로 나열하면 다음과 같다.

(단위 : 분)

| 이름 | J | I | E | F | P | O | D | T | G | S |
|---|---|---|---|---|---|---|---|---|---|---|
| 시간 | 14 | 19 | 21 | 25 | 25 | 28 | 30 | 30 | 33 | 33 |
| 이름 | N | R | M | B | C | A | L | K | Q | H |
| 시간 | 36 | 37 | 39 | 41 | 44 | 45 | 48 | 50 | 52 | 55 |

중위값은 자료의 개수가 짝수이면, $\frac{n}{2}$번째와 $\frac{n}{2}+1$번째 값의 평균으로 계산한다. 따라서 표에 정리한 바와 같이 10번째 S직원 통근시간 33분과

11번째 N직원의 통근시간 36분의 평균은 $\frac{33+36}{2}=34.5$분이다.

## 33

㉠ 2차 구매 시 1차와 동일한 제품을 구매하는 사람들이 다른 어떤 제품을 구매하는 사람들보다 많은 것으로 나타났다.
㉢ 1차에서 C를 구매한 사람들은 전체 구매자들(541명) 중 약 37.7%(204명)로 가장 많았고, 2차에서 C를 구매한 사람들은 전체 구매자들 중 약 42.7%(231명)로 가장 많았다.

**오답분석**

㉡ 1차에서 A를 구매한 뒤 2차에서 C를 구매한 사람들은 44명, 반대로 1차에서 C를 구매한 뒤 2차에서 A를 구매한 사람들은 17명이므로 전자의 경우가 더 많다.

## 34

볼펜 1타의 가격을 $x$원, A4용지 1박스의 가격을 $y$원이라고 하면
$3x+5y=90,300 \cdots ㉠$
$5x+7y=133,700 \cdots ㉡$
㉠과 ㉡을 연립하면, $x=9,100$, $y=12,600$이 된다.
A4용지 1박스에는 500매가 6묶음 들어 있으므로 500매 한 묶음의 가격은 $12,600 \div 6=2,100$원이다. 따라서 볼펜 1타와 A4용지 500매 가격의 합은 $9,100+2,100=11,200$원이다.

## 35

20대의 실업자 수가 30대보다 약 2배 많지만, 경제활동인구가 더 적기 때문에 실업률이 2배 이상 차이가 난다.

**오답분석**

① 50대 실업률은 40대 실업률보다 높다.
② $6,415 < 3,441 \times 2 = 6,882$
③ 20대보다 30대가 취업자 수는 많지만, 실업자 수는 적다.

## 36

$$(\text{실업자 수})=\frac{(\text{실업률})\times(\text{경제활동인구})}{100} \rightarrow \frac{2\times3,441,000}{100}=68,820\text{명}$$

## 37

정답 ②

경제활동참가율은 인구 수와 경제활동인구의 비를 대략적으로 계산하면 된다. 문항 중 인구 수 대비 경제활동인구는 60세 이상을 제외하면 절반을 넘지만, 60세 이상은 절반을 넘지 않는다. 따라서 문항 중 60세 이상의 경제활동참가율이 가장 낮다.

- 30 ~ 39세 : $\frac{6,415}{8,519} ≒ 0.75$

- 40 ~ 49세 : $\frac{6,366}{8,027} ≒ 0.79$

- 50 ~ 59세 : $\frac{3,441}{4,903} ≒ 0.7$

따라서 40 ~ 49세의 경제활동참가율이 30 ~ 39세와 50 ~ 59세의 경제활동참가율보다 높다.

## 38

정답 ①

A시는 C시보다 인구가 두 배 이상이지만 천 명당 자동차 대수는 딱 절반이므로 자동차 대수는 A시가 더 많다. 마찬가지로 D시는 B시보다 인구가 절반 정도이지만 천 명당 자동차 대수는 두 배 이상이므로 자동차 대수는 D시가 더 많다.

## 39

정답 ④

- A시의 1인당 자동차 대수 : $204÷1,000=0.204 \rightarrow 0.204\times3=0.612$
- B시의 1인당 자동차 대수 : $130÷1,000=0.13 \rightarrow 0.13\times3=0.39$
- C시의 1인당 자동차 대수 : $408÷1,000=0.408 \rightarrow 0.408\times3=1.224$
- D시의 1인당 자동차 대수 : $350÷1,000=0.35 \rightarrow 0.35\times3=1.05$

따라서 가구당 평균 한 대 이상의 자동차를 보유하는 시는 C도시, D도시이다.

## 40

정답 ③

C시의 자동차 대수 : $(530,000\times408)÷1,000=530\times408$

∴ (C시의 도로 1km당 자동차 대수)$=(530\times408)÷318=680$대

## 41

정답 ④

총 스팸 수신량은 다음과 같다.

- 2016년 하반기 : $2.2+0.44=2.64$통
- 2017년 상반기 : $2.1+0.46=2.56$통
- 2017년 하반기 : $2.21+0.43=2.64$통
- 2018년 상반기 : $2.39+0.46=2.85$통
- 2018년 하반기 : $2.19+0.3=2.49$통
- 2019년 상반기 : $1.64+0.28=1.92$통
- 2019년 하반기 : $1.4+0.26=1.66$통

따라서 총 스팸이 가장 많을 때는 2018년 상반기, 가장 적을 때는 2019년 하반기이다.

∴ $2.85-1.66=1.19$

## 42

정답 ③

$$\frac{1.64-1.4}{1.64}\times 100 ≒ 14.6\%$$

## 43

정답 ③

2018년 상반기부터 이메일 스팸과 휴대전화 스팸 모두 1인 1일 수신량이 감소하고 있다.

## 44

정답 ①

(가) : $1,350-(13+17+246+731)=343$

## 45

정답 ②

$$\frac{1,200}{731+1,200+937+289}\times 100 ≒ 38\%$$

## 46

정답 ②

2015 ~ 2019년 UN PKO로 파병된 수는 $733+741+1,218+1,526+1,200=5,418$명이다.

## 47

정답 ①

$$\frac{21.2}{14.7} ≒ 1.4$$

## 48

정답 ③

임금과 수입 측면에서 기업과 공공연구기관의 만족도는 증가했지만 대학의 만족도는 감소했다.

## 49

정답 ③

$[(가)+24.0+15.3-0.4]\div 4=12.4 \rightarrow 38.9+(가)=49.6$
∴ (가)$=10.7$

## 50

정답 ④

2018년 가을 평균 기온(15.3℃)은 2017년(14.5℃)에 비해 상승했다.

# CHAPTER

# 03 추리능력검사 정답 및 해설

| 01 | 02 | 03 | 04 | 05 | 06 | 07 | 08 | 09 | 10 | 11 | 12 | 13 | 14 | 15 | 16 | 17 | 18 | 19 | 20 |
|----|----|----|----|----|----|----|----|----|----|----|----|----|----|----|----|----|----|----|----|
| ④ | ③ | ④ | ④ | ① | ② | ④ | ① | ④ | ③ | ② | ③ | ① | ② | ③ | ③ | ① | ④ | ④ | ③ |
| 21 | 22 | 23 | 24 | 25 | 26 | 27 | 28 | 29 | 30 | 31 | 32 | 33 | 34 | 35 | 36 | 37 | 38 | 39 | 40 |
| ③ | ② | ④ | ① | ① | ④ | ④ | ③ | ③ | ② | ① | ④ | ③ | ③ | ② | ① | ④ | ① | ① | ③ |
| 41 | 42 | 43 | 44 | 45 | 46 | 47 | 48 | 49 | 50 | | | | | | | | | | |
| ④ | ② | ③ | ② | ② | ③ | ① | ② | ② | ② | | | | | | | | | | |

## 01                                                                 정답 ④

앞의 항에 $+3$, $+4$, $+5$, $+6$, $+7$, $+8$, …을 하는 수열이다.

## 02                                                                 정답 ③

홀수항은 $-7$을, 짝수항은 $+12$를 반복하는 수열이다.

## 03                                                                 정답 ④

$\underline{A\ B\ C\ D} \rightarrow A-B=C-D$

## 04                                                                 정답 ④

앞의 항에 $\div 4$, $+40$을 반복하는 수열이다.

## 05                                                                 정답 ①

앞의 항에 $-6$, $-5$, $-4$, $-3$, $-2$, $-1$, …을 하는 수열이다.

## 06                                                                 정답 ②

홀수항은 $+14$를, 짝수항은 $+7$을 반복하는 수열이다.

## 07                                                                 정답 ④

앞의 항에 $+2^1$, $+2^2$, $+2^3$, $+2^4$, $+2^5$, $+2^6$, …을 하는 수열이다.

## 08

정답 ①

$\underline{A\ B\ C} \rightarrow C \div B = A$

## 09

정답 ④

$A\ B\ C \rightarrow C = (A - B) \times 2$

## 10

정답 ③

홀수항은 $-7$을, 짝수항은 $+3$을 반복하는 수열이다.

## 11

정답 ②

홀수항은 $+7$을, 짝수항은 $-7$을 반복하는 수열이다.

## 12

정답 ③

앞의 항에 $+5 \times 2^0$, $+5 \times 2^1$, $+5 \times 2^2$, $+5 \times 2^3$, $+5 \times 2^4$, $+5 \times 2^5$, …을 하는 수열이다.

## 13

정답 ①

앞의 항에 $-10$, $+2$를 반복하는 수열이다.

## 14

정답 ②

앞의 항에 $+3$을 하는 수열이다.

| A | D | G | J | M | P | (S) | V |
|---|---|---|---|---|---|-----|---|
| 1 | 4 | 7 | 10 | 13 | 16 | (19) | 22 |

## 15

정답 ③

앞의 항에 $\times 2$를 하는 수열이다.

| A | B | D | H | P | (F) |
|---|---|---|---|---|-----|
| 1 | 2 | 4 | 8 | 16 | (32) |

## 16

정답 ③

앞의 항에 $+2$, $+3$, $+4$, $+5$, $+6$, …을 하는 수열이다.

| ㄴ | D | (ㅅ) | K | ㄹ | V |
|---|---|-----|---|---|---|
| 2 | 4 | (7) | 11 | 16 | 22 |

## 17

정답 ①

(앞의 항)+(뒤의 항)=(다음 항)

| ㄱ | ㄷ | ㄹ | ㅅ | (ㅋ) | ㄹ |
|---|---|---|---|---|---|
| 1 | 3 | 4 | 7 | (11) | 18 |

## 18

정답 ④

홀수항은 ×2를, 짝수항은 +2를 반복하는 수열이다.

| ㄱ | ㄷ | ㄴ | (ㅁ) | ㄹ | ㅅ |
|---|---|---|---|---|---|
| 1 | 3 | 2 | (5) | 4 | 7 |

## 19

정답 ④

앞의 항에 −2를 하는 수열이다.

| Q | O | M | K | I | G | (E) | C |
|---|---|---|---|---|---|---|---|
| 17 | 15 | 13 | 11 | 9 | 7 | (5) | 3 |

## 20

정답 ③

(앞의 항)×2−1=(뒤의 항)

| B | C | E | I | Q | (G) |
|---|---|---|---|---|---|
| 2 | 3 | 5 | 9 | 17 | (33) |

## 21

정답 ③

앞의 항에 +1, +2, +4, +8, +16, …을 하는 수열이다.

| C | D | (F) | J | R | H |
|---|---|---|---|---|---|
| 3 | 4 | (6) | 10 | 18 | 34 |

## 22

정답 ②

앞의 항에 ÷2, +11을 반복하는 수열이다.

| N | ㅅ | R | ㅈ | T | ㅊ | (U) |
|---|---|---|---|---|---|---|
| 14 | 7 | 18 | 9 | 20 | 10 | (21) |

## 23

정답 ④

홀수항은 −4를, 짝수항은 +2를 반복하는 수열이다.

| 휴 | 유 | 츄 | 츄 | 뷰 | 튜 | 뉴 | (휴) |
|---|---|---|---|---|---|---|---|
| 14 | 8 | 10 | 10 | 6 | 12 | 2 | (14) |

## 24

정답 ①

홀수항은 +2를, 짝수항은 +3을 반복하는 수열이다.

| ㅁ | ㅅ | ㅅ | ㅊ | ㅈ | ㅍ | ㅋ | (ㄴ) |
|---|---|---|---|---|---|---|---|
| 5 | 7 | 7 | 10 | 9 | 13 | 11 | (16) |

## 25

정답 ①

앞의 항에 +3, +4, +5, +6, +7, …을 하는 수열이다.

| ㄴ | ㅁ | ㅈ | ㅎ | ㅂ | (ㅍ) |
|---|---|---|---|---|---|
| 2 | 5 | 9 | 14 | 20 | (27) |

## 26

정답 ④

앞의 항에 −3을 하는 수열이다.

| (A) | X | U | R | O | L |
|---|---|---|---|---|---|
| (27) | 24 | 21 | 18 | 15 | 12 |

## 27

정답 ④

홀수항은 ×2를, 짝수항은 ÷2를 반복하는 수열이다.

| B | X | D | L | H | F | P | (C) |
|---|---|---|---|---|---|---|---|
| 2 | 24 | 4 | 12 | 8 | 6 | 16 | (3) |

## 28

정답 ③

앞의 항에 +3, ÷2를 반복하는 수열이다.

| 캐 | 해 | 새 | 채 | 매 | 애 | (래) |
|---|---|---|---|---|---|---|
| 11 | 14 | 7 | 10 | 5 | 8 | (4) |

## 29

정답 ③

오답분석

①・②・④ 첫 번째 문자에 각각 ×2, ×3, ×4를 한 것이다.

## 30

정답 ②

오답분석

①・③・④ 앞 문자에 순서대로 ×3, −2, ×2를 한 것이다.

## 31

**오답분석**
②·③·④ 앞 문자에 순서대로 −4, −5, +1을 한 것이다.

## 32
정답 ④

**오답분석**
①·②·③ 앞 문자에 +1, −3, +5를 한 것이다.

## 33
정답 ③

**오답분석**
①·②·④ 앞 문자에 +0, +3, +6을 한 것이다.

## 34
정답 ③

**오답분석**
①·②·④ 앞 문자에 +2, −2, +2를 한 것이다.

## 35
정답 ②

**오답분석**
①·③·④ 앞 문자에 −4, −3, ×2를 한 것이다.

## 36
정답 ①

**오답분석**
②·③·④ 앞 문자에 ×2, −3, +6을 한 것이다.

## 37
정답 ④

첫 번째 명제의 대우는 '자연을 좋아하지 않는 사람은 강아지를 좋아하지 않는다.'이고, 두 번째 명제의 대우는 '자연을 좋아하지 않는 사람은 나무를 좋아하지 않는다.'이다. 두 대우 명제를 연결하면 ④와 같다.

## 38
정답 ①

각각의 조건을 수식으로 비교해 보면, 다음과 같다.
A > B, D > C, F > E > A, E > B > D
∴ F > E > A > B > D > C

## 39
정답 ①

D가 4등일 경우에는 C − E − A − D − F − B 순서로 들어오게 된다.

## 40
정답 ③

39번 문제와 같이 D가 4등이라는 조건이 있다면 C가 1등이 되지만, 주어진 제시문만으로는 C가 1등인지 4등인지 정확히 알 수 없다.

## 41
정답 ④

추의 무게는 지구가 추를 당기는 힘이다. 이의 반작용은 추가 지구를 당기는 힘이다.

**작용 · 반작용의 법칙**
한 물체가 다른 물체에 힘(작용)을 가하면, 힘을 받은 물체도 힘을 가한 물체에 크기는 같고 방향이 반대인(반작용) 힘을 가한다.

## 42
정답 ②

**단백질**
• 구성 원소 : 탄소(C), 수소(H), 산소(O), 질소(N)
• 기본 단위 : 아미노산
• 기능 및 특징 : 몸의 주요 구성 성분(근육, 털 등), 에너지원(4kcal/g), 효소와 호르몬의 주성분
• 함유식품 : 육류, 우유, 콩, 달걀, 생선 등

## 43
정답 ③

힘($F$)=질량($m$)×가속도($a$)

$\therefore \ m = \dfrac{F}{a} = \dfrac{8}{2} = 4\text{kg}$

## 44
정답 ②

재생 에너지원은 사용해도 없어지지 않고 다시 생겨나는 에너지원으로 태양, 풍력(바람), 지열, 파도 등이 해당된다.

## 45
정답 ②

기초 대사량은 생명 유지에 필요한 최소의 열량을 말하며(ⓒ), 나이 및 성별, 체표 면적에 따라 차이가 있는데(ⓛ) 남성이 여성보다 높고, 키가 크고 마른 사람이 키가 작고 뚱뚱한 사람보다 높으며, 지방이 적은 사람, 나이가 어린 사람이 그렇지 않은 사람보다 높다.

## 46
정답 ③

지구에서의 위치 에너지는 지표면과 멀어질수록 증가하게 된다. 따라서 위치 에너지가 가장 작은 지점은 지표면과 가장 가까이 있는 곳이다.

## 47
정답 ①

물은 산소 원자 1개와 수소 원자 2개로 구성되어 있으며, 사람의 체중에서 가장 큰 비율을 차지하고, 끓으면 수증기로 변하는 성질을 가지고 있다.

## 48

유전자는 DNA상에 있으며, DNA는 뭉쳐서 염색체를 형성한다. 사람의 염색체는 총 23쌍(46개)으로, 상염색체 22쌍, 성염색체 1쌍을 가진다. 또한, 성염색체는 남성이 XY 염색체, 여성이 XX 염색체를 가진다.

## 49

다각형은 점점 각이 하나씩 증가하는 형태이고, 원은 다각형 안쪽에 있다가 바깥쪽에 있다가를 반복한다.

## 50

• 삼각형 : 오른쪽 대각선 방향으로 위, 아래 도형 생성
• 사각형 : 위, 오른쪽 도형 생성
• 원 : 위 도형 생성
• 마름모 : 왼쪽 도형 생성

| 01 | 02 | 03 | 04 | 05 | 06 | 07 | 08 | 09 | 10 | 11 | 12 | 13 | 14 | 15 | 16 | 17 | 18 | 19 | 20 |
|----|----|----|----|----|----|----|----|----|----|----|----|----|----|----|----|----|----|----|----|
| ④ | ④ | ③ | ② | ③ | ④ | ① | ③ | ② | ④ | ④ | ① | ① | ② | ④ | ③ | ④ | ④ | ③ | ① |
| 21 | 22 | 23 | 24 | 25 | 26 | 27 | 28 | 29 | 30 | 31 | 32 | 33 | 34 | 35 | 36 | 37 | 38 | 39 | 40 |
| ② | ① | ① | ② | ② | ① | ② | ② | ② | ① | ① | ② | ① | ④ | ③ | ④ | ③ | ③ | ① | ④ |
| 41 | 42 | 43 | 44 | 45 | 46 | 47 | 48 | 49 | 50 | | | | | | | | | | |
| ② | ④ | ① | ② | ④ | ④ | ② | ① | ③ | ④ | | | | | | | | | | |

## 01
정답 ④

 오답분석

①   ②   ③

## 02
정답 ④

 오답분석

①   ②   ③

## 03
정답 ③

오답분석

①   ②   ④

## 04

정답 ②

오답분석

①
③
④

## 05

정답 ③

## 06

정답 ④

## 07

정답 ①

## 08

정답 ③

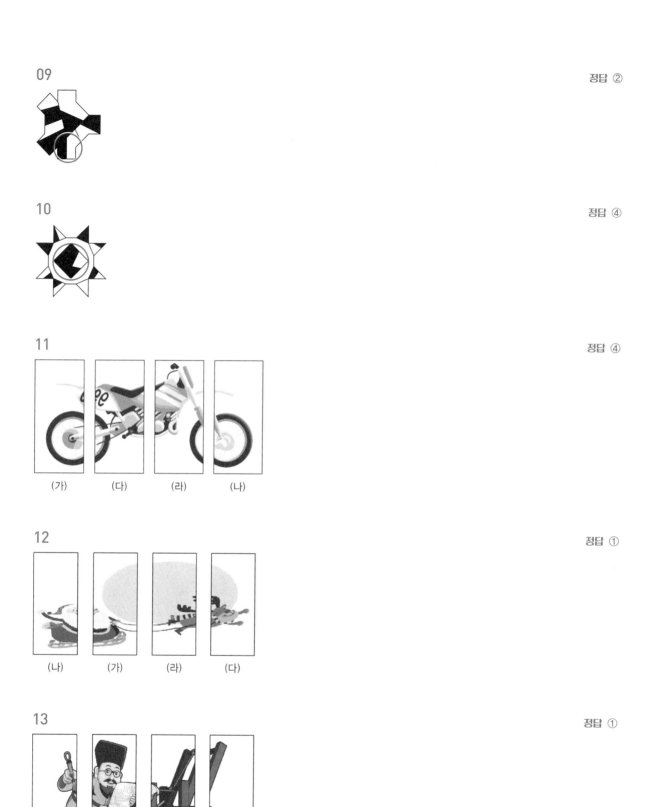

09 정답 ②

10 정답 ④

11 정답 ④

(가)  (다)  (라)  (나)

12 정답 ①

(나)  (가)  (라)  (다)

13 정답 ①

(다)  (나)  (라)  (가)

## 14

정답 ②

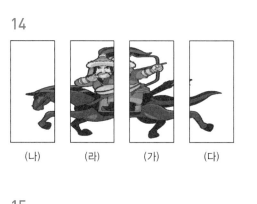

(나)　　(라)　　(가)　　(다)

## 15

정답 ④

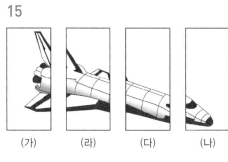

(가)　　(라)　　(다)　　(나)

## 16

정답 ③

(나)　　(가)　　(라)　　(다)

## 17

정답 ④

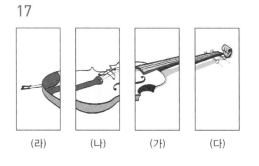

(라)　　(나)　　(가)　　(다)

18　　　　　　　　　　　　　　　　　　　　　　　　　　　　　　　　　　정답 ④

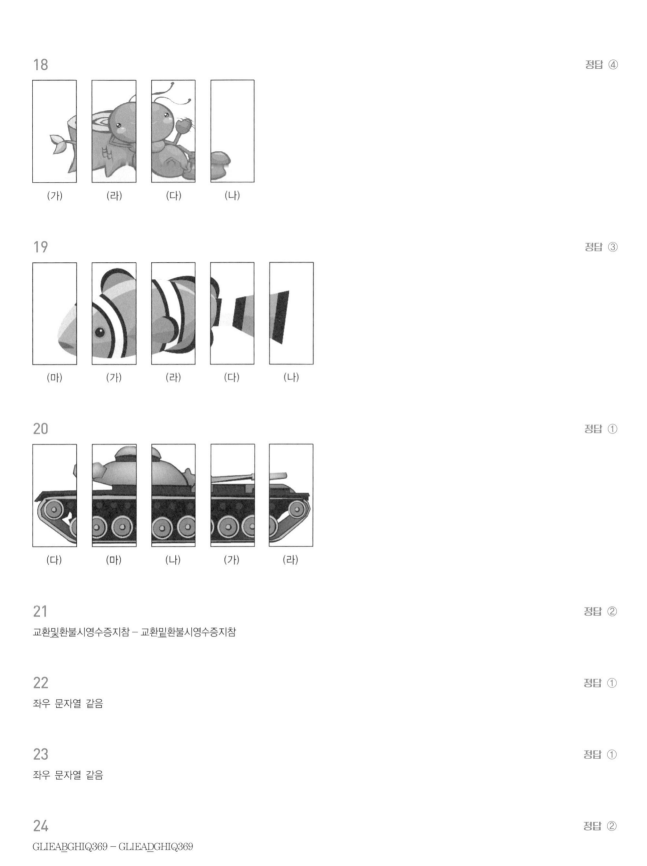

(가)　　　(라)　　　(다)　　　(나)

19　　　　　　　　　　　　　　　　　　　　　　　　　　　　　　　　　정답 ③

(마)　　(가)　　(라)　　(다)　　(나)

20　　　　　　　　　　　　　　　　　　　　　　　　　　　　　　　　　정답 ①

(다)　　(마)　　(나)　　(가)　　(라)

21　　　　　　　　　　　　　　　　　　　　　　　　　　　　　　　　　정답 ②

교환<u>및</u>환불시영수증지참 – 교환<u>밑</u>환불시영수증지참

22　　　　　　　　　　　　　　　　　　　　　　　　　　　　　　　　　정답 ①

좌우 문자열 같음

23　　　　　　　　　　　　　　　　　　　　　　　　　　　　　　　　　정답 ①

좌우 문자열 같음

24　　　　　　　　　　　　　　　　　　　　　　　　　　　　　　　　　정답 ②

GLIEA<u>B</u>GHIQ369 – GLIEA<u>D</u>GHIQ369

## 25
정답 ②

1141049657 − 1141048657

## 26
정답 ①

좌우 문자열 같음

## 27
정답 ②

わろるぺぼぜすじごげちぴ − わろるぺぼぜすじごげちよ

## 28
정답 ②

idbdueyhdqdiek − idbduewhdqdiek

## 29
정답 ②

!*\$^◇:&^_#\$@! − !*\$^◇:&^=#\$@!

## 30
정답 ①

좌우 문자열 같음

## 31
정답 ①

오답분석

② Violin Sonota BB.124−Ⅲ
③ Violin Sonata BB.124−Ⅱ
④ Violin Sonata BP.124−Ⅲ

## 32
정답 ②

오답분석

① ⑤09①36⑤74③3
③ ⑤09①36⑤74⑤3
④ ⑤09①36⑤74③8

## 33
정답 ①

오답분석

② 01−920589−49828
③ 01−920569−59828
④ 01−920569−49823

## 34

DeCaqua&Listz(1968)

정답 ④

## 35

決定過程의 透明性가 公正性

정답 ③

## 36

〉〈@1%^$()=+₩

정답 ④

## 37

さしどべぴゆよりれうちぐ

정답 ③

## 38

346778956231

정답 ③

## 39

bkqwqavyumnz

정답 ①

## 40

金撤床社七史上上普及官役

정답 ④

## 41

정답 ②

## 42

정답 ④

## 43

전개도를 정육면체로 접었을 때 어떤 면의 뒷면은 전개도에서 그 면의 일직선으로 2면 떨어져 있는 면이다. 따라서 다음과 같이 앞면의 모양이 조건의 모양과 같도록 전개도를 회전시킨 후 앞면과 일직선으로 2면 떨어져 있는 면을 찾으면 된다.

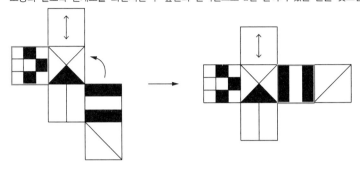

## 44

전개도를 정육면체로 접었을 때 어떤 면의 뒷면은 전개도에서 그 면의 일직선으로 2면 떨어져 있는 면이다. 따라서 다음과 같이 앞면의 모양이 조건의 모양과 같도록 전개도를 회전시킨 후 앞면과 일직선으로 2면 떨어져 있는 면을 찾으면 된다.

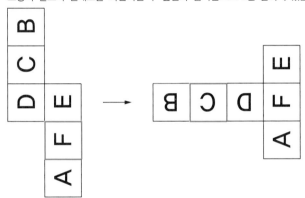

## 45

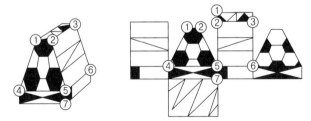

## 46

1층 : 9개, 2층 : 8개, 3층 : 6개, 4층 : 2개
∴ 25개

## 47

정답 ②

1층 : 4개, 2층 : 3개, 3층 : 1개

∴ 8개

## 48

정답 ①

직육면체가 되기 위해서는 한 층에 $3×3=9$개씩 4층이 필요하다.

∴ $36-25=11$개

## 49

정답 ③

$3×3$으로 배열된 내부에 노출되지 않은 블록이 1층과 2층에 각각 1개씩 존재한다.

## 50

정답 ④

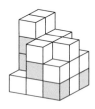

# 2

# 실전모의고사 정답 및 해설

# 실전모의고사 정답 및 해설

| 01 | 02 | 03 | 04 | 05 | 06 | 07 | 08 | 09 | 10 | 11 | 12 | 13 | 14 | 15 | 16 | 17 | 18 | 19 | 20 |
|----|----|----|----|----|----|----|----|----|----|----|----|----|----|----|----|----|----|----|----|
| ① | ④ | ③ | ④ | ④ | ① | ③ | ② | ④ | ② | ④ | ③ | ④ | ② | ④ | ② | ① | ③ | ② | ③ |
| 21 | 22 | 23 | 24 | 25 | 26 | 27 | 28 | 29 | 30 | 31 | 32 | 33 | 34 | 35 | 36 | 37 | 38 | 39 | 40 |
| ① | ① | ③ | ② | ④ | ③ | ② | ② | ③ | ④ | ② | ④ | ① | ① | ① | ④ | ① | ② | ③ | ③ |
| 41 | 42 | 43 | 44 | 45 | 46 | 47 | 48 | 49 | 50 | | | | | | | | | | |
| ② | ④ | ② | ④ | ④ | ③ | ③ | ② | ④ | ① | | | | | | | | | | |

## 01           정답 ①

• 비추다 : 빛을 내는 대상이 다른 대상에 빛을 보내어 밝게 하다.
• 조명(照明)하다 : 광선으로 밝게 비춤. 또는 어떤 대상을 일정한 관점으로 바라보다.

**오답분석**

② 조회(照會)하다 : 어떠한 사항이나 내용이 맞는지 관계되는 기관 등에 알아보다.
③ 대조(對照)하다 : 둘 이상인 대상의 내용을 맞대어 같고 다름을 검토하다.
④ 투조(透彫)하다 : 조각에서, 재료의 면을 도려내어서 도안을 나타내다.

## 02           정답 ④

• 빌미 : 재앙이나 탈 따위가 생기는 원인
• 화근(禍根) : 재앙의 근원

**오답분석**

① 총기(聰氣) : 총명한 기운. 또는 좋은 기억력
② 걸식(乞食) : 음식 따위를 빌어먹음. 또는 먹을 것을 빎
③ 축의(祝儀) : 축하하는 뜻을 나타내기 위하여 행하는 의식. 또는 축하한다는 의미로 내는 돈이나 물건

## 03           정답 ③

• 꿉꿉하다 : 조금 축축하다(≒눅눅하다).
• 강마르다 : 물기가 없이 바싹 메마르다. 성미가 부드럽지 못하고 메마르다. 또는 살이 없이 몹시 수척하다.

**오답분석**

① 강샘하다 : 부부 사이나 사랑하는 이성(異性) 사이에서 상대되는 이성이 다른 이성을 좋아할 경우에 지나치게 시기하다(≒질투하다).
② 꽁꽁하다 : 아프거나 괴로워 앓는 소리를 내다. 강아지가 짖다. 또는 작고 가벼운 물건이 자꾸 바닥이나 물체 위에 떨어지거나 부딪쳐 소리가 나다.
④ 눅눅하다 : 축축한 기운이 약간 있다. 또는 물기나 기름기가 있어 딱딱하지 않고 무르며 부드럽다.

## 04
정답 ④

- 개방 : 문이나 어떠한 공간 따위를 열어 자유롭게 드나들고 이용하게 함
- 폐쇄 : 문 따위를 닫아걸거나 막아 버림

**오답분석**

① 공개 : 어떤 사실이나 사물, 내용 따위를 여러 사람에게 널리 터놓음
② 석방 : 법에 의하여 구속하였던 사람을 풀어 자유롭게 하는 일
③ 개혁 : 제도나 기구 따위를 새롭게 뜯어 고침

## 05
정답 ④

제시문과 ④의 '생각하다'는 '어떤 사람이나 일에 대하여 성의를 보이거나 정성을 기울이다.'의 의미이다.

**오답분석**

① 사람이 머리를 써서 사물을 헤아리고 판단하다.
② 어떤 사람이나 일 따위에 대하여 기억하다.
③ 어떤 일을 하려고 마음을 먹다.

## 06
정답 ①

제시문과 ①의 '울다'는 '종이나 천둥, 벨 따위가 소리를 내다.'의 의미이다.

**오답분석**

② 기쁨, 슬픔 따위의 감정을 억누르지 못하거나 아픔을 참지 못하여 눈물을 흘리다. 또는 그렇게 눈물을 흘리면서 소리를 내다.
③ 물체가 바람 따위에 흔들리거나 움직여 소리가 나다.
④ 짐승, 벌레, 바람 따위가 소리를 내다.

## 07
정답 ③

제시문과 ③의 '마음'은 '사람의 생각, 감정, 기억 따위가 생기거나 자리 잡는 공간이나 위치'의 의미이다.

**오답분석**

① 사람이 사물의 옳고 그름이나 좋고 나쁨을 판단하는 심리나 심성의 바탕
② 사람이 어떤 일에 대하여 가지는 관심
④ 사람이 다른 사람이나 사물에 대하여 감정이나 의지, 생각 따위를 느끼거나 일으키는 작용이나 태도

## 08
정답 ②

제시문과 ②의 '굳다'는 '근육이나 뼈마디가 뻣뻣하게 되다.'의 의미이다.

**오답분석**

① 돈이나 쌀 따위가 헤프게 없어지지 아니하고 자기의 것으로 계속 남게 되다.
③ 몸에 배어 버릇이 되다.
④ 표정이나 태도 따위가 부드럽지 못하고 딱딱하여지다.

## 09
정답 ④

제시문은 일반적인 재화의 특성과 합리적으로 재화를 소비하는 방법에 대해 설명하는 글이다. 따라서 (마) 재화를 구입하는 이유 → (다) 일부 재화를 제외하고는 재화를 사용해 보기 전까지 효용을 알 수 없음 → (라) 음식점에서 주문한 음식을 주문하기 전까지는 맛을 알 수 없다는 예시 → (나) 따라서 소비 전에 재화로부터 예상되는 편익을 정확히 조사해야 함 → (가) 사전에 정보 없이 일방적 설명만 듣고 구매하면 후회할 수 있음의 순서로 나열하는 것이 적절하다.

## 10 정답 ②

읍참마속(泣斬馬謖)은 큰 목적을 위하여 자기가 아끼는 사람을 버림을 이르는 말로, 중국 촉나라 제갈량이 군령을 어기어 전투에서 패한 마속을 눈물을 머금고 참형에 처하였다는 데서 유래하였다. 그밖에 빈칸에 들어갈 수 있는 말로는 자기 몸을 상해 가면서까지 꾸며 내는 계책이라는 뜻의 '고육지책(苦肉之策)'이 있다.

> **오답분석**
> ① 일패도지(一敗塗地) : 싸움에 한 번 패하여 간과 뇌가 땅바닥에 으깨어진다는 뜻으로, 여지없이 패하여 다시 일어날 수 없게 되는 지경에 이름을 이르는 말
> ③ 도청도설(道聽塗說) : 길에서 듣고 길에서 말한다는 뜻으로, 길거리에 퍼져 돌아다니는 뜬소문을 이르는 말
> ④ 원교근공(遠交近攻) : 먼 나라와 친교를 맺고 가까운 나라를 공격함

## 11 정답 ④

> **오답분석**
> ① 제시문에서 언급되지 않은 내용이다.
> ② '무질서 상태'가 '체계가 없는' 상태라고 할 수 없다. 그것이 '혼란스러운 상태'를 의미하는지도 제시문을 통해서는 알 수 없다.
> ③ 현실주의자들이 숙명론, 결정론적이라고 비판당하는 것이다.

## 12 정답 ③

오래된 물건은 실용성으로 따질 수 없는 가치를 지니고 있지만, 그 가치가 보편성을 지닌 것은 아니다. 사람들의 손때가 묻은 오래된 물건들은 보편적이라기보다는 개별적이고 특수한 가치를 지니고 있다고 할 수 있다.

## 13 정답 ④

마지막 문단 '그리고 병원균이나 곤충, 선충에 기생하는 종들을 사용한 생물 농약은 유해 병원균이나 해충을 직접 공격하기도 한다.'를 통해 알 수 있다.

## 14 정답 ②

산업 사회의 특징에 대해 설명함으로써 산업 사회가 가지고 있는 문제점들을 강조하고 있다.

## 15 정답 ④

산업 사회는 인간의 삶을 거의 완전히 지배하고 인격을 사로잡는다. 즉, 산업 사회에서 인간은 삶의 주체가 되지 못하고 소외되고 있다. 광고 등을 통한 과소비의 유혹에서 벗어나 자신이 삶이 주체가 되도록 생활양식을 변화시켜야 한다.

## 16 정답 ②

$(182,100-86,616) \div 146 = 95,484 \div 146 = 654$

## 17 정답 ①

$49 \times 0.393 = 19.257$

## 18

정답 ③

$12 \div 80 = 0.15$

## 19

정답 ②

$\dfrac{21}{8} = 2.625 < (\quad) < 3$

따라서 (  )에 들어갈 수는 $\dfrac{8}{3} \fallingdotseq 2.67$이다.

**오답분석**

① $\dfrac{5}{2} = 2.5$, ③ $\dfrac{9}{4} = 2.25$, ④ $\dfrac{18}{7} \fallingdotseq 2.57$

## 20

정답 ③

$17 \diamondsuit 4 = (4 \times 17 - 4 - 8) \div (17 + 2 \times 4 - 5) = 56 \div 20 = 2.8$

$16 \blacksquare 13 = (16 + 13 - 6) \times (3 \times 16 - 2 \times 13 + 2) - 16 \times 13 = 23 \times 24 - 208 = 552 - 208 = 344$

$[(17 \diamondsuit 4) + (16 \blacksquare 13)] \div 4 = (2.8 + 344) \div 4 = 346.8 \div 4 = 86.7$

## 21

정답 ①

**(정가)-(원가)=(이익)**

$10,000 \times (1 + 0.3) \times (1 - 0.2) = 1.04 \times 10,000 = 10,400$

따라서 이익은 $10,400 - 10,000 = 400$원이다.

## 22

정답 ①

나무를 최소로 심으려면 432와 720의 최대공약수만큼의 간격으로 나무를 심어야 한다. 432와 720의 최대공약수인 144로 나누면 각각 3과 5이다. 이 수는 시작 지점의 귀퉁이는 제외하고 끝나는 지점의 귀퉁이는 포함하므로, 4개의 귀퉁이를 제외하고 계산하면 가로와 세로에 각각 2그루와 4그루씩 심을 수 있다. 따라서 $(2 \times 2) + (4 \times 2) + 4 = 16$그루를 심을 수 있다.

## 23

정답 ③

하루 동안 A, B, C가 할 수 있는 일의 양은 각각 $\dfrac{1}{10}$, $\dfrac{1}{20}$, $\dfrac{1}{40}$이다. 4일간 A와 B가 먼저 일하고, 남은 일의 양은 $1 - \left( \dfrac{1}{10} + \dfrac{1}{20} \right) \times 4 = 1 - \dfrac{3}{5} = \dfrac{2}{5}$

이다. C가 남은 일을 혼자하는 기간을 $x$일이라고 하면 $\dfrac{2}{5} = \dfrac{1}{40}x \rightarrow x = 16$

따라서 C가 혼자 일하는 기간은 16일이다.

## 24

정답 ②

나래가 자전거를 탈 때의 속력을 $x$ km/h, 진혁이가 걷는 속력을 $y$ km/h라고 하자.

$1.5x - 1.5y = 6 \cdots \bigcirc$

$x + y = 6 \cdots \bigcirc$

$\bigcirc$과 $\bigcirc$을 연립하면 $x = 5$, $y = 1$이다. 따라서 나래의 속력은 5km/h이다.

## 25

정답 ④

남성의 경우는 가장 높았던 때가 74.0%이고 가장 낮았던 때는 72.2%로 차이가 2%p 이하지만, 여성의 경우는 가장 높았던 때가 50.8%이고 가장 낮았던 때는 48.1%이므로 2%p 이상 차이가 난다.

## 26

정답 ③

전년 대비 재료비가 감소한 해는 2012년, 2013년, 2016년, 2019년이다. 4개 연도 중 비용 감소액이 가장 큰 해는 2016년으로 20,000−17,000＝3,000원 감소했다.

## 27

정답 ②

SOC, 산업·중소기업, 통일·외교, 공공질서·안전, 기타 분야가 해당한다.

**오답분석**

① 2016년의 전년 대비 증가율은 $\dfrac{27.6-24.5}{24.5} \times 100 = 12.7\%$이며, 2019년의 전년 대비 증가율은 $\dfrac{35.7-31.4}{31.4} \times 100 = 13.7\%$이다.

③ 2015년에는 기타 분야가 차지하고 있는 비율이 더 높았다.

④ SOC, 산업·중소기업, 환경, 기타 분야가 해당한다.

## 28

정답 ②

- 사회복지·보건 분야의 증감률 : $\dfrac{61.4-56.0}{56.0} \times 100 = 9.6\%$

- 공공질서·안전 분야의 증감률 : $\dfrac{10.9-11.0}{11.0} \times 100 = -0.9\%$

따라서 두 분야의 증감률 차이는 10.5%p이다.

## 29

정답 ③

홀수항은 +2를, 짝수항은 −5를 반복하는 수열이다.

## 30

정답 ④

$\underline{A\ \ B\ \ C} \rightarrow B^2 = A \times C$

## 31

정답 ②

$\underline{A\ \ B\ \ C\ \ D} \rightarrow A - D = B + C$

## 32

정답 ④

홀수항은 −3을, 짝수항은 +3을 반복하는 수열이다.

| ㅋ | ㄹ | (ㅇ) | ㅅ | ㅁ | ㅊ |
|---|---|---|---|---|---|
| 11 | 4 | (8) | 7 | 5 | 10 |

## 33
정답 ①

1, 2, 2, 3, 3, 3, 4, 4, 4, 4, …로 이루어진 수열이다.

| A | ㄴ | B | 三 | ㄷ | C | iv | 四 | (ㄹ) | D |
|---|---|---|---|---|---|---|---|---|---|
| 1 | 2 | 2 | 3 | 3 | 3 | 4 | 4 | (4) | 4 |

## 34
정답 ①

오답분석

②·③·④ 앞 문자에 −5, ×2, −5를 한 것이다.

## 35
정답 ①

오답분석

②·③·④ 앞 문자에 −3, +3, +3을 한 것이다.

## 36
정답 ④

오답분석

①·②·③ 앞 문자에 +2, +3, +5를 한 것이다.

## 37
정답 ①

이번 달의 1일이 월요일이라면 첫째·셋째 주에는 아내가 청소를 4번, 둘째·넷째 주에는 남편이 청소를 4번할 것이다.

## 38
정답 ②

이번 달 화요일은 2일, 9일, 16일, 23일, 30일이다. 아내는 홀수 일에 청소를 하고 남편은 짝수 일에 청소를 하기 때문에 아내는 2일, 남편은 3일 청소를 하게 된다. 따라서 아내가 남편보다 청소를 더 많이 한다는 것은 거짓이다.

## 39
정답 ③

오답분석

①  ②  ④

## 40
정답 ③

## 41

 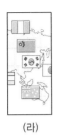  

(다)　　(라)　　(나)　　(가)

## 42

(나)　　(라)　　(다)　　(가)

## 43

 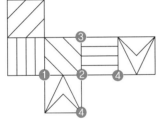

## 44

## 45

⇧□→□≤→⇩⇒≡∞

## 46

d^2f(x)1dx^2=f^(2)(x)

## 47

정육면체가 되기 위해서는 한 층에 $4 \times 4 = 16$개씩 4층이 필요하다.

∴ $64 - 12 = 52$개

## 48

정답 ②

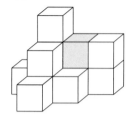

## 49

정답 ④

| | | | | | | | | | | | |
|---|---|---|---|---|---|---|---|---|---|---|---|
| (n) | (f) | (e) | (h) | (g) | (v) | (i) | (q) | (a) | (g) | (d) | (n) |
| (v) | (g) | (i) | (w̲) | (d) | (k) | (e) | (h) | (k) | (f) | (q) | (h) |
| (d) | (b̲) | (v) | (f) | (q) | (g) | (f) | (n) | (i) | (h) | (k) | (f) |
| (e) | (h) | (n) | (g) | (i) | (e) | (h) | (g) | (d) | (z̲) | (v) | (e) |

## 50

정답 ①

| | | | | | | | | | | | |
|---|---|---|---|---|---|---|---|---|---|---|---|
| ← | ↪ | ↔ | → | ↱ | ↓ | ↦ | ↔ | ↰ | ↪ | → | ↳ |
| ↕ | ↵ | ↦ | ↗ | ∿ | → | ↗ | ↵ | ↕ | ∿ | ↦ | ↪ |
| ↪ | ↙ | ↔ | ↱ | ↵ | ↙ | ← | ↑ | ↗ | ↪ | ↱ | ↓ |
| ↔ | → | ∿ | ↕ | ↗ | ↪ | ∿ | ↙ | ↦ | → | ↵ | ↔ |

# 실전모의고사 정답 및 해설

| 01 | 02 | 03 | 04 | 05 | 06 | 07 | 08 | 09 | 10 | 11 | 12 | 13 | 14 | 15 | 16 | 17 | 18 | 19 | 20 |
|----|----|----|----|----|----|----|----|----|----|----|----|----|----|----|----|----|----|----|----|
| ④ | ④ | ② | ③ | ① | ④ | ② | ② | ① | ③ | ④ | ③ | ② | ① | ① | ③ | ① | ④ | ③ | ② |
| 21 | 22 | 23 | 24 | 25 | 26 | 27 | 28 | 29 | 30 | 31 | 32 | 33 | 34 | 35 | 36 | 37 | 38 | 39 | 40 |
| ③ | ③ | ④ | ③ | ④ | ② | ③ | ① | ④ | ④ | ③ | ④ | ③ | ② | ① | ① | ③ | ③ | ③ | ③ |
| 41 | 42 | 43 | 44 | 45 | 46 | 47 | 48 | 49 | 50 | | | | | | | | | | |
| ② | ① | ② | ① | ③ | ① | ② | ③ | ① | ② | | | | | | | | | | |

## 01
정답 ④

• 읍소(泣訴)하다 : 눈물을 흘리며 간절히 하소연하다.
• 애걸(哀乞)하다 : 소원을 들어 달라고 애처롭게 빌다.

오답분석

① 읍례(揖禮)하다 : 남을 향하여 읍하여 예를 하다.
② 간색(看色)하다 : 물건의 일부분을 보아 질을 살피다.
③ 가붓하다 : 조금 가벼운 듯하다.

## 02
정답 ④

• 각오 : 앞으로 해야 할 일이나 겪을 일에 대한 마음의 준비
• 결심 : 할 일에 대하여 어떻게 하기로 마음을 굳게 정함

오답분석

① 결정 : 행동이나 태도를 분명하게 정함
② 결단 : 결정적인 판단을 하거나 단정을 내림
③ 방법 : 어떤 일을 해나가거나 목적을 이루기 위하여 취하는 수단이나 방식

## 03
정답 ②

• 풍만(豊滿)하다 : 풍족하여 그득하다. 또는 몸에 살이 탐스럽게 많다.
• 궁핍(窮乏)하다 : 몹시 가난하다.

오답분석

① 납신하다 : 윗몸을 가볍고 빠르게 구부리다. 또는 입을 빠르고 경망스럽게 놀려 말하다.
③ 농단(壟斷)하다 : 이익이나 권리를 독차지하다.
④ 몽매(蒙昧)하다 : 어리석고 사리에 어둡다.

## 04

• 도심 : 도시의 중심부
• 교외 : 도시의 주변 지역

**오답분석**

① 강건 : 의지나 기상이 굳세고 건전함
② 단축 : 시간이나 거리 따위가 짧게 줄어듦
④ 문명 : 인류가 이룩한 물질적, 기술적, 사회 구조적인 발전

## 05

적어도 그가 기대한 효과를 거두지(얻지) 못한 것은 확실하다.
방이 하도 뒤죽박죽 흐트러져 있어 거기서 무얼 찾겠다는 생각을 거두고(끝내고) 말았다.
그녀는 눈물을 거두고(그치고) 약간 겁에 질린 얼굴로 그를 바라보았다.

## 06

파도 소리가 우리를 바다로 향하도록 불렀다(유도하였다).
만세를 부르다(외치다).
그 스스로 화를 부르는(초래하는) 일을 자초했다.

## 07

나는 아직도 그에게는 실력이 밀린다(부친다).
오늘은 유난히 고속도로가 밀린다(막힌다).
그는 인물이 비교적 남에게 밀린다(떨어진다).

## 08

제시문과 ②의 '짓다'는 '관계를 맺거나 짝을 이루다.'는 의미이다.

**오답분석**

① 재료를 들여 밥, 옷, 집 따위를 만들다.
③ 논밭을 다루어 농사를 하다.
④ 한데 모여 줄이나 대열 따위를 이루다.

## 09

제시문은 주관적으로 사물을 바라보는 '오류'의 가능성과 이러한 '오류'의 긍정적 면모에 대하여 설명하고 있다. 따라서 (가) 개인의 경험과 관심, 흥미에 따라 달라지는 사물의 상 → (나) 낯설거나 명료하지 않은 이미지를 바라볼 때 나타나는 심리적 경향 → (다) 사물을 볼 때 나타나는 '오류'의 가능성 → (라) '오류'의 또 다른 면모 → (마) '오류'의 긍정적인 사례의 순서로 배열하는 것이 적절하다.

## 10

어떤 처지가 되지 않기 위해 회피해야 할 일에 대한 가언적 명령이다.
• 정언적 명령 : 무조건적으로 지켜야 하는 명령
• 가언적 명령 : 일정한 목적을 설정하고 이 목적을 달성하려면 어떤 행동을 하는 것이 타당한가에 관해 내려지는 명령

## 11
정답 ④

제시된 글에 따르면 인간의 심리적 문제는 비합리적인 신념의 '원인'이 아닌 '산물'이다.

## 12
정답 ③

유전거리 비교의 한계를 보완하기 위해 나온 방법이 유전체 유사도를 측정하는 방법이며, 유전체 유사도는 종의 경계를 확정하는 데 유용한 기준을 제공한다고 하였으므로 ③은 옳은 내용이다.

**오답분석**

① 두 번째 문단 첫 번째 문장에 따르면 미생물의 종 구분에 외양과 생리적 특성을 이용한 방법이 사용되기도 한다.
② 마지막 문단에 따르면, 수많은 유전자를 모두 비교하는 것은 현실적으로 어렵기 때문에, 유전체의 특성을 화학적으로 비교하는 방법이 주로 사용되고 있다.
④ 마지막 문단에 따르면 유전체의 특성을 화학적으로 비교하는 방법이 주로 사용되고 있다.

## 13
정답 ②

동물의 몸집이 커지는 요인을 '방향적 요인(먹잇감을 얻기 쉽게 동물 스스로가 몸집을 키우는 방향으로 진화)', '환경적 요인(기후 · 대기 중 산소농도 · 서식지 면적)', '생물적 요인(세포분열 및 성장 호르몬)'으로 구분하여 밝힌 후, 『걸리버 여행기』와 대왕고래를 예로 들어 거대화의 한계에 대해 서술하였다.

## 14
정답 ①

양서류나 파충류와 같은 냉혈동물은 따뜻한 기후에서 몸집이 더 커지는데, 이는 외부 열을 차단하여 체온을 유지하는 데 유리하기 때문이다. 따라서 온대 지역보다는 열대 지역의 개구리의 몸집이 더 커야 생존에 유리하다.

**오답분석**

② 대왕고래는 부력 덕분에 수중에서는 살 수 있지만, 만약 육지로 올라온다면 중력의 영향으로 몸을 지탱하기 어려워 생존이 불가능할 것이다.
③ 대형 초식동물(얼룩말)이 늘면 포식자(사자)들도 효과적인 사냥을 위해 몸집을 키우는 방향으로 진화한다고 하였다.
④ 매머드의 예를 들어 덩치가 큰 동물일수록 먹잇감을 충분하게 공급하는 넓은 면적의 서식지가 필요하다고 보았다.

## 15
정답 ①

동물은 몸집이 커지면 그에 맞게 신체 구조도 함께 바꿔야 생존할 수 있으므로, 거대육우도 일반 소와는 신체 구조가 달라질 것이다.

**오답분석**

② 〈보기〉에서 몸집이 큰 코끼리는 몸집이 작은 쥐들에 비해 대사율이 떨어져 쥐들이 자기 몸무게만큼 먹는 음식물보다 훨씬 적은 양을 먹어도 살수 있다고 하였으므로, 사료비용이 증가하는 것은 아니다.
③ 세포 수가 많아져도 생물 스스로의 조절 능력이 있기 때문에 수명이 단축되는 것은 아니다.
④ 세포 수가 증가하면 그만큼 덩치가 커져 무게가 증가하지만, 분열을 계속한다고 해서 무한정 성장하는 것은 아니다.

## 16
정답 ③

$(3,000-1,008) \div 664 = 1,992 \div 664 = 3$

## 17
정답 ①

$1{,}004 \times 0{.}807 = 810{.}228$

## 18
정답 ④

$5 \div 200 = 0{.}025$

## 19
정답 ③

$0{.}7 < (\quad) < 0{.}8$

따라서 ( )에 들어갈 수는 $\dfrac{7}{9} \fallingdotseq 0{.}78$이다.

오답분석

① $\dfrac{2}{3} \fallingdotseq 0{.}67$, ② $\dfrac{5}{8} = 0{.}625$, ④ $\dfrac{8}{13} \fallingdotseq 0{.}62$

## 20
정답 ②

$8 \triangleright 13 = \sqrt{8^2 - 2 \times 8 \times 13 + 13^2} = \sqrt{25} = 5$

$(8 \triangleright 13) \blacktriangleright 7 = 5 \blacktriangleright 7 = (3 \times 5 + 2 \times 7) \times 5 \times 7 = 1{,}015$

## 21
정답 ③

$5{,}000 \times (1 - 0{.}2) \times (1 + 0{.}1) = 0{.}88 \times 5{,}000 = 4{,}400$

따라서 판매가는 4,400원이다.

## 22
정답 ③

삶의 만족도가 한국보다 낮은 국가는 에스토니아, 포르투갈, 헝가리이다. 세 국가의 장시간 근로자 비율 평균은 $\dfrac{3.6 + 9.3 + 2.7}{3} = 5{.}2\%$이다. 이탈리아의 장시간 근로자 비율은 $5{.}4\%$이므로 옳지 않은 설명이다.

오답분석

① 삶의 만족도가 가장 높은 국가는 덴마크이며, 덴마크의 장시간 근로자 비율이 가장 낮음을 자료에서 확인할 수 있다.
② 삶의 만족도가 가장 낮은 국가는 헝가리이며, 헝가리의 장시간 근로자 비율은 $2{.}7\%$이다. $2.7 \times 10 = 27 < 28.1$이므로 한국의 장시간 근로자 비율은 헝가리의 장시간 근로자 비율의 10배 이상이다.
④ 여가ㆍ개인 돌봄시간이 가장 긴 국가는 덴마크이고, 여가ㆍ개인 돌봄시간이 가장 짧은 국가는 멕시코이다. 따라서 두 국가의 삶의 만족도 차이는 $7.6 - 7.4 = 0.2$점이다.

## 23
정답 ④

현재기온이 가장 높은 수원은 이슬점 온도는 가장 높지만 습도는 $65\%$로 다섯 번째로 높다.

오답분석

① 파주의 시정은 20km로 가장 좋다.
② 수원이 이슬점 온도와 불쾌지수 모두 가장 높다.
③ 불쾌지수 70을 초과한 지역은 수원, 동두천 2곳이다.

## 24
정답 ③

자재회사별로 필요한 자재 가격을 구하면 다음과 같다.
- K자재 : $2,000 \times 20 + 1,200 \times 70 + 1,500 \times 100 + 2,700 \times 5 = 287,500$원
- L자재 : $2,200 \times 20 + 1,200 \times 70 + 1,500 \times 100 + 2,500 \times 5 = 290,500$원
- H자재 : $2,000 \times 20 + 1,000 \times 70 + 1,600 \times 100 + 2,600 \times 5 = 283,000$원
- D자재 : $2,200 \times 20 + 1,100 \times 70 + 1,500 \times 100 + 2,500 \times 5 = 283,500$원

따라서 H자재회사가 가장 저렴하다.

## 25
정답 ④

증가한 주문량의 자재 가격만 구하여 기존가격과 합하면 다음과 같다.
- K자재 : $287,500 + 2,700 \times 7 = 287,500 + 18,900 = 306,400$원
- L자재 : $290,500 + 2,500 \times 7 = 290,500 + 17,500 = 308,000$원
- H자재 : $283,000 + 2,600 \times 7 = 283,000 + 18,200 = 301,200$원
- D자재 : $283,500 + 2,500 \times 7 = 283,500 + 17,500 = 301,000$원

따라서 바닥재 주문량이 증가하면 D자재에서 주문하는 것이 가장 저렴하다.

## 26
정답 ②

홀수항은 $\div 2$를, 짝수항은 $+12$를 반복하는 수열이다.

## 27
정답 ③

$\underline{A \ B \ C \ D} \rightarrow A \times B = C \times D$

## 28
정답 ①

앞의 항에 $\times 5$를 한 것이다.

## 29
정답 ④

앞의 항에 $-5$, $-4$, $-3$, $-2$, $-1$, …을 더하는 수열이다.

| S | ㅎ | + | G | ㅁ | (四) |
|---|---|---|---|---|---|
| 19 | 14 | 10 | 7 | 5 | (4) |

## 30
정답 ④

홀수항은 $+2$를, 짝수항은 $\times 4$를 반복하는 수열이다.

| c | A | (e) | D | g | P |
|---|---|---|---|---|---|
| 3 | 1 | (5) | 4 | 7 | 16 |

## 31
정답 ③

오답분석
①·②·④ 앞 문자에 $-1$, $+3$, $+3$을 한 것이다.

## 32
정답 ④

①·②·③ 앞 문자에 ×2를 한 것이다.

## 33
정답 ③

①·②·④ 네 번째 문자는 나머지 세 문자의 합이다.

## 34
정답 ②

C − □ − B − □ − A의 경우 A, B, C 사이에 다른 사람이 들어갈 수 있다.

## 35
정답 ①

A, B, C, D, E가 서 있을 수 있는 경우는 EABCD, ECBAD, CEBDA, CDBEA, ABCDE, ABCED, CBAED, CBADE 총 8가지다.

## 36
정답 ①

$$I = \frac{V}{R} = \frac{10}{5} = 2A$$

## 37
정답 ③

제시된 내용은 온도에 따른 반응 속도로, 낮은 온도에서 음식물은 쉽게 변질되지 않는다.

## 38
정답 ③

## 39
정답 ③

## 40
정답 ③

(나)  (가)  (라)  (다)

## 41
정답 ②

아버지는내일돌아오신다 – 아버지는내일둘아오신다

## 42
정답 ①

좌우 문자열 같음

## 43
정답 ②

RM90425584_3

## 44
정답 ①

서울 강동구 임원동 355−14

## 45
정답 ③

## 46
정답 ①

47

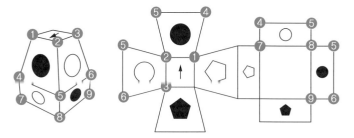

48

제시된 도형의 관계는 위와 아래의 도형을 하나로 합친 후 좌우 대칭한 것이다. 따라서 문제의 규칙에 따라 다음과 같은 도형이 온다.

49

1층 : 2개, 2층 : 1개, 3층 : 12개, 4층 : 3개, 5층 : 8개
∴ 26개

50

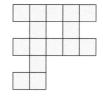

| 01 | 02 | 03 | 04 | 05 | 06 | 07 | 08 | 09 | 10 | 11 | 12 | 13 | 14 | 15 | 16 | 17 | 18 | 19 | 20 |
|----|----|----|----|----|----|----|----|----|----|----|----|----|----|----|----|----|----|----|----|
| ④ | ① | ② | ② | ④ | ④ | ③ | ④ | ④ | ② | ② | ④ | ③ | ② | ③ | ② | ① | ② | ③ | ① |
| 21 | 22 | 23 | 24 | 25 | 26 | 27 | 28 | 29 | 30 | 31 | 32 | 33 | 34 | 35 | 36 | 37 | 38 | 39 | 40 |
| ② | ① | ② | ③ | ③ | ② | ② | ② | ① | ③ | ② | ③ | ③ | ③ | ③ | ④ | ③ | ① | ④ | ③ |
| 41 | 42 | 43 | 44 | 45 | 46 | 47 | 48 | 49 | 50 | | | | | | | | | | |
| ④ | ③ | ② | ① | ③ | ② | ④ | ② | ① | ① | | | | | | | | | | |

## 01
정답 ④

• 검사 : 사실이나 일의 상태 또는 물질의 구성 성분 따위를 조사하여 옳고 그름과 낫고 못함을 판단하는 일
• 점검 : 낱낱이 검사함. 또는 그런 검사

오답분석

① 시험 : 재능이나 실력 따위를 일정한 절차에 따라 검사하고 평가하는 일
② 건강 : 정신적으로나 육체적으로 아무 탈이 없고 튼튼함. 또는 그런 상태
③ 합격 : 시험, 검사, 심사 따위에서 일정한 조건을 갖추어 어떠한 자격이나 지위 따위를 얻음

## 02
정답 ①

• 중요하다 : 귀중하고 요긴하다.
• 소중하다 : 매우 귀중하다.

오답분석

② 동요하다 : 물체 따위가 흔들리고 움직이다.
③ 무료하다 : 흥미 있는 일이 없어 심심하고 지루하다.
④ 선호하다 : 여럿 가운데서 특별히 가려서 좋아하다.

## 03
정답 ②

• 유창하다 : 말을 하거나 글을 읽는 것이 물 흐르듯이 거침이 없다.
• 어눌하다 : 말을 유창하게 하지 못하고 떠듬떠듬하는 면이 있다.

오답분석

① 제창하다 : 여러 사람이 다 같이 큰 소리로 외치다.
③ 유행하다 : 전염병이 널리 퍼져 돌아다니다.
④ 유명하다 : 이름이 널리 알려져 있다.

PART 2

## 04
• 절약하다 : 함부로 쓰지 아니하고 꼭 필요한 데에만 써서 아끼다.
• 낭비하다 : 시간이나 재물 따위를 헛되이 헤프게 쓰다.

오답분석
① 예약하다 : 미리 약속하다.
③ 요약하다 : 말이나 글의 요점을 잡아서 간추리다.
④ 준비하다 : 미리 마련하여 갖추다.

## 05
제시문과 ④의 '다듬다'는 '필요 없는 부분을 떼고 깎아 쓸모 있게 만들다.'라는 의미이다.

오답분석
①·③ 거친 바닥이나 거죽 따위를 고르고 곱게 하다.
② 맵시를 내거나 고르게 손질하여 매만지다.

## 06
제시문과 ④의 '던지다'는 '재물이나 목숨을 아낌없이 내놓다.'의 의미이다.

오답분석
① 어떤 행동을 상대편에게 하다.
② 바둑이나 장기에서, 도중에 진 것을 인정하고 끝내다.
③ 손에 든 물건을 다른 곳에 떨어지게 팔과 손목을 움직여 공중으로 내보내다.

## 07
제시문과 ③의 '통하다'는 '무엇을 매개로 하거나 중개하다.'는 의미이다.

오답분석
① 말이나 문장 따위의 논리가 이상하지 아니하고 의미의 흐름이 적절하게 이어져 나가다.
② 막힘이 없이 흐르다.
④ 마음 또는 의사나 말 따위가 다른 사람과 소통되다.

## 08
제시문과 ④의 '걸다'는 '긴급하게 명령하거나 요청하다.'는 의미이다.

오답분석
① 벽이나 못 따위에 어떤 물체를 떨어지지 않도록 매달아 올려 놓거나 달려 있게 하다.
② 다른 사람이나 문제 따위가 관련이 있음을 주장하다.
③ 앞으로의 일에 대한 희망 따위를 품거나 기대한다.

## 09
제시문은 초상 사진이라는 상업으로서의 가능성이 발견된 다게레오 타입의 사진과, 초상 사진으로 쓰일 수는 없었지만 판화와 유사하여 화가와 판화가들에게 활용된 칼로 타입 사진에 관한 글이다. 따라서 (라) 사진이 상업으로서의 가능성을 최초로 보여 준 분야인 초상 사진과 초상 사진에 사용되는 다게레오 타입 → (가) 사진관이 초상 사진으로 많은 돈을 벎 → (마) 초상 사진보다는 풍경·정물 사진에 제한적으로 이용되던 칼로 타입 → (나) 칼로 타입이 그나마 퍼진 프랑스 → (다) 판화와 유사함을 발견하고 이 기법을 작품에 활용함의 순서로 나열해야 한다.

## 10
정답 ②

· 목불식정(目不識丁) : 고무래를 보고도 그것이 고무래 정(丁)자인 줄 모른다는 뜻으로, 글자를 전혀 모름. 또는 그러한 사람을 비유하는 말
· 어로불변(魚魯不辨) : 어(魚)자와 노(魯)자를 구별하지 못한다는 뜻으로, 몹시 무식함을 비유하는 말

**오답분석**
① 과유불급(過猶不及) : 모든 사물이 정도를 지나치면 미치지 못한 것과 같다는 뜻으로, 중용이 중요함을 가리키는 말
③ 교각살우(矯角殺牛) : 결점이나 흠을 고치려다 수단이 지나쳐 도리어 일을 그르침
④ 소탐대실(小貪大失) : 작은 것을 탐하다가 오히려 큰 것을 잃음

## 11
정답 ②

후추나 천초는 고추가 전래되지 않았던 조선 전기까지 주요 향신료였으며, 19세기 이후 고추가 향신료로서 절대적인 우위를 차지하면서 후추나 천초의
지위가 달라졌다고 하였다. 그러나 후추나 천초가 김치에 쓰였다는 언급은 없다.

## 12
정답 ④

제시문은 서구화된 우리 문화의 현실 속에서 민족 문화의 전통을 계승하자는 논의가 결코 국수주의가 아님을 밝히고, 구체적인 사례를 검토하면서
전통의 본질적 의미와 그것의 올바른 계승의 방법을 모색하고 있다. 글쓴이는 전통이란 과거의 것 중에서 현재의 문화창조에 이바지하는 것이라고
보고 우리 스스로 전통을 찾고 창조해야 한다고 주장하였다.

## 13
정답 ③

비유의 참신성은 논설문과 설명문과 같은 비문학이 아닌, 시와 소설 등과 같은 문학 작품에서 주로 나타난다.

## 14
정답 ②

'나르시시즘의 예술'이라고 한 것이나, '관람객 혹은 예술가 자신은 감상의 주체이자 객체'라는 내용에서 비디오 아트가 인간 중심적 예술이라는 관점에
서 진술되고 있음을 알 수 있다.

## 15
정답 ③

비디오 아트의 선대 양식을 찾을 수 없는 것은 비디오 아트 자체의 정형화된 형태, 곧 비교의 기준이 될 수 있는 어떤 유용한 준거가 아직 마련되어
있지 않은 데 그 원인이 있다는 것이다. 또한 선대 예술 양식과의 관계를 이해하기 위해 비디오 아트의 물리적·미학적 특성을 살펴본다는 내용이므로
③은 ㉠의 논리적 전제로 볼 수 없다.

## 16
정답 ②

$0.28+2.4682-0.9681=2.7482-0.9681=1.7801$

## 17
정답 ①

$921 \times 0.369 = 339.849$

## 18

상자 안에 들어 있는 구슬의 개수는 총 12개이고, 그중에서 검정 구슬을 꺼낼 확률은 $\frac{3}{12}$이다. 따라서 검정 구슬을 꺼낼 확률은 0.25이고, 이는 2할 5푼과 같다.

## 19

$$\frac{3}{10} < (\quad) < \frac{2}{5} \rightarrow \frac{18}{60} < (\quad) < \frac{24}{60}$$

따라서 $\frac{1}{3} = \frac{20}{60}$이 적절하다.

오답분석

① $\frac{1}{10} = \frac{6}{60}$

② $\frac{7}{30} = \frac{14}{60}$

④ $\frac{7}{15} = \frac{28}{60}$

## 20

$23 \heartsuit 27 = 23 - (23 \times 27) - 27 + 1 = -624$

## 21

천포의 수학점수를 $x$점이라고 하면 네 사람의 평균이 105점이므로 $\frac{101 + 105 + 108 + x}{4} = 105 \rightarrow x + 314 = 420$

$\therefore x = 106$

## 22

$15 - 12 = 3$L이므로 1분에 3L만큼의 물을 퍼내는 것과 동일하다. 따라서 25분 후에 수조에 남아있는 물의 양은 $100 - 3 \times 25 = 25$L이다.

## 23

주사위 B에서 홀수가 나오는 경우의 수는 1, 3, 5로 3가지이다. 따라서 구하는 확률은 $\frac{3}{36} = \frac{1}{12}$이다.

## 24

연평균 무용 관람횟수가 가장 많은 시·도는 강원도이며, 연평균 스포츠 관람횟수가 가장 높은 시·도는 서울특별시이다.

오답분석

① 모든 시·도는 연평균 무용 관람횟수보다 연평균 영화 관람횟수가 더 많다.

② 경상남도에서 영화 다음으로 연평균 관람횟수가 많은 항목은 스포츠이다.

④ 자료에 따르면 대전광역시는 연극·마당극·뮤지컬을 제외한 모든 항목에서 충청북도보다 연평균 관람횟수가 높은 것을 알 수 있다.

## 25

7월과 9월에는 COD가 DO보다 많았다.

**오답분석**

① 자료를 통해 확인할 수 있다.

② DO는 4월에 가장 많았고, 9월에 가장 적었다. 이때의 차는 $12.1-6.4=5.7$mg/L이다.

④ 7월 BOD의 양은 2.2mg/L이고 12월 BOD의 양은 1.4mg/L이다. 12월 소양강댐의 7월 대비 BOD 증감률은 $\dfrac{1.4-2.2}{2.2}\times100 = -36.36\%$이다.

따라서 7월 대비 12월 소양강댐의 BOD 감소율은 30% 이상이다.

## 26

미술과 수학을 신청한 학생의 비율 차이는 $16-14=2\%$p이고, 신청한 전체 학생은 200명이므로 수학을 선택한 학생 수는 미술을 선택한 학생 수보다 $200\times0.02=4$명 더 적다.

## 27

연도별 황사의 발생횟수는 2015년에 최고치를 기록했다.

## 28

앞의 항에 $-0.7$, $+1.6$를 번갈아 가며 적용하는 수열이다. 따라서 (    )$=6.5+1.6=8.1$이다.

## 29

앞의 항에 $-9$를 하는 수열이다. 따라서 (    )$=22-9=13$이다.

## 30

분자는 $-8$이고, 분모는 $+8$인 수열이다. 따라서 (    )$=\dfrac{58-8}{102+8}=\dfrac{50}{110}$ 이다.

## 31

2, 3, 5, 7, 11로 나열된 수열이다(소수).

| B | ㄷ | E | ㅅ | (K) |
|---|---|---|---|---|
| 2 | 3 | 5 | 7 | (11) |

## 32

$1^2$, $2^2$, $3^2$, $4^2$, $5^2$로 나열된 수열이다.

| A | D | I | P | (Y) |
|---|---|---|---|---|
| 1 | 4 | 9 | 16 | (25) |

## 33

×1, +1, −1, ×2, +2, −2, ×3, +3을 하는 수열이다.

| 낭 | 낭 | 당 | 낭 | 랑 | 방 | 랑 | 탕 | (강) |
|---|---|---|---|---|---|---|---|---|
| 2 | 2 | 3 | 2 | 4 | 6 | 4 | 12 | (15) |

## 34
정답 ③

오답분석

①·②·④ 앞 문자에 +0, +3, +6으로 나열한 것이다.

## 35
정답 ③

오답분석

①·②·④ 앞 문자에 +2, −2, +2로 나열한 것이다.

## 36
정답 ④

오답분석

①·②·③ 앞 문자에 +1, −3, +5로 나열한 것이다.

## 37
정답 ③

주어진 조건에 따르면 두 가지의 경우가 있다.

경우 1)

| 5층 | D |
|---|---|
| 4층 | B |
| 3층 | A |
| 2층 | C |
| 1층 | E |

경우 2)

| 5층 | E |
|---|---|
| 4층 | C |
| 3층 | A |
| 2층 | B |
| 1층 | D |

경우 1에서 B는 A보다 위층이지만, 경우 2에서 B는 A보다 아래층이다. 따라서 참인지 거짓인지 알 수 없다.

## 38
정답 ①

37번 해설에 따르면, A부서는 항상 3층에 위치한다.

## 39
정답 ④

오답분석

①   ②   ③

## 40

정답 ③

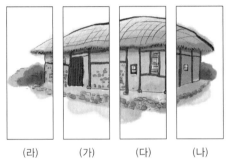

## 41

정답 ④

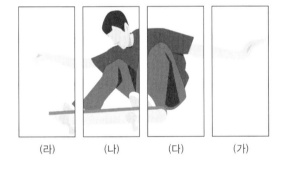

(라)　　(가)　　(다)　　(나)

## 42

정답 ③

(라)　　(나)　　(다)　　(가)

## 43

정답 ②

dhsmf$\underline{E}$hdho − dhsmf$\underline{F}$hdho

## 44

정답 ①

좌우 문자열 같음

## 45

정답 ③

## 46

정답 ②

1652798368612

## 47

정답 ④

왼쪽 도형의 안쪽 모양이 오른쪽 도형의 바깥쪽으로, 왼쪽 도형의 바깥쪽 모양이 오른쪽 도형의 안쪽으로 바뀌는 관계이다. 그리고 새로운 도형의 안쪽에는 X자의 형태로 색깔이 칠해져 있다. 따라서 원이 바깥쪽에, 사각형이 안쪽에 있으면서 사각형에 X자 형태로 색이 칠해져 있는 ④가 들어가야 한다.

## 48

정답 ②

1층 : 7개, 2층 : 4개
∴ 11개

## 49

정답 ①

1층 : 6개, 2층 : 3개, 3층 : 1개
∴ 10개

## 50

정답 ①

1층 : 6개, 2층 : 2개, 3층 : 2개
∴ 10개

# 제4회 실전모의고사 정답 및 해설

| 01 | 02 | 03 | 04 | 05 | 06 | 07 | 08 | 09 | 10 | 11 | 12 | 13 | 14 | 15 | 16 | 17 | 18 | 19 | 20 |
|----|----|----|----|----|----|----|----|----|----|----|----|----|----|----|----|----|----|----|----|
| ④ | ② | ① | ③ | ④ | ④ | ④ | ③ | ④ | ③ | ③ | ② | ② | ① | ③ | ③ | ③ | ④ | ③ | ① |
| 21 | 22 | 23 | 24 | 25 | 26 | 27 | 28 | 29 | 30 | 31 | 32 | 33 | 34 | 35 | 36 | 37 | 38 | 39 | 40 |
| ④ | ④ | ④ | ② | ③ | ② | ④ | ④ | ④ | ④ | ③ | ③ | ① | ① | ④ | ④ | ③ | ② | ② | ① |
| 41 | 42 | 43 | 44 | 45 | 46 | 47 | 48 | 49 | 50 | | | | | | | | | | |
| ② | ① | ③ | ③ | ① | ② | ④ | ④ | ③ | ② | | | | | | | | | | |

## 01
정답 ④

• 영속하다 : 영원히 계속하다.
• 계속하다 : 끊지 않고 이어 나가다.

오답분석

① 영사하다 : 영화나 환등 따위의 필름에 있는 상을 영사막에 비추어 나타내다.
② 관찰하다 : 사물이나 현상을 주의하여 자세히 살펴보다.
③ 배신하다 : 믿음이나 의리를 저버리다.

## 02
정답 ②

• 정돈 : 어지럽게 흩어진 것을 규모 있게 고쳐 놓거나 가지런히 바로잡아 정리함
• 정리 : 흐트러지거나 혼란스러운 상태에 있는 것을 한데 모으거나 치워서 질서 있는 상태가 되게 함

오답분석

① 정신 : 육체나 물질에 대립되는 영혼이나 마음
③ 문서 : 글이나 기호 따위로 일정한 의사나 관념 또는 사상을 나타낸 것
④ 문제 : 해답을 요구하는 물음

## 03
정답 ①

• 염려하다 : 앞일에 대하여 여러 가지로 마음을 써서 걱정하다.
• 안심하다 : 모든 걱정을 떨쳐 버리고 마음을 편히 가지다.

오답분석

② 의심하다 : 확실히 알 수 없어서 믿지 못하다.
③ 결단하다 : 결정적인 판단을 하거나 단정을 내리다.
④ 의지하다 : 다른 것에 몸을 기대다.

## 04

- 융해 : 녹아 풀어짐. 또는 녹여서 풂
- 응고 : 액체 따위가 엉겨서 뭉쳐 딱딱하게 굳어짐

**오답분석**

① 이해 : 사리를 분별하여 해석함
② 논해 : 물질적으로나 정신적으로 밑침
④ 보고 : 일에 관한 내용이나 결과를 말이나 글로 알림

## 05
정답 ④

- 자가당착(自家撞着) : 자기의 언행이 전후 모순되어 일치하지 않음
- 자기모순(自己矛盾) : 자기 스스로에 대한 모순

**오답분석**

① 근묵자흑(近墨者黑) : 나쁜 사람을 가까이하면 그 버릇에 물들기 쉽다는 말
② 자포자기(自暴自棄) : 자신을 스스로 해치고 버린다는 뜻으로, 몸가짐이나 행동을 되는 대로 취함
③ 유유자적(悠悠自適) : 여유가 있어 한가롭고 걱정이 없는 모양이라는 뜻으로, 속세에 속박됨이 없이 자기가 하고 싶은 대로 마음 편히 지냄을 이르는 말

## 06
정답 ④

제시문과 ④의 '보다'는 '눈으로 대상의 존재나 형태적 특징을 알다.'의 의미이다.

**오답분석**

① 책이나 신문 따위를 읽다.
② 신문, 잡지 따위를 구독하다.
③ 눈으로 대상을 즐기거나 감상하다.

## 07
정답 ④

제시문과 ④의 '맞추다'는 '어떤 기준이나 정도에 어긋나지 아니하게 하다.'의 의미이다.

**오답분석**

① 서로 떨어져 있는 부분을 제자리에 맞게 대어 붙이다.
② 둘 이상의 일정한 대상들을 나란히 놓고 비교하여 살피다.
③ 일정한 규격의 물건을 만들도록 미리 주문을 하다.

## 08
정답 ③

제시문은 기존의 이론을 부정하며 등장한 '초끈이론'에 대한 설명이다. 따라서 (마) 기존의 물리학계의 생각 → (다) 기존의 생각을 완전히 뒤집은 초끈이론 → (나) 초끈이론에 대한 설명 → (라) 기존의 물리학자들이 발견한 입자에 대한 초끈이론의 정의 → (가) 이론이 증명될 경우 새롭게 정의되는 우주의 정의의 순서로 나열해야 한다.

## 09
정답 ④

제시문에서 학자는 '순수한 태도로 진리를 탐구해야 한다.'고 언급했다.

## 10

마지막 문단에 따르면 사람들은 자신은 대중 매체의 전달 내용에 쉽게 영향 받지 않는다고 생각하면서도 다른 사람들이 영향을 받을 것을 고려하여, 자신의 의견을 포기하고 다수의 의견을 따라가는 경향이 있다.

**오답분석**

① 첫 번째 문단에 의하면 태평양 전쟁 당시 백인 장교들에게 제3자 효과가 나타나, 일본군의 선전에 흑인 병사들이 현혹되리라고 생각하여 부대를 철수시켰다.

② 제3자 효과의 원인은 자신보다 타인들이 대중매체의 영향을 크게 받는다고 믿기 때문이며, 때문에 제3자 효과가 크게 나타나는 사람일수록 대중매체에 대한 법적·제도적 조치에 찬성하는 경향이 있다.

④ 세 번째 문단에 따르면 사람들은 대중 매체가 바람직한 내용보다는 유해한 내용을 전달할 때 다른 사람들에게 미치는 영향이 크다고 생각한다.

## 11

랑겔한스 세포와 멜라닌 세포는 피부 표피에 존재하지만 그 중에서도 어느 층에 위치하는지는 언급되지 않았으므로 알 수 없다.

## 12

피부색이 밝은 사람은 멜라닌 소체가 더 작고, 각질형성 세포에서 무리를 이루고 있다. 반면, 피부색이 어두운 사람은 멜라닌 소체가 더 크고, 각질형성 세포 내에서 개별적으로 산재해 있다.

## 13

드론의 야간 비행은 2017년 7월에 항공안전법 개정안이 통과되면서 허가를 받을 경우 야간 비행이 가능하도록 규제가 완화됐다.

## 14

제시된 글은 드론에 대해 설명하면서 다른 나라의 예를 들어 자세하게 설명하고 있다.

## 15

$$7-\left(\frac{5}{3}\times\frac{21}{15}\times\frac{9}{4}\right)=7-\frac{21}{4}=\frac{28}{4}-\frac{21}{4}=\frac{7}{4}$$

## 16

6할 2푼은 0.62이므로 $0.62\times100=62\%$이다.

## 17

$735\times0.073=53.655$

## 18

$$\begin{aligned}(7◎23)◆39&=(7^2-23+7)◆39\\&=(49-16)◆39\\&=33◆39\\&=3\times33-2\times39\\&=99-78\\&=21\end{aligned}$$

## 19

정답 ③

10과 15의 최소공배수는 30이다. 따라서 200 이하의 자연수 중 30의 배수는 총 6개가 있다.

## 20

정답 ①

1크로나는 0.12달러이므로 120크로나는 $120 \times 0.12 = 14.4$달러이다.

## 21

정답 ④

• 정가 : $600 \times (1+0.2) = 720$원
• 할인 판매가 : $720 \times (1-0.2) = 576$원
손실액은 원가에서 할인 판매가를 뺀 금액이므로 $600 - 576 = 24$원이다.

## 22

정답 ④

빨간 장미의 개수를 $x$송이, 노란 장미의 개수를 $y$송이라고 하자.
장미의 총 개수는
$x + y = 30 \cdots$ ㉠
구입하는데 들어간 비용이 16,000원이므로
$500x + 700y = 16,000 \rightarrow 5x + 7y = 160 \cdots$ ㉡
㉠과 ㉡을 연립하면
$x = 25, \ y = 5$
따라서 빨간 장미는 25송이 구입했다.

## 23

정답 ④

ㄴ. B작업장은 생물학적 요인에 해당하는 사례 수가 가장 많다.
ㄷ. 화학적 요인에 해당하는 분진은 집진 장치를 설치하여 예방할 수 있다.

**오답분석**
ㄱ. A작업장은 물리적 요인(소음, 진동)에 해당하는 사례 수가 가장 많다.

## 24

정답 ②

가장 구성비가 큰 항목은 국민연금으로 57%이며, 네 번째로 구성비가 큰 항목은 사적연금으로 8.5%이다. 따라서 네 번째로 구성비가 큰 항목의 구성비의 가장 구성비가 큰 항목의 구성비 대비 비율은 $\frac{8.5}{57.0} \times 100 = 14.9\%$이다.

## 25

정답 ③

뇌혈관 질환으로 사망할 확률은 남성이 54.7%, 여성이 58.3%로 남성이 여성보다 낮다.

## 26

정답 ②

홀수항에 $\times 2$를, 짝수항에 $\times 2$를 반복하는 수열이다.

## 27

정답 ④

$\underline{A \ B \ C} \rightarrow (A+B) \times 3 = C$
따라서 (　　) $= (48 \div 3) - 5 = 11$이다.

## 28

정답 ④

앞 문자에 +2를 하는 수열이다.

| J | L | N | (P) | R | T |
|---|---|---|---|---|---|
| 10 | 12 | 14 | (16) | 18 | 20 |

## 29

정답 ④

$+2^0$, $+2^1$, $+2^2$, $+2^3$, $+2^4$을 하는 수열이다.

| ㄱ | B | ㄹ | H | ㄴ | (F) |
|---|---|---|---|---|---|
| 1 | 2 | 4 | 8 | 16 | (32) |

## 30

정답 ④

오답분석

①·②·③은 첫 문자에 −3, −4, −5로 나열한 것이다.

## 31

정답 ③

오답분석

①·②·④는 첫 문자에 +1, +3, +4로 나열한 것이다.

## 32

정답 ③

오답분석

①·②·④는 첫 문자에 −2, −4, −6으로 나열한 것이다.

## 33

정답 ①

주어진 명제를 정리하면 다음과 같다.
• a : 초콜릿을 좋아하는 사람
• b : 사탕을 좋아하는 사람
• c : 젤리를 좋아하는 사람
• d : 캐러멜을 좋아하는 사람
a → b, c → d, ~b → ~d로 ~b → ~d의 대우는 d → b이므로 c → d → b에 따라 c → b가 성립한다. 따라서 '젤리를 좋아하는 사람은 사탕을 좋아한다.'는 참이 된다.

## 34

정답 ①

주어진 명제를 정리하면 다음과 같다.
• a : 혜진이가 영어 회화 학원에 다닌다.
• b : 미진이가 중국어 회화 학원에 다닌다.
• c : 아영이가 일본어 회화 학원에 다닌다.
a → b, b → c로 a → c가 성립하며, a → c의 대우는 ~c → ~a이다. 따라서 '아영이가 일본어 회화 학원에 다니지 않으면 혜진이는 영어 회화 학원에 다니지 않는다.'는 참이 된다.

PART 2

## 35

정답 ④

ⓒ·ⓔ 작용·반작용의 법칙 : A물체가 B물체에게 힘을 가하면(작용) B물체 역시 A물체에 똑같은 크기의 힘을 가한다는 것이다(반작용). 즉, A물체가 B물체에 주는 작용과 B물체가 A물체에 주는 반작용은 크기가 같고, 방향이 반대이다.

**오답분석**

ⓐ 관성의 법칙 : 뉴턴의 운동법칙 중 제1법칙으로, 외부에서 힘이 가해지지 않는 한 모든 물체는 자기의 상태를 그대로 유지하려고 하는 법칙이다.

ⓑ 중력의 법칙 : 질량이 있는 모든 물체는 다른 물체를 끌어당기며, 그 힘은 물체들의 질량의 곱에 비례하고 그 사이의 거리의 세곱에 반비례한다는 법칙이다. 쉽게 말하면 지표 근처의 물체를 아래 방향으로 당기는 힘이다.

## 36

정답 ④

합력을 구하면 ①은 오른쪽으로 4N, ②와 ③은 오른쪽으로 2N, ④는 오른쪽으로 1N이다.

## 37

정답 ③

**오답분석**

①  ②  ④

## 38

정답 ②

## 39

정답 ②

(나)　(라)　(다)　(가)

## 40

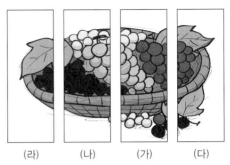

(라)　　　(나)　　　(가)　　　(다)

## 41

4989<u>5</u>3751657853 − 4988<u>5</u>3751657853

## 42

좌우 문자열 같음

## 43

▷◁♡♥◑▣◉◆◑♤▷

## 44

aoRmsgksajfltr<u>n</u>f

## 45

새로운 화살표가 가리키는 방향으로 도형이 추가된다. ? 앞에 있는 도형의 새로운 화살표 2개가 모두 위를 가리키고 있기 때문에 ?에 들어갈 도형은 위로 화살표 도형 2개가 추가된 형태인 ①이 된다.

## 46

## 47

시계 반대 방향으로 90° 회전시키는 규칙이므로, ?에 들어갈 도형은 ④가 된다.

## 48

직육면체가 되기 위해서는 한 층에 $4 \times 4 = 16$개씩 3층이 필요하다.

$\therefore 48 - 17 = 31$개

## 49

정답 ③

시각적으로 보이는 블록의 총 개수는 1층 8개, 2층 4개, 3층 2개로 총 14개이고 평면도를 나타내면 다음과 같다.

|   |   |   | 1 |
|---|---|---|---|
| 1 | 2 | 3 | 3 |
| 1 |   | 2 |   |
|   |   | 1 |   |

총 블록의 개수가 17개이므로 보이지 않는 3개의 블록이 가운데 부분의 1층과 2층에 자리 잡고 있음을 알 수 있다. 즉, 다음과 같은 평면도가 나타나게 된다.

|   | 1 | 2 | 1 |
|---|---|---|---|
| 1 | 2 | 3 | 3 |
| 1 |   | 2 |   |
|   |   | 1 |   |

따라서 위에서 봤을 때 보이는 블록의 개수는 10개이다.

## 50

정답 ②

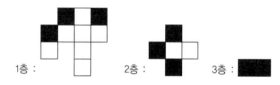

1층 :     2층 :     3층 :

시면접은 win 시대로 www.sdedu.co.kr/winsidaero

I wish you the best of luck!

# 좋은 책을 만드는 길
# 독자님과 함께하겠습니다.

도서나 동영상에 궁금한 점, 아쉬운 점, 만족스러운 점이
있으시다면 어떤 의견이라도 말씀해 주세요.
시대고시기획은 독자님의 의견을 모아 더 좋은 책으로 보답하겠습니다.

## www.sidaegosi.com

2021 최신판 인천광역시교육청 교무행정실무사(교육감 소속 근로자) 소양평가
직무능력검사 + 인성검사 + 면접 + 실전모의고사 6회 한권으로 끝내기

| | |
|---|---|
| 개정1판1쇄 발행 | 2020년 10월 20일 (인쇄 2020년 09월 21일) |
| 초 판 발 행 | 2019년 10월 05일 (인쇄 2019년 08월 23일) |
| | |
| 발 행 인 | 박영일 |
| 책 임 편 집 | 이해욱 |
| 편 저 | SD적성검사연구소 |
| | |
| 편 집 진 행 | 이은빈 |
| 표 지 디 자 인 | 김도연 |
| 편 집 디 자 인 | 김성은 · 곽은슬 |
| | |
| 발 행 처 | (주)시대고시기획 |
| 출 판 등 록 | 제 10-1521호 |
| 주 소 | 서울시 마포구 큰우물로 75 [도화동 538 성지 B/D] 9F |
| 전 화 | 1600-3600 |
| 팩 스 | 02-701-8823 |
| 홈 페 이 지 | www.sidaegosi.com |
| | |
| I S B N | 979-11-254-8051-8 (13320) |
| 정 가 | 20,000원 |

# 인천
# 광역시
# 교육청

한 권 으 로  끝 내 기

# 교무행정실무사
## 소양평가

직무능력검사＋인성검사＋면접＋실전모의고사 6회

# 교육공무직 ROAD MAP

## 대전광역시교육청 교육공무직원 소양평가
### [직무능력검사+인적성검사+면접] 한권으로 끝내기

- 직무능력검사 4개 영역 이론+기출예상문제 수록
- 인성검사 모의테스트 제공
- 대전광역시교육청 예상 면접질문 수록
- 직무능력검사 실전모의고사 제공
- 소양평가 이론+문제풀이 강의 무료 제공

## 전라북도교육청 교육공무직원 소양평가
### [직무능력검사+인성검사+면접] 한권으로 끝내기

- 직무능력검사 3개 영역 이론+기출예상문제 수록
- 인성검사 모의테스트 제공
- 전라북도교육청 예상 면접질문 수록
- 직무능력검사 실전모의고사 제공
- 소양평가 이론+문제풀이 강의 무료 제공

## 경상남도교육청 교육공무직원 소양평가
### [직무능력검사+인성검사+면접] 한권으로 끝내기

- 직무능력검사 5개 영역 이론+기출예상문제 수록
- 인성검사 모의테스트 제공
- 경상남도교육청 예상 면접질문 수록
- 직무능력검사 실전모의고사 제공
- 소양평가 이론+문제풀이 강의 무료 제공

## 경상북도교육청 교육공무직원 필기시험
### [직무능력검사+인성검사+면접] 한권으로 끝내기

- 직무능력검사 5개 영역 이론+기출예상문제 수록
- 인성검사 모의테스트 제공
- 경상북도교육청 예상 면접질문 수록
- 직무능력검사 실전모의고사 제공
- 소양평가 이론+문제풀이 강의 무료 제공

## 인천광역시교육청 교무행정실무사(교육감 소속 근로자) 소양평가
### [직무능력검사+인성검사+면접] 한권으로 끝내기

- 직무능력검사 4개 영역 이론+기출예상문제 수록
- 인성검사 모의테스트 제공
- 인천광역시교육청 예상 면접질문 수록
- 직무능력검사 실전모의고사 제공
- 소양평가 이론+문제풀이 강의 무료 제공

# 현재 나의 실력을 객관적으로 파악해 보자!

# 모바일 OMR
## 답안분석 서비스

도서에 수록된 모의고사에 대한 객관적인 결과(정답률, 순위)를 종합적으로 분석하여 제공합니다.

### OMR 입력

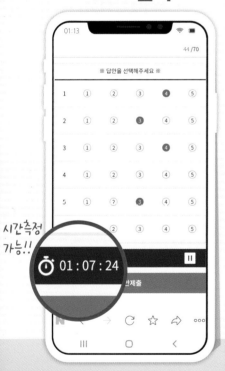

시간측정 가능!!

### 성적분석

### 채점결과

※OMR 답안분석 서비스는 등록 후 30일간 사용가능합니다.

참여방법

음'음 코 → 도서 내 모의고사 우측 상단에 위치한 QR코드 찍기

 → LOG IN 로그인 하기

→ '시작하기' 클릭

→ '응시하기' 클릭

 → 나의 답안을 모바일 OMR 카드에 입력

 → '성적분석&채점결과' 클릭

→ 현재 내 실력 확인하기